AF545587

Robert Louis Stevenson

Der seltsame Fall von Dr. Jekyll und Mr. Hyde

Robert Louis Stevenson

Der seltsame Fall von Dr. Jekyll und Mr. Hyde

und andere Erzählungen

Übertragen von G. Rambach, Max Pannwitz
und Marguerite Thesing

marixverlag

Bibliografische Information der Deutschen Nationalbibliothek
Die Deutsche Nationalbibliothek verzeichnet diese Publikation in der Deutschen Nationalbibliografie; detaillierte bibliografische Daten sind im Internet über http://dnb.d-nb.de abrufbar.

Covergestaltung: Kerstin Göhlich, Wiesbaden
Bildnachweis: Plakat: The strange case of Dr. Jekyll and Mr. Hyde, »Die Verwandlung«, um 1880
Satz und Bearbeitung: CPI books GmbH, Leck – Germany
Der Titel wurde in der Minion Pro gesetzt.
Gesamtherstellung: CPI books GmbH, Leck – Germany

ISBN: 978-3-7374-0993-3

www.verlagshaus-roemerweg.de

»Wir wollen die Welt ein wenig besser verlassen,
als wir sie vorgefunden haben.«

Robert Louis Stevenson

Inhalt

Der seltsame Fall von Dr. Jekyll und Mr. Hyde

Die Geschichte der Tür

Der Rechtsanwalt Utterson hatte ein mürrisches Gesicht, über das nie ein Lächeln huschte; er war kühl, wortkarg und verlegen in der Unterhaltung, schwerfällig in Gefühlsangelegenheiten, lang, hager und farblos – und doch irgendwie liebenswert. Kam er mit Freunden zusammen, und war der Wein nach seinem Geschmack, so leuchtete aus seinem Blick etwas ungemein Menschliches – etwas, das sich beileibe nie in seine Rede verirrt hätte, das aber nicht nur bei solchen Gelegenheiten aus den Zügen seines Gesichtes, sondern öfter und deutlicher noch im Leben aus seinen Handlungen sprach. Er war hart gegen sich selbst, trank, wenn er allein war, Wacholderschnaps, um seine Schwäche für Wein zu unterdrücken, und war, obgleich er eine Vorliebe fürs Theater hatte, seit zwanzig Jahren in keinem gewesen. Dabei war er voll Duldsamkeit gegen andere, ja bestaunte, manchmal fast neidisch, das Draufgängertum, das ihre Missetaten beseelte, und war im Notfall eher zu helfen als zu tadeln bereit. »Ich neige zu Kains ketzerischer Ansicht«, pflegte er bedächtig zu sagen: »Ich lasse meinen Nächsten zur Hölle fahren, wie es ihm beliebt.« – Daher war es häufig sein Schicksal, daß er die letzte achtbare Bekanntschaft und der letzte gute Einfluß im Leben von Menschen war, die sich auf abschüssiger Bahn befanden. Und gerade sie ließ er auch nicht den Schatten eines veränderten Benehmens merken, solange sie bei ihm aus und ein gingen.

Allerdings war dies kein Kunststück für Mr. Utterson; denn er war von Natur tolerant, und auch seine Freundschaften schienen in dieser Vorurteilslosigkeit der menschlichen Natur gegenüber begründet zu sein. Es ist das Kennzeichen eines bescheidenen Mannes, seinen Freundeskreis fix und fertig aus den Händen der Vorsehung entgegenzunehmen, und so erging es dem Rechtsanwalt. Seine Freunde waren Verwandte oder Leute, die er schon lange kannte; seine Zuneigungen entsprangen der Gewohnheit und machten keinen Anspruch auf Tauglichkeit des Objekts. Daraus erwuchs zweifellos auch das Band, das ihn mit Mr. Richard Enfield, einem entfernten Verwandten und stadtbekannten Mann, verknüpfte. Vielen war es ein Rätsel, was diese beiden zueinander zog oder was sie wohl für gemeinsame Interessen haben mochten. Leute, die ihnen auf ihren Sonntagsspaziergängen begegneten, wußten zu berichten, daß sie nichts miteinander sprachen, außerordentlich gelangweilt dreinschauten und mit offensichtlicher Erleichterung das Erscheinen eines Bekannten begrüßten. Dabei aber legten beide Männer den größten Wert auf diese Ausflüge, betrachteten sie als Höhepunkt der Woche und gingen, um sie ungestört genießen zu können, nicht nur Vergnügungen aus dem Wege, sondern ließen auch Geschäft Geschäft sein.

Bei einer dieser Streifereien geschah es, daß ihr Weg sie durch eine Seitenstraße in ein Geschäftsviertel Londons führte. Es war eine schmale, sogenannte ruhige Straße, in der jedoch an Werktagen ein ersprießlicher Handel getrieben wurde. Ihren Bewohnern ging es anscheinend gut, und alle strebten danach, daß es ihnen noch besser ginge. Was ihnen vom Gewinn übrig blieb, legten sie in der Verschönerung ihrer Häuser an, so daß die Läden dieser Durchgangsstraße etwas Einladendes an sich hatten, wie eine Reihe lächelnder Verkäuferinnen. Selbst Sonntags, wenn sie ihre wahren Reize verbarg und verhältnismäßig menschenleer dalag, wirkte die Straße im Gegensatz zu ihrer schmutzigen Nachbarschaft wie ein weißer Rabe und bestach mit ihren frisch angestrichenen Rolläden und blankpolierten Messingschildern, ihrer allgemeinen Sauberkeit und einer gewissen heiteren Note sofort die Augen der Vorübergehenden und erregte ihr Wohlgefallen.

Zwei Häuser hinter einer Kreuzung wurde die Straßenfront linker Hand, und zwar nach Osten, von einem Hofeingang unterbrochen, und dort ragte der Giebel eines düsteren Gebäudes über der Straße empor. Es war zwei Stockwerke hoch, hatte keine Fenster, nur eine Tür im unteren Stockwerk und darüber eine leere, mißfarbene Wand und trug allenthalben den Stempel jahrelanger Verkommenheit und Vernachlässigung. Die Tür, an der man vergeblich nach Klingel und Klopfer gesucht hätte, war verwittert und schmutzig. Landstreicher fanden Unterschlupf in der Mauernische und hinterließen abgebrannte Streichhölzer, Kinder spielten auf den Stufen Kaufladen, Schuljungen bearbeiteten die Gesimse mit ihren Taschenmessern, und seit fast einem Menschenalter war niemand gekommen, der diese Zufallsgäste vertrieben und ihre Spuren beseitigt hätte.

Mr. Enfield und der Anwalt gingen auf der anderen Seite der Straße, und als sie sich dem Eingang gegenüber befanden, hob Mr. Enfield seinen Stock und wies hinüber.

»Haben Sie jemals die Tür dort bemerkt?« fragte er und fuhr, als der andere genickt hatte, fort: »Sie ist in meiner Erinnerung mit einer äußerst seltsamen Geschichte verknüpft.«

»So?« sagte Mr. Utterson mit leichtem Schwanken in der Stimme, »und was war das?«

»Das war so,« berichtete Mr. Enfield: »In einer schwarzen Winternacht gegen drei Uhr kam ich vom andern Ende der Stadt und wollte nach Hause. Mein Weg führte mich durch einen Stadtteil, in dem buchstäblich nichts anderes zu sehen war als Laternen. Weit und breit – die Leute schliefen alle – waren die Straßen wie für eine Prozession erleuchtet und still wie eine Kirche, und schließlich geriet ich in den Zustand, in dem man sein Gehör anstrengt und immerfort lauscht und anfängt, sich nach dem Anblick eines Schutzmannes zu sehnen. – Auf einmal sah ich zwei Gestalten: die eine, ein kleiner Mann, der mit schnellen, schweren Schritten in östlicher Richtung dahinging, und die andere, ein Mädchen von etwa acht bis zehn Jahren, das, so schnell es konnte, eine Nebenstraße heruntergelaufen kam. Die beiden prallten natürlich an der Ecke aufeinander; und jetzt kommt das Schreckliche an der Sache: der Mann schritt ruhig über den Körper des Kindes hinweg und ließ es schreiend am Boden liegen. Wenn man das hört, klingt es nach gar nichts; aber es war greulich anzusehen. Das war kein Mensch, das war wie ein unheimliches Fabelwesen, das alles niedertritt, was sich ihm in den Weg stellt. – Ich rief ihn an, lief ihm nach, ergriff den Burschen beim Kragen und brachte ihn zu der Stelle zurück, wo sich bereits eine Gruppe um das schreiende Kind gebildet hatte. Er war vollkommen ruhig und leistete keinen Widerstand, doch streifte er mich mit einem so widerwärtigen Blick, daß mir der kalte Schweiß ausbrach. Die Leute auf der Straße waren die Verwandten des Mädchens, und bald darauf erschien auch der Arzt, von dem es vorhin gekommen war. Nun, dem Kinde war nichts weiter geschehen; es war, nach Sawbones Aussagen, mehr erschrocken – und jetzt werden Sie wahrscheinlich denken, daß die Geschichte zu Ende ist. Aber da war ein merkwürdiger Umstand. Mich hatte auf den ersten Blick ein heftiger Widerwille gegen den Mann gepackt, genau so ging es der Familie des Kindes, was nur natürlich war; was mich jedoch aufs äußerste erstaunte, war das Verhalten des Doktors. Er war der typische, kurz angebundene und trockene Apotheker, dessen Alter ebenso unbestimmbar war wie seine Haarfarbe, sprach Edinburger Dialekt und hatte so ungefähr das Temperament einer Dudelsackpfeife. Kurz, ihm erging es nicht anders als uns allen; jedesmal, wenn Sawbones nach meinem Gefangenen hinblickte, merkte ich, daß es ihm rot vor den Augen wurde, in dem Wunsch, ihn zu töten. Ich wußte, was in ihm vorging, genau so wie er es von mir wußte, und da Totschlagen nicht in Frage kam, taten wir das Nächstbeste. Wir sagten dem Mann, daß wir von dieser Sache ein solches Aufhebens machen wollten und würden, daß sein Name von einem Ende Londons bis zum andern gen Himmel stinken sollte. Wenn er irgendwelche Freunde und Kredit besäße, so wollten wir dafür sorgen, daß er sie einbüßte. Und während wir das, weißglühend vor Wut, auf ihn niederprasseln ließen, wehrten wir, so gut wir konnten, die Frauen von ihm ab; denn sie waren wild wie Furien.

Ich habe nie einen Kreis von so haßerfüllten Gesichtern gesehen, und in ihrer Mitte stand der Mann mit finsterer, ja spöttischer Kaltblütigkeit, obgleich er selbst erschrocken war – das konnte ich sehen –, doch wußte er das meisterlich zu verbergen. ‚Wenn Sie Kapital aus dieser Begebenheit zu schlagen gedenken,' sagte er, ‚so bin ich natürlich machtlos. Jeder Ehrenmann wünscht einen Skandal zu vermeiden, nennen Sie Ihre Forderungen!' Wir verlangten hundert Pfund für die Familie des Kindes, und er hätte sich sicher gern darum gedrückt, doch es lag etwas über uns allen, das nichts Gutes verhieß, darum gab er schließlich nach. – Nun hieß es, das Geld zu bekommen, und denken Sie sich, da führte er uns zu eben jener Tür dort, zog einen Schlüssel aus der Tasche, ging hinein und kam kurz darauf mit zehn Pfund in Gold und einem Scheck über die Restsumme auf eine Bank zurück. Der Scheck lautete auf den Überbringer und war mit einem Namen unterzeichnet, den ich nicht nennen kann, obgleich das der springende Punkt meiner Geschichte ist; jedenfalls war es ein wohlbekannter Name, den man häufig gedruckt liest. Es war eine große Summe, aber die Unterschrift bürgte für noch mehr – vorausgesetzt, daß sie echt war. Ich nahm mir die Freiheit, den Mann darauf hinzuweisen, daß die ganze Sache einen höchst zweifelhaften Eindruck mache, denn im gewöhnlichen Leben gehe kein Mensch nachts um vier in eine Kellertür und komme mit dem Scheck eines anderen Mannes über annähernd hundert Pfund wieder heraus. Er war aber ganz unbesorgt und lächelte spöttisch. ‚Beruhigen Sie sich,' sagte er, ‚ich werde bei Ihnen bleiben, bis die Bank geöffnet wird, und den Scheck selbst einlösen.' So machten wir uns alle auf, der Arzt, der Vater des Kindes, unser Freund und ich, und verbrachten den Rest der Nacht in meiner Wohnung; am Morgen, als wir gefrühstückt hatten, gingen wir dann gemeinschaftlich zur Bank. Ich gab den Scheck eigenhändig ab und bemerkte dazu, ich hätte allen Grund anzunehmen, daß es eine Fälschung sei. – Aber nicht die Spur! Der Scheck war echt!!«

»Na, na«, meinte Mr. Utterson.

»Ich sehe, Sie haben das gleiche Gefühl wie ich«, sagte Mr. Enfield. »Ja, es ist eine tolle Geschichte, denn der Mann war ein Bursche, mit dem man nichts zu tun haben möchte – ein ganz verbotener Kerl, und der Aussteller des Schecks ist der Inbegriff der Wohlanständigkeit, geradezu bekannt dafür und, was das Schlimmste ist, einer der Leute, die viel Gutes tun. Ich taxiere: Erpressung! Ein ehrenwerter Mann, der für irgendeine Jugendeselei blechen muß. Seither nenne ich das Gebäude mit der Tür im stillen Erpresserhaus. Obgleich auch das bei weitem nicht alles erklärt«, fügte er hinzu und verfiel darauf in tiefes Nachdenken.

Mr. Utterson rief ihn in die Wirklichkeit zurück, indem er etwas plötzlich fragte: »Und Sie wissen nicht, ob der Aussteller des Schecks hier wohnt?«

»Der Ort scheint mir nicht recht geeignet zu sein«, entgegnete Mr. Enfield. »Nein, ich habe seine Adresse aufgeschrieben; er wohnt irgendwo anders.«

»Und haben Sie nie nachgeforscht, was es mit dem Haus mit der Tür auf sich hat?« fragte Mr. Utterson.

»Nein, ich scheute mich davor«, war die Antwort. »Ich vermeide nach Möglichkeit, Fragen zu stellen, es erinnert zu sehr an das Jüngste Gericht. Wenn Sie eine Frage aufwerfen, so ist es, als ob Sie an einen Stein stoßen. Sie sitzen ganz ruhig oben auf einem Berg, und der Stein gerät ins Rollen und reißt andere mit sich, und plötzlich wird irgendein biederer alter Knabe – an den Sie am allerwenigsten gedacht haben –, während er arglos in seinem

Garten sitzt, am Kopf getroffen, und die Familie muß sich nach einem neuen Ernährer umsehen. Nein, ich habe es mir zur Regel gemacht: je mehr ich Unrat wittere, desto weniger frage ich.«

»Das ist ein sehr guter Grundsatz«, sagte der Anwalt.

»Doch habe ich die Örtlichkeit auf eigene Faust untersucht«, fuhr Mr. Enfield fort. »Man kann es kaum ein Haus nennen. Es existiert keine andere Tür, und durch diese geht niemand – weder aus noch ein – außer in großen Zeitabständen der Held meines Abenteuers. Im ersten Stock befinden sich drei Fenster, die nach dem Hof gehen; unten ist keins. Die Fenster sind immer geschlossen; doch sind sie sauber. Und dann ist da noch ein Schornstein, der gewöhnlich raucht, also muß jemand dort wohnen; aber auch das ist nicht sicher, denn die Häuser kleben in dem Hof so dicht aneinander, daß es schwer zu sagen ist, wo das eine aufhört und das andere anfängt.«

Die beiden Männer gingen eine Weile schweigend nebeneinander her, dann sagte Mr. Utterson: »Enfield, das ist ein guter Grundsatz!«

»Das glaube ich auch«, entgegnete Enfield.

»Und doch«, fuhr der Anwalt fort, »möchte ich Sie etwas fragen: ich möchte den Namen des Mannes wissen, der über das Kind weggeschritten ist.«

»Nun,« meinte Mr. Enfield, »ich trage keine Bedenken, ihn zu nennen. Sein Name ist Hyde.«

»Hm«, machte Mr. Utterson. »Was für eine Sorte Mensch ist er dem Äußeren nach?«

»Es ist nicht leicht, ihn zu beschreiben. Irgend etwas haftet seiner Erscheinung an, etwas Unangenehmes, ja geradezu Verabscheuenswürdiges. Ich habe nie einen Menschen gesehen, gegen den ich eine solche Abneigung empfunden hätte, und weiß doch kaum, warum. Er muß irgendwie verwachsen sein, jedenfalls hat man bei ihm das ausgesprochene Gefühl von Mißgestaltung, obgleich sie sich nicht näher bestimmen läßt. Sein Aussehen ist außergewöhnlich, und doch kann ich nichts anführen, was aus dem Rahmen fällt. Nein, es geht nicht! Ich kann ihn einfach nicht beschreiben. Dabei ist es nicht mangelndes Erinnerungsvermögen, denn ich sehe ihn deutlich vor mir.«

Wieder schritt Mr. Utterson schweigend weiter, sichtlich in Betrachtungen vertieft. »Sind Sie sicher, daß er einen Schlüssel hatte?« fragte er endlich.

»Aber, mein Lieber …« begann Enfield sehr überrascht.

»Ja, ich weiß,« sagte Utterson, »ich weiß, es muß seltsam anmuten. Der Grund, warum ich nicht nach dem Namen des anderen Beteiligten frage, ist, daß ich ihn bereits weiß. Sie sehen, Richard, Ihre Geschichte hat ihn mir verraten. Und wenn Sie in irgendeinem Punkt nicht ganz genau waren, so sollten Sie es lieber richtigstellen.«

»Sie hätten mir eigentlich wohl einen Wink geben können«, entgegnete der andere mit einem Anflug von Verstimmung. »Übrigens war ich pedantisch genau – wie Sie es nennen. Der Bursche hatte einen Schlüssel, und, was wichtiger ist, er hat ihn noch. Ich habe gesehen, wie er ihn vor kaum einer Woche benutzt hat.«

Mr. Utterson seufzte tief, doch sprach er kein Wort weiter, und Mr. Enfield nahm das Gespräch wieder auf. »Da habe ich wieder die Lehre erhalten, den Mund zu halten. Ich schäme mich wegen meiner Schwatzhaftigkeit. Wollen wir uns nicht versprechen, nie wieder hierauf zurückzukommen?«

»Von Herzen gern«, sagte der Anwalt. »Da haben Sie meine Hand darauf, Richard!«

Auf der Suche nach Mr. Hyde

An jenem Abend kehrte Mr. Utterson in gedrückter Stimmung in seine Junggesellenwohnung zurück und setzte sich ohne Appetit zu Tisch. Sonntags war es sonst seine Gewohnheit, sich nach beendeter Mahlzeit mit irgendeiner trockenen theologischen Schrift an den Schreibtisch neben den Kamin zu setzen, bis die Uhr der benachbarten Kirche zwölf schlug, um dann mit klarem Kopf und dankerfülltem Herzen zu Bett zu gehen. Heute aber nahm er, kaum daß der Tisch abgeräumt war, eine Kerze zur Hand und ging in sein Büro. Dort öffnete er den Geldschrank, entnahm dem Geheimfach ein Dokument, das auf dem Umschlag als Dr. Jekylls Testament bezeichnet war, und setzte sich mit gefurchter Stirn nieder, um dessen Inhalt zu studieren. Das Testament war von dem Doktor selbständig abgefaßt worden, denn Mr. Utterson hatte sich geweigert, bei seiner Abfassung auch nur im geringsten mitzuwirken, wenn er es auch später in Verwahrung genommen hatte. Es bestimmte, daß die Besitztümer von Henry Jekyll, Dr. med., Dr. jur., Mitglied der Königlichen Akademie usw., im Fall seines Todes an seinen »Freund und Wohltäter Edward Hyde« übergehen sollten. Ferner besagte es, daß im Fall von Dr. Jekylls »Verschwinden oder unerklärbarer Abwesenheit, falls sie drei Kalendermonate überschritte«, besagter Edward Hyde Henry Jekylls Rechtsnachfolger werden sollte, und zwar ohne weiteren Verzug und ohne daß ihm andere Verpflichtungen daraus erwachsen sollten als die Zahlung einiger kleiner Summen an Hausangestellte des Doktors.

Dieses Dokument war dem Rechtsanwalt schon lange ein Dorn im Auge. Es verletzte ihn gleicherweise als Juristen wie als Menschen, der alles Vernünftige und Herkömmliche im Leben liebte und im Phantastischen nur Verstiegenheit sah. Bis dahin hatte die Tatsache, daß er nichts über Mr. Hyde wußte, seinen Unwillen erregt, nun tat das mit einem Schlage der Umstand, daß er etwas über ihn erfahren hatte. Es war schon schlimm gewesen, als der Name ihm nichts als ein bloßer Name war, der ihm nichts sagte. Schlimmer wurde es nun, da sich ihm mit dem Namen die Vorstellung von etwas Verabscheuungswürdigem verband. Und plötzlich fiel es ihm wie Schuppen von den Augen, und es erwuchs in ihm die Gewißheit, es mit einem Feind zu tun zu haben.

»Ich hatte es für Wahnsinn gehalten,« sagte er, als er das ominöse Schriftstück in den Geldschrank zurücklegte, »aber jetzt fange ich an zu fürchten, daß Verrat im Spiel ist.«

Dann blies er die Kerze aus, zog einen weiten Mantel an und machte sich auf den Weg nach Cavendish Square, dem Zentrum der medizinischen Welt, wo sein Freund, der berühmte Dr. Lanyon, wohnte und seine zahlreichen Patienten zu empfangen pflegte. Er sagte sich: »Wenn irgend jemand Bescheid weiß, so ist es Lanyon.«

Der würdige Diener, der ihn kannte, ließ ihn eintreten und führte ihn ohne weitere Förmlichkeiten ins Eßzimmer, wo Dr. Lanyon allein bei seinem Glase Wein saß. Er war ein liebenswürdiger, gesunder, rotbackiger, feiner alter Herr, mit frühzeitig ergrautem Haar und lautem und sicherem Auftreten. Beim Anblick von Mr. Utterson sprang er von seinem Stuhl auf und hieß ihn mit ausgestreckten Händen willkommen. Die Herzlichkeit, die dem Manne eigen war, erschien auf den ersten Blick theatralisch, doch entsprang sie echtem Gefühl. Denn die beiden waren alte Freunde und Kameraden von der Schule und der Universität her, beide hatten Achtung vor sich selbst und voreinander und, was nicht immer daraus folgt, waren sehr gern zusammen.

Nachdem sie über dies und jenes geplaudert hatten, kam der Anwalt auf den Gegenstand zu sprechen, der seinen Geist so stark beschäftigte und bedrückte.

»Wenn ich es mir überlege, Lanyon,« sagte er, »sind wir beide, du und ich, die ältesten Freunde, die Henry Jekyll hat.«

»Ich wollte, die Freunde wären jünger«, scherzte Dr. Lanyon. »Aber es wird schon stimmen. Wie kommst du darauf? Ich sehe ihn jetzt selten.«

»So?« meinte der Anwalt. »Ich dachte, ihr hättet gemeinsame Interessen.«

»Die hatten wir«, lautete die Antwort. »Doch schon vor mehr als zehn Jahren wurde mir Henry Jekyll zu phantastisch. Er geriet auf Irrwege, auf geistige Irrwege, möchte ich sagen, und obgleich ich mich natürlich um alter Zeiten willen weiter für ihn interessiere, höre und sehe ich doch verdammt wenig von ihm. Solch unwissenschaftliches Gewäsch hätte selbst Damon und Pythias auseinander gebracht«, fügte der Doktor heftig hinzu und bekam plötzlich einen roten Kopf.

Dieser kleine Temperamentsausbruch brachte Mr. Utterson eine gewisse Erleichterung. »Sie stimmen nur über eine wissenschaftliche Frage nicht überein«, dachte er, und da er selbst keine wissenschaftlichen Passionen hatte (außer in juristischen Dingen), fügte er sogar hinzu: »Gut, daß es nichts Schlimmeres ist.« Er ließ seinem Freunde Zeit, sich zu beruhigen, und stellte ihm dann die Frage, derentwegen er gekommen war. »Bist du je einem Protegé von ihm begegnet – einem gewissen Hyde?«

»Hyde?« wiederholte Lanyon. »Nein. Nie was von ihm gehört, jedenfalls nicht zu meiner Zeit.«

Das war alles, was der Anwalt an Aufklärungen mit nach Hause und in sein großes düsteres Bett nahm, in dem er sich von einer Seite auf die andere warf, bis aus der Nacht ein neuer Morgen wurde. Diese Nacht war keine Erquickung für seinen arbeitenden Geist, der in völliger Dunkelheit von quälenden Fragen bestürmt wurde.

Von der benachbarten Kirche schlug es sechs, und immer noch grübelte er über das Problem nach. Hatte es bisher nur seinen Verstand beschäftigt, so fing es jetzt an, seine Phantasie zu erregen und gefangen zu nehmen, und während er sich in der Dunkelheit der Nacht hinter dichtverhangenen Fenstern in seinem Bett hin- und herwälzte, rollten die Einzelheiten von Mr. Enfields Erzählung wie grellbeleuchtete Bilder vor seinem inneren Auge ab. So sah er die endlose Reihe von Laternen in der nächtlichen Stadt, sah die Gestalt eines eilig daherkommenden Mannes und das Kind, das vom Arzt gelaufen kam, sah, wie beide zusammenstießen und wie jener Teufel in Menschengestalt das Kind niedertrat und ungerührt von seinem Geschrei seinen Weg fortsetzte. Oder er sah ein Zimmer in einem vornehmen

Hause, in dem sein Freund im Schlafe lag und im Traum lächelte. – Die Tür öffnet sich, die Bettvorhänge werden beiseite geschoben, der Schläfer erwacht – und da – am Bett steht eine Gestalt, ein Mann, dem Macht über ihn gegeben ist, und selbst zu dieser nächtlichen Stunde muß er aufstehen und tun, was er von ihm verlangt. – In dieser zwiefachen Gestalt verfolgte der Unbekannte den Anwalt die ganze Nacht hindurch: und wenn er wirklich einmal einschlummerte, so sah er ihn nur noch spukhafter durch schlafende Häuser gleiten oder noch schneller und immer schneller, ja schwindelerregend schnell durch Labyrinthe von erleuchteten Straßen laufen und an jeder Ecke ein Kind niederrennen und schreiend liegen lassen. Und doch hatte die Gestalt kein Gesicht, an dem er sie hätte erkennen können; nicht einmal in seinen Träumen hatte sie ein Gesicht oder doch nur eins, das ihn verwirrte und sich vor seinen Augen in Nebel auflöste. Und da entstand im Bewußtsein des Anwalts und wuchs zusehends eine eigenartig starke, ja fast ausschweifende Neugier, die Gesichtszüge des wirklichen Mr. Hyde zu schauen. Wenn er ihn – so glaubte er – erst einmal mit eigenen Augen sehen könnte, würde sich das Geheimnis lichten oder vielleicht überhaupt in nichts zerfließen, so wie es mit geheimnisvollen Dingen geschieht, wenn man ihnen auf den Grund geht. Er würde dann vielleicht eine Erklärung für seines Freundes seltsame Zuneigung oder Knechtschaft (oder wie man es sonst nennen mochte) und selbst für die seltsamen Klauseln des Testamentes finden. Zum mindesten würde es ein Gesicht sein, das zu betrachten sich lohnen müßte, das Gesicht eines Mannes, der kein Mitleid kennt – ein Gesicht, dessen bloßer Anblick genügt hatte, um in dem nicht leicht zu beeinflußenden Gemüt von Enfield das Gefühl unauslöschlichen Hasses zu erwecken.

Von jenem Zeitpunkt an begann Mr. Utterson die Tür in der kleinen Verkaufsstraße zu überwachen. Morgens, vor den Bürostunden, nachmittags, auch wenn er viel zu tun und wenig Zeit hatte, bei Nacht, angesichts des verschwommenen Großstadtmondes, bei jeder Beleuchtung und zu allen Zeiten, einerlei, ob die Straße einsam dalag oder ob sie belebt war, immer konnte man den Anwalt auf seinem selbstgewählten Posten antreffen.

»Wenn Mr. Hyde sich verbergen will,« so sagte er sich, »so werde ich ihn eben suchen.«

Und schließlich wurde seine Geduld belohnt. Es war eine schöne, windstille Frostnacht, die Straßen waren glatt und sauber wie ein Tanzboden, auf den die Laternen ein regelmäßiges Muster von Licht und Schatten zauberten. Um zehn Uhr, nach Ladenschluß, lag die Seitenstraße einsam da, und obgleich London ringsumher leise brodelte, war es sehr still. Kleinste Laute wurden wahrgenommen, alltägliche Geräusche in den Häusern waren auf beiden Seiten der Straße zu vernehmen, und der Lärm, der von einem nahenden Fußgänger verursacht wurde, eilte ihm längere Zeit voraus. Mr. Utterson stand erst einige Minuten auf seinem Posten, als er wahrnahm, daß ein seltsam leichter Schritt näher kam. – Im Lauf seiner nächtlichen Streifzüge hatte er sich längst an die eigenartige Wirkung gewöhnt, die hervorgerufen wird, wenn sich der Klang der Schritte eines einzelnen Menschen plötzlich, obgleich er noch ein gutes Stück entfernt ist, aus dem allgemeinen Gesumm und Geräusch der Großstadt herauslöst. Und doch war seine Aufmerksamkeit nie zuvor so entschieden und zwingend wachgerufen worden, und mit einer starken, fast abergläubischen Zuversicht auf Erfolg zog er sich in den Eingang zum Hof zurück.

Die Schritte kamen schnell näher und erklangen plötzlich lauter, als sie dem Ende der Straße zustrebten. Der Anwalt konnte von seinem Versteck aus bald sehen, mit welcher Sorte Mensch er es zu tun hatte. Er war klein, sehr einfach gekleidet, und sein Aussehen ging dem Beobachter, selbst aus dieser Entfernung, irgendwie gegen den Strich. Er ging geradeswegs auf die Tür zu, und zwar schräg über den Fahrdamm, um Zeit zu sparen, und zog im Gehen einen Schlüssel aus der Tasche, wie einer, der sich seinem Hause nähert.

Mr. Utterson trat vor und berührte seine Schulter, als er vorbeigehen wollte.

»Mr. Hyde, nicht wahr?«

Mr. Hyde fuhr zurück und hielt hörbar den Atem an. Doch sein Schreck ging bald vorüber, und, obgleich er dem Anwalt nicht ins Auge sah, versetzte er ziemlich gelassen: »So heiße ich. Was wünschen Sie?«

»Sie wollen dort hineingehen, wie ich sehe«, erwiderte der Anwalt. Ich bin ein alter Freund von Dr. Jekyll – Mr. Utterson aus Gaunt Street – Sie werden meinen Namen sicher gehört haben; und da es sich so günstig trifft, dachte ich, Sie könnten mich hineinlassen.«

»Sie würden Dr. Jekyll nicht antreffen, er ist nicht zu Hause«, entgegnete Mr. Hyde, indem er den Schlüssel ins Schloß steckte. Und plötzlich, jedoch ohne aufzublicken: »Woher kennen Sie mich?«

»Würden Sie mir«, sagte Mr. Utterson, »Ihrerseits einen Gefallen erweisen?«

»Mit Vergnügen«, versetzte der andere. »Was soll ich tun?«

»Würden Sie mich Ihr Gesicht sehen lassen?« fragte der Anwalt.

Mr. Hyde schien zu zögern, um ihm dann, wie auf Grund einer plötzlichen Überlegung, mit trotziger Gebärde sein Gesicht darzubieten, die beiden sahen sich einige Sekunden lang starr in die Augen. »Jetzt werde ich Sie wiedererkennen«, sagte Mr. Utterson. »Das könnte von Nutzen sein.«

»Ja,« gab Mr. Hyde zu, »es ist ganz gut, daß wir uns getroffen haben. Übrigens wäre es vielleicht nützlich, wenn Sie meine Adresse hätten.« Und er gab ihm die Nummer einer Straße in Soho an.

»Großer Gott!« dachte Mr. Utterson, »ist es möglich, daß auch er an das Testament gedacht hat?« Doch behielt er seine Gedanken für sich und murmelte nur einen Dank für die Adresse.

»Und nun,« sagte der andere, »woher kannten Sie mich?«

»Nach einer Beschreibung«, war die Antwort.

»Wessen Beschreibung?«

»Wir haben gemeinsame Freunde«, sagte Mr. Utterson.

»Gemeinsame Freunde?« wiederholte Mr. Hyde ein wenig heiser.

»Welche?«

»Zum Beispiel Jekyll«, sagte der Anwalt.

»Der hat Ihnen nichts erzählt«, rief Mr. Hyde mit einem Anflug von Ärger. »Ich hätte nicht geglaubt, daß Sie mich anlügen würden.«

»Nun, nun,« sagte Mr. Utterson, »solche Sprache schickt sich nicht.« Der andere brach in lautes Gelächter aus, hatte im nächsten Augenblick mit unglaublicher Geschwindigkeit die Tür geöffnet und war im Innern des Hauses verschwunden.

Nachdem Mr. Hyde ihn verlassen hatte, blieb der Anwalt noch eine Weile stehen – ein Bild der Unruhe. – Dann ging er langsam die Straße hinauf, hielt aber alle paar Augenblicke den Schritt an und griff sich mit der Hand an die Stirn, wie ein Mensch, der sich in völliger Ratlosigkeit befindet. Das Problem, mit dem er sich beim Gehen auseinandersetzte, gehörte zu denen, die selten gelöst werden. – Mr. Hyde war blaß und von kleinem Wuchs, er machte den Eindruck von Mißgestaltung, obgleich er nicht eigentlich verwachsen war, sein Lächeln war unangenehm, sein Benehmen dem Anwalt gegenüber eine ekelhafte Mischung von Schüchternheit und Dreistigkeit, und seine Stimme war heiser, zischelnd und brüchig. All das sprach gegen ihn, und doch konnte alles zusammengenommen nicht den unbegreiflichen Abscheu, ja den Widerwillen und die Furcht erklären, die Mr. Utterson ihm gegenüber empfand. »Dahinter muß noch etwas anderes stecken«, sagte sich der bestürzte Anwalt. »Und da ist noch etwas, wenn ich es nur bei Namen nennen könnte. Bei Gott, der Mann scheint nichts Menschliches an sich zu haben! Etwas von einem Höhlenbewohner, möchte ich sagen. Oder ist es der bloße Widerschein eines ruchlosen Charakters, der auf diese Weise seine wahre Wesensart offenbart und Gestalt gewinnt? Dies letztere wird es sein; denn ach, mein armer alter Henry Jekyll, wenn je ein Antlitz vom Satan gezeichnet war, so ist es das deines neuen Freundes!«

Wenn man von der Nebenstraße aus um die Ecke bog, kam man in ein Viertel alter schöner Häuser, die jetzt größtenteils ihre einstige vornehme Bestimmung verleugneten und etagen- und zimmerweise an Menschen jeden Standes und jeder Art vermietet wurden; an Landkartenzeichner, Architekten, Winkeladvokaten und Leute, die zweifelhafte Geschäfte betrieben. Ein Haus jedoch, das zweite von der Ecke, war noch im ganzen bewohnt und wies, obgleich es in Dunkelheit getaucht und nur von der Straße aus schwach beleuchtet war, unverkennbare Spuren von Wohlhabenheit und Behäbigkeit auf. Mr. Utterson blieb an der Tür stehen und klopfte. Ein älterer livrierter Diener öffnete.

»Ist Dr. Jekyll zu Hause, Poole?« fragte der Anwalt.

»Ich werde nachsehen, Mr. Utterson«, sagte Poole; dabei führte er den Gast in eine gemütliche, niedrige Halle, die mit Fliesen ausgelegt war. Sie wurde von einem hellflackernden, offenen Kaminfeuer erwärmt, wie man es in Landhäusern antrifft, und war mit kostbaren Eichenmöbeln eingerichtet. »Wollen Sie hier am Kamin Platz nehmen, gnädiger Herr, oder soll ich im Eßzimmer Licht machen?«

»Danke, ich warte hier«, sagte der Anwalt, näherte sich dem Feuer und lehnte sich an das hohe Kamingitter.

Diese Halle, in der er nun allein zurückblieb, war eine besondere Liebhaberei seines Freundes, und Utterson selbst pflegte sie als den angenehmsten Aufenthaltsraum in London zu bezeichnen. Doch heute Nacht war sein Blut erregt; das Gesicht von Hyde lastete schwer auf seiner Erinnerung, und er verspürte – was ihm selten widerfuhr – etwas wie Übelkeit und Lebensüberdruß. Aus seiner düsteren Stimmung heraus glaubte er in dem flackernden Feuerschein, der über die blanken Möbel huschte, und in dem ruhelosen Spiel der Schatten an der Decke eine Drohung zu erkennen und atmete zu seiner eigenen Beschämung erleichtert auf, als Poole zurückkehrte und ihm meldete, daß Dr. Jekyll ausgegangen sei.

»Ich sah Mr. Hyde durch die alte Tür des Operationszimmers gehen, Poole«, sagte er. »Hat das seine Richtigkeit, wenn Dr. Jekyll nicht da ist?«

»Vollkommen, Mr. Utterson«, erwiderte der Diener. »Mr. Hyde hat den Schlüssel.«

»Ihr Herr scheint diesem jungen Mann sehr viel Vertrauen zu schenken«, meinte der andere nachdenklich.

»Ja, gnädiger Herr, das tut er«, sagte Poole. »Wir alle haben bestimmte Order, ihm zu gehorchen.«

»Meines Wissens habe ich Mr. Hyde niemals hier getroffen?« fragte Utterson.

»O nein, gnädiger Herr. Er speist nie hier«, entgegnete der Diener. »Auch wir sehen ihn sehr selten in diesem Teil des Hauses; er kommt und geht meistensteils durch das Laboratorium.«

»Na, dann gute Nacht, Poole.«

»Gute Nacht, Mr. Utterson.«

Und der Anwalt machte sich schweren Herzens auf den Heimweg. Armer Henry Jekyll, dachte er, mein Gefühl sagt mir, daß er sich in Not befindet. In seiner Jugend war er ausschweifend; zwar ist das schon lange her, aber vor Gott gilt keine Verjährung. Ja, das wird es sein, das Gespenst irgendeiner alten Sünde, das schleichende Gift eines geheimgehaltenen Vergehens! Nachdem die Schuld dem Gedächtnis seit Jahren entschwunden und von der Eigenliebe längst verziehen ist, kommt pede claudo die Strafe. Durch diesen Gedanken aufgerüttelt, grübelte der Anwalt eine Zeitlang über seine eigene Vergangenheit nach und kramte in allen Fächern seiner Erinnerung herum, ob nicht am Ende irgendwo der Spukteufel einer alten Missetat ans Licht käme. Seine Vergangenheit war nahezu untadelig, nur wenige Menschen konnten, wie er, ohne Besorgnis in den Seiten ihres Lebensbuches blättern; und doch erfüllte ihn das wenige Schlechte, das er getan hatte, mit Demut und Reue, so wie es ihm andererseits eine ängstlich scheue Genugtuung gewährte, daß er manches Böse vermieden hatte, obgleich er nahe daran gewesen war, es zu tun. Und als er sich wieder dem Ausgangspunkt seiner Betrachtungen zuwandte, glaubte er klarer zu sehen. Dieser Master Hyde, dachte er, muß, falls er ein gelehrter Mann ist, persönliche Geheimnisse haben: schwarze Geheimnisse, nach seinem Aussehen zu schließen – Geheimnisse, mit denen verglichen die schlimmsten von dem armen Jekyll so hell wie die Sonne wären. Jedenfalls darf es so nicht weitergehen. Es überläuft mich eiskalt bei dem Gedanken, daß sich diese Kreatur wie ein Dieb an Henrys Bett schleicht. Armer Henry, welch ein Erwachen! Und welche Gefahr! Denn wenn dieser Hyde die Existenz des Testamentes ahnt, so könnte er es mit dem Erben eilig haben. – Ja, ich muß dem Rad in die Speichen greifen – wenn Jekyll es mir nur erlaubt, wenn Jekyll es mir nur erlaubt. Denn wieder sah er vor seinem geistigen Auge klar und deutlich die seltsamen Bestimmungen des Testamentes.

Dr. Jekyll befindet sich wohlauf

Vierzehn Tage später gab der Doktor in denkbar bester Verfassung eins seiner beliebten Diners, zu dem fünf oder sechs alte Bekannte geladen waren, – kluge und angesehene Männer und allesamt gute Weinkenner, und Mr. Utterson wußte es so einzurichten, daß er noch blieb, als die andern gegangen waren. Dies war nichts Besonderes, sondern hatte sich im Lauf der Zeiten zur Gewohnheit herausgebildet. Wo Utterson beliebt war, da war er sehr beliebt. Gastgeber hielten den trockenen Juristen gern noch zurück, wenn sich die Vergnügungssüchtigen und Schwatzhaften verabschiedeten, und liebten es, sich noch eine Weile seiner unaufdringlichen Gesellschaft zu erfreuen, um den Übergang zum Alleinsein zu finden und angesichts der Ruhe dieses seltenen Mannes nach all dem Aufwand und den Anstrengungen der Geselligkeit ihren klaren Kopf zurückzugewinnen. Dr. Jekyll bildete keine Ausnahme von dieser Regel, und als er seinem Freunde am Kamin gegenübersaß – ein großer, wohlgebauter Fünfziger mit glattem Gesicht, einem kleinen Zug von Verschlagenheit darin, jedoch ausgesprochen klug und gutherzig –, konnte man ihm ansehen, daß er für Mr. Utterson eine aufrichtige und herzliche Zuneigung empfand.

»Ich hatte das Bedürfnis, mit dir zu sprechen, Jekyll«, begann der Anwalt. »Es handelt sich um dein Testament.«

Ein aufmerksamer Beobachter hätte bemerken können, daß das Thema dem Doktor unerwünscht war, doch griff er es willig auf. »Mein armer Utterson,« sagte er, »du hast kein Glück mit deinem Klienten. Ich habe nie einen Menschen so betrübt gesehen, wie du es über mein Testament warst, außer vielleicht den engherzigen Pedanten Lanyon über das, was er meine wissenschaftlichen Ketzereien nannte. Ja, ja, ich weiß, er ist ein lieber Kerl – du brauchst die Stirn nicht in Falten zu ziehen – ein vortrefflicher Mensch, aber ein engherziger Pedant ist er doch! Ein unwissender, eifernder Pedant! Ich habe mich nie in einem Menschen so getäuscht wie in Lanyon.«

»Wie du weißt, war ich nie einverstanden damit«, fuhr Utterson fort, indem er die neue Wendung des Gespräches geflissentlich ignorierte.

»Mit meinem Testament? Ja, natürlich weiß ich das«, sagte der Doktor mit einem Anflug von Schärfe. »Du hast es mir ja gesagt.«

»Nun, dann sage ich es dir noch einmal,« versetzte der Anwalt, »ich habe etwas von dem jungen Hyde erfahren.«

Das große, schöne Gesicht von Dr. Jekyll erblaßte bis in die Lippen, und seine Augen wurden ganz schwarz. »Ich will nichts weiter davon hören«, sagte er. »Ich dächte, wir wären übereingekommen, diesen Gegenstand nicht mehr zu berühren.«

»Was ich gehört habe, war abscheulich,« fuhr Utterson fort.

»Das ändert nichts daran. Du kannst dich nicht in meine Lage versetzen«, entgegnete der Doktor, scheinbar ohne Zusammenhang. »Sie ist sehr peinlich, ja, meine Lage ist äußerst seltsam – äußerst seltsam. Das ist eine Angelegenheit, die durch Worte nicht geklärt werden kann.«

»Jekyll,« sagte Utterson, »du kennst mich: ich bin ein Mann, auf den man sich verlassen kann. Erleichtere dein Herz, indem du mir Vertrauen schenkst, und ich zweifle nicht daran, daß ich dir helfen kann.«

»Guter Utterson,« sagte der Doktor, »das ist sehr lieb von dir, das ist ganz außerordentlich lieb von dir, und ich weiß nicht, wie ich dir danken soll. Ich glaube dir durchaus; ich würde dir mehr vertrauen als jedem anderen Menschen, ja mehr als mir selbst, wenn ich die Wahl hätte. Aber es ist nicht so, wie du es dir denkst, so schlimm ist es nicht, und um dein gutes Herz zu beruhigen, will ich dir eins verraten: in demselben Augenblick, da ich es will, kann ich Mr. Hyde los sein. Ich gebe dir meine Hand darauf und danke dir von Herzen. Und noch etwas möchte ich hinzufügen und weiß, daß du es richtig auffassen wirst: dies ist eine ganz private Angelegenheit, und ich bitte dich, sie ruhen zu lassen.«

Utterson sah ins Feuer und überlegte.

»Ich bin überzeugt, daß du vollkommen recht hast«, sagte er schließlich und stand auf.

»Schön, aber da wir die Sache einmal berührt haben – hoffentlich zum letztenmal,« fuhr der Doktor fort, »möchte ich dir gern noch etwas begreiflich machen. Ich interessiere mich tatsächlich sehr für den armen Hyde. Ich weiß, daß du ihn gesehen hast, er hat es mir erzählt, und ich fürchte, er war grob zu dir. Aber, du kannst es mir glauben, ich interessiere mich wirklich stark, sehr stark für den jungen Mann, und wenn ich einmal nicht mehr bin, Utterson, so mußt du mir versprechen, dich seiner anzunehmen und ihm zu seinem Recht zu verhelfen. Ich weiß, du würdest es tun, wenn du alles wüßtest, und du würdest mir eine Zentnerlast vom Herzen nehmen, wenn du mir das Versprechen geben wolltest.«

»Ich müßte lügen, wenn ich sagte, daß er mir jemals sympathisch sein wird«, entgegnete der Anwalt.

»Das verlange ich gar nicht«, meinte Jekyll und legte seine Hand auf des andern Arm. »Ich fordere nur Gerechtigkeit, ich bitte dich nur, ihm um meinetwillen zu helfen, wenn ich nicht mehr bin.«

Utterson konnte einen tiefen Seufzer nicht unterdrücken. »Nun gut,« sagte er, »ich verspreche es dir.«

Die Ermordung von Sir Danvers Carew

Fast ein Jahr später, im Oktober 18.., wurde London durch ein Verbrechen von ungewöhnlicher Bestialität erschreckt, ein Verbrechen, das durch die angesehene Stellung des Opfers noch an Bedeutung gewann. – Ein Dienstmädchen, das allein in einem Hause nahe am Fluß wohnte, war gegen elf Uhr in ihr oben gelegenes Zimmer gegangen, um sich schlafen zu legen. Obgleich in den frühen Abendstunden die Stadt im Nebel gelegen hatte, war der Himmel zu Beginn der Nacht wolkenlos, und die Wiese vor des Mädchens Fenster wurde vom Vollmond hell beschienen. Offenbar romantisch veranlagt, setzte sie sich auf ihren Koffer, der unmittelbar am Fenster stand und verfiel in einen träumerischen Zustand. Nie (so pflegte sie unter strömenden Tränen zu sagen, wenn sie ihr Erlebnis erzählte), nie hatte sie sich so voll Frieden mit aller Welt gefühlt und so gut von den Menschen gedacht. Als sie so saß, erblickte sie einen schönen alten Herrn mit weißem Haar, der die Wiese entlang kam. Und ihm entgegen kam ein anderer, sehr kleiner Mann, den sie anfangs weniger beachtete. Als sie in Hörweite voneinander gekommen waren (was gerade unter des Mädchens Fenster war), verbeugte sich der ältere und redete den anderen mit ausgesuchter Höflichkeit an. Der Inhalt seiner Worte schien von keiner besonderen Bedeutung zu sein, ja, nach seiner Handbewegung zu schließen, schien er nur nach dem Weg zu fragen. Der Mond schien ihm ins Gesicht, während er sprach, und das Mädchen betrachtete es mit Wohlgefallen, denn es strahlte eine unschuldsvolle, altfränkische Güte des Wesens aus und gleichzeitig etwas Hoheitsvolles, wie begründete Selbstzufriedenheit. Als sie sich dem andern zuwandte, war sie überrascht, in ihm einen gewissen Mr. Hyde zu erkennen, der einmal ihre Herrschaft besucht und der ihr Mißfallen erregt hatte. In der Hand trug er einen schweren Stock, den er hin- und herschwang. Er antwortete kein Wort und schien mit schlecht verhehlter Ungeduld zuzuhören. Und plötzlich geriet er in furchtbare Wut, stampfte mit den Füßen, erhob drohend den Stock und gebärdete sich (wie das Mädchen es beschrieb) wie ein Toller. Der alte Herr trat einen Schritt zurück mit der Miene eines Menschen, der sehr überrascht und ein wenig beleidigt ist, und da fielen von Mr. Hyde alle Hemmungen ab, und er schlug ihn mit dem Stock nieder. Im nächsten Augenblick trampelte er mit affenartiger Wut auf seinem Opfer herum und bearbeitete es mit einem Hagel von Hieben, unter denen die Knochen hörbar zerbrachen und der Körper auf der Straße hin- und hergeworfen wurde. Das Entsetzen über den Anblick und die Geräusche raubten dem Mädchen die Besinnung.

Es war zwei Uhr, als sie wieder zu sich kam und die Polizei holte. Der Mörder war längst entkommen, aber sein Opfer lag, schauerlich verstümmelt, inmitten der Wiese. Der Stock, mit dem die Tat begangen worden war, obgleich aus einem seltenen, sehr harten und festen Holz, war unter der Wucht der wahnsinnigen Schläge mitten durchgebrochen, und die eine zersplitterte Hälfte war in die nahe Gosse gerollt – die andere war zweifellos vom Mörder mitgenommen worden. Eine Geldbörse und eine goldene Uhr wurden bei dem Opfer gefunden, aber weder Visitenkarten noch Ausweispapiere, nur ein gesiegelter und frankierter Brief, den er wahrscheinlich zur Post hatte bringen wollen und der den Namen und die Adresse von Mr. Utterson trug.

Dieser wurde dem Anwalt am nächsten Morgen gebracht, bevor er aufgestanden war, und als er ihn gesehen und die näheren Umstände des Verbrechens erfahren hatte, machte er ein sehr nachdenkliches Gesicht. »Ich kann nichts sagen, bevor ich die Leiche gesehen habe,« meinte er, »doch halte ich den Fall für sehr ernst. Wollen Sie, bitte, warten, bis ich fertig bin.« Und mit derselben nachdenklichen Miene verzehrte er hastig sein Frühstück und fuhr mit zur Polizeiwache, wohin die Leiche geschafft worden war. Als er die Zelle betrat, nickte er mit dem Kopf:

»Ja,« bemerkte er, »ich erkenne ihn. Ich muß Ihnen leider sagen, daß das Sir Danvers Carew ist.«

»Großer Gott,« rief der Beamte, »wie ist das möglich?« Doch schon im nächsten Augenblick leuchteten seine Augen in beruflichem Ehrgeiz auf. »Das wird viel Staub aufwirbeln,« sagte er, »und vielleicht können Sie uns behilflich sein, den Mörder aufzuspüren.« Darauf berichtete er in Kürze, was das Mädchen gesehen hatte, und zeigte den zerbrochenen Stock.

Bei Nennung des Namens Hyde war Mr. Utterson schon zusammengefahren, und als ihm nun der Stock vorgelegt wurde, war er nicht länger im Zweifel – obgleich er zerbrochen und beschädigt war, erkannte er in ihm ein Geschenk, das er selbst seinem Freunde Jekyll vor Jahren gemacht hatte.

»Ist dieser Mr. Hyde ein Mann von kleinem Wuchs?« fragte er.

»Auffallend klein und von ausgesprochen niederträchtigem Gesichtsausdruck, wie das Mädchen aussagt«, entgegnete der Beamte.

Mr. Utterson überlegte, dann blickte er auf und sagte: »Ich glaube, ich kann Sie zu seiner Wohnung führen, wenn Sie in meinem Wagen mitkommen wollen.«

Es war gegen neun Uhr morgens, zur Zeit der ersten Herbstnebel. Der Himmel war wie mit einem großen, bräunlich gefärbten Leichentuch verhangen, aber der Wind fuhr fortwährend in die zusammengeballten Schwaden und verscheuchte sie, so daß Mr. Utterson, während der Wagen durch die Straßen fuhr, eine verwunderliche Menge von Abstufungen und Färbungen des Dämmerlichtes wahrnehmen konnte. Einmal war es schwarz wie hereinbrechende Nacht, dann wieder leuchtete es in düster gelblichbraunem Glanz, wie der Widerschein einer fernen Feuersbrunst, und dann teilte sich der Nebel ganz plötzlich für eine Sekunde, und ein Stück fahlen Tageslichts blickte aus den jagenden Wolken hervor. In diesen wechselnden Beleuchtungen erschien dem Anwalt der düstere Stadtteil Soho mit seinen schmutzigen Straßen, den verwahrlosten Bewohnern und den Laternen, deren trüber Schein vergeblich gegen das erneute Hereinbrechen der Dunkelheit ankämpfte, wie das Bild einer schreckhaft im Traum geschauten Stadt. Zudem befand er sich in denkbar düsterer Gemütsverfassung, und wenn er einen Blick auf seinen Begleiter warf, überkam ihn etwas von dem Grauen vor dem Gesetz und seinen Vollstreckern, das auch den ehrenhaftesten Mann zuzeiten befallen kann.

Als der Wagen vor dem bezeichneten Hause hielt, lichtete sich der Nebel gerade und ließ ihn eine schmutzige Straße, eine Destille, ein elendes französisches Speisehaus und eine Bude erkennen, in der billige Zeitschriften und verschiedene Salate in Groschenportionen feilgeboten wurden. Unmengen von zerlumpten Kindern drängten sich in den Torwegen, und Frauen verschiedener Nationalitäten holten sich, mit dem Hausschlüssel in der Hand, ihren Morgentrunk. Im nächsten Augenblick senkte sich der schmutzig braune Nebel wieder über das Bild und schnitt den Anwalt von seiner trostlosen Umgebung ab. Hier also war der Günstling Henry Jekylls zu Hause, der künftige Erbe einer Viertelmillion Pfund Sterling!

Eine alte Frau mit elfenbeinfarbigem Gesicht und silberweißem Haar öffnete die Tür. Der Ausdruck von Bosheit in ihrem Gesicht verkroch sich hinter einer Maske von Heuchelei, und ihr Benehmen war zuvorkommend. Jawohl, meinte sie, dies wäre Mr. Hydes Wohnung, aber er sei nicht zu Hause; letzte Nacht wäre er sehr spät gekommen, sei aber nach kaum einer Stunde wieder gegangen. Dabei wäre nichts Besonderes, denn er wäre ein Mann von unregelmäßigen Lebensgewohnheiten und oft abwesend. Gestern zum Beispiel hätte sie ihn nach zwei Monaten zum erstenmal wieder gesehen.

»Es ist gut,« erwiderte der Anwalt, »wir möchten sein Zimmer in Augenschein nehmen«, und als die Frau erklärte, daß das unmöglich sei, fügte er hinzu: »Es ist vielleicht besser, wenn ich Ihnen sage, wer dieser Herr ist. Es ist Inspektor Newcomen von Scotland Yard.«

Über das Gesicht der Frau huschte ein Anflug von Schadenfreude. »Oh,« fragte sie, »er wird also gesucht! Was hat er denn getan?«

Mr. Utterson wechselte einen Blick mit dem Inspektor. »Er scheint nicht sehr beliebt zu sein«, bemerkte dieser. »Und nun, gute Frau, lassen Sie den Herrn und mich die Sache hier in Augenschein nehmen!«

Mr. Hyde hatte von dem ganzen Hause, das, abgesehen von der alten Frau, unbewohnt war, nur zwei Zimmer inne. Doch waren diese mit Luxus und gutem Geschmack eingerichtet. Da war ein mit Wein gefüllter Wandschrank, das Eßgeschirr war aus Silber und das Leinenzeug kostbar; ein wertvolles Bild hing an der Wand – wie Mr. Utterson vermutete, ein Geschenk Henry Jekylls, der Kenner auf diesem Gebiet war –, und die Teppiche waren schwer und schön in den Farben.

Im Augenblick jedoch boten die Zimmer einen Anblick dar, als ob sie vor kurzem eilig durchsucht worden wären. Kleidungsstücke lagen – mit den Taschen nach außen gekehrt – auf dem Fußboden umher, verschließbare Schubladen standen offen, und im Kamin befand sich ein Haufen grauer Asche, als ob ein Stoß Papiere verbrannt worden wäre. Aus der Aschenglut zog der Inspektor das Blockende eines grünen Scheckbuches hervor, das dem Feuer widerstanden hatte, hinter der Tür wurde die andere Hälfte des Stockes gefunden, und der Inspektor war beglückt darüber, weil es seinen Argwohn bestätigte. Noch gesteigert wurde seine Befriedigung durch einen Besuch bei der Bank, wo sich herausstellte, daß sich mehrere tausend Pfund auf dem Konto des Mörders befanden.

»Sie können sich darauf verlassen,« sagte er zu Mr. Utterson, »ich habe ihn in der Hand. Er muß den Kopf verloren haben, sonst hätte er nie im Leben den Stock dagelassen und das Scheckbuch verbrannt. Denn das Geld ist Lebensbedingung für den Mann, und es bleibt uns nur noch übrig, ihn in der Bank zu erwarten und ihm Handschellen anzulegen.«

Das jedoch war nicht so leicht in die Tat umgesetzt; denn Mr. Hyde hatte nur wenige Bekannte – selbst die Herrschaft des Dienstmädchens hatte ihn nur zweimal gesehen. Seine Familie konnte nicht ermittelt werden, es existierte keine Photographie von ihm, und die wenigen, die ihn beschreiben konnten, wichen sehr voneinander ab, wie das bei Durchschnittszeugen der Fall ist. Nur in einem Punkt stimmten sie überein, und das war das unheimliche Gefühl von einer unerklärlichen Mißgestaltung, das der Flüchtling in jedem hervorrief, der ihn gesehen hatte.

Der Brief

Erst am späten Nachmittag fand Mr. Utterson den Weg zu Dr. Jekylls Haus, wo er von Poole sogleich eingelassen und durch die Wirtschaftsräume über einen Hof, der früher einmal ein Garten gewesen war, zu dem Gebäude geführt wurde, das allgemein als Laboratorium oder Operationssaal bekannt war. Der Doktor hatte das Haus von den Erben eines bedeutenden Arztes erworben, und da seine Neigungen eher chemischer als anatomischer Natur waren, hatte er das Bauwerk am Ende des Gartens für seine Zwecke hergerichtet. Es war das erstemal, daß der Anwalt in diesem Teil von seines Freundes Wohnsitz empfangen wurde, und neugierig betrachtete er das düstere fensterlose Gebäude und blickte mit einem unangenehm fremden Gefühl umher, als er den Vorlesungsraum durchschritt. Einst hatten ihn lernbegierige Studenten bevölkert, nun lag er einsam und verlassen da, auf den Tischen standen chemische Apparate herum, der Fußboden war mit Kisten und verstreuter Holzwolle bedeckt, und trübes Licht drang durch die milchige Kuppel. Am entgegengesetzten Ende führten einige Stufen zu einer mit rotem Fries ausgeschlagenen Tür, durch die Mr. Utterson endlich in des Doktors Arbeitszimmer eingelassen wurde. Dies war ein mit Glasschränken ausgestatteter Raum, dessen drei staubige, vergitterte Fenster nach dem Hof gingen und in dem sich unter anderem ein drehbarer Toilettenspiegel und ein Schreibtisch befanden. Im Kamin brannte ein Feuer, und auf dem Sims stand eine brennende Lampe, denn der Nebel war bis ins Innere der Häuser gedrungen.

Und dort, dicht am Feuer, saß Dr. Jekyll – leichenblaß. Er stand nicht auf, als der Besucher eintrat, streckte ihm nur eine eiskalte Hand entgegen und hieß ihn mit veränderter Stimme willkommen.

Sobald Poole sie allein gelassen hatte, fragte Mr. Utterson: »Du hast die Neuigkeit gehört?«

Der Doktor schauerte zusammen. »Sie haben es draußen auf dem Platz ausgeschrieen«, erwiderte er. »Ich konnte es bis in mein Eßzimmer hören.«

»Vor allem eins,« sagte der Anwalt, »Carew war mein Klient, aber du bist es ebenfalls, darum möchte ich wissen, was ich zu tun habe. Du bist doch nicht etwa so wahnsinnig gewesen, den Burschen zu verbergen?«

»Utterson,« schrie der Doktor, »beim allmächtigen Gott schwöre ich es dir, er soll mir nie wieder vor die Augen kommen. Ich gebe dir mein Ehrenwort, ich bin fertig mit ihm, solange ich lebe. Es ist alles aus. Im übrigen braucht er meine Hilfe nicht; du kennst ihn nicht, wie ich ihn kenne; er ist in Sicherheit – in völliger Sicherheit. Glaube meinen Worten, man wird nie wieder etwas von ihm hören.«

Mit gemischten Gefühlen hörte der Anwalt zu; das aufgeregte Wesen seines Freundes gefiel ihm nicht. »Du scheinst seiner sehr sicher zu sein,« meinte er, »und um deinetwillen hoffe ich, daß du recht hast. Wenn es zu einem Prozeß käme, würde dein Name darein verwickelt werden.«

»Ich bin seiner ganz sicher,« erwiderte Jekyll, »und zwar habe ich bestimmte Gründe dafür, die ich aber niemand mitteilen kann. Doch in einer Sache brauche ich deinen Rat. Ich habe – ich habe einen Brief erhalten und bin mir nicht schlüssig, ob ich ihn der Polizei vorlegen soll. Ich möchte es ganz dir überlassen, Utterson, ich bin überzeugt, du wirst das Richtige treffen; ich vertraue dir ganz.«

»Wenn ich recht vermute, fürchtest du, es könnte zu seiner Entdeckung führen?« fragte der Anwalt.

»Nein,« versetzte der andere, »ich muß sagen, es läßt mich ganz kalt, was aus Hyde wird; ich bin vollständig fertig mit ihm. Ich dachte an meine eigene Stellung, und daß ich in diese abscheuliche Geschichte verwickelt werden könnte.«

Utterson sann eine Weile nach. Die Selbstsucht seines Freundes überraschte ihn, doch erleichterte sie ihn auch wieder. »Nun gut,« meinte er schließlich, »zeige mir das Schreiben!«

Der Brief war in einer seltsam steilen Schrift geschrieben und »Edward Hyde« unterzeichnet. Er besagte in kurzen Worten, daß der Wohltäter des Schreibers, Dr. Jekyll, dem er seine tausend Wohltaten seit langem übel vergolten hätte, unter keinen Umständen um seine, Mr. Hydes, Sicherheit besorgt zu sein brauche, da ihm Mittel zur Flucht zu Gebote stünden, auf die er sich fest verlassen könnte.

Eigentlich gefiel dem Anwalt dieser Brief. Er zeigte das Verhältnis der beiden in einem besseren Licht, als es ihm erschienen war, und er machte sich im stillen Vorwürfe wegen seines früheren Argwohns.

»Hast du den Briefumschlag da?« fragte er.

»Den habe ich verbrannt,« versetzte Jekyll, »bevor es mir recht zum Bewußtsein kam. Aber der Brief war nicht frankiert. Das Schreiben ist abgegeben worden.«

»Soll ich es behalten und unter Verschluß nehmen?« fragte Utterson.

»Ich bitte dich, zu tun, was du für gut hältst«, lautete die Antwort.

»Ich habe das Vertrauen zu mir verloren.«

»Schön, ich werde darüber nachdenken«, entgegnete der Anwalt. »Und nun noch eins: Hat Hyde dir den Wortlaut über das Verschwinden in deinem Testament diktiert?«

Den Doktor schien eine Schwäche anzuwandeln; er preßte die Lippen fest aufeinander und nickte.

»Ich wußte es«, sagte Utterson. »Er wollte dich ermorden. Du hast Glück gehabt, daß du dem entgangen bist.«

»Es war viel mehr als Glück«, erwiderte der Doktor in feierlichem Ton: »Es war mir eine Lehre – und, großer Gott, was für eine Lehre, Utterson!« Und er bedeckte sein Gesicht mit den Händen.

Als der Anwalt wegging, wechselte er ein paar Worte mit Poole. »Heute ist ein Brief abgegeben worden; wie sah der Bote aus?« Aber Poole wußte bestimmt, daß außer mit der Post nichts gekommen war. »Und auch da nur Drucksachen«, fügte er hinzu.

Diese Auskunft erweckte von neuem Mr. Uttersons Verdacht. Offenbar war der Brief durch die Laboratoriumstür gekommen, möglicherweise war er sogar im Arbeitszimmer geschrieben worden, und wenn das der Fall war, so mußte er anders beurteilt und mit mehr Vorsicht behandelt werden. Während er weiterging, schrieen sich die Zeitungsjungen auf den Bürgersteigen heiser: »Extrablatt! Grauenerregender Mord an einem Parlamentsmitglied!« Das war der Nachruf für einen seiner Freunde und Klienten, und er konnte sich einer gewissen Besorgnis nicht erwehren, ob nicht der gute Name eines anderen womöglich in den Strudel des Skandals hineingezogen werden würde. Es war zum mindesten eine schwierige Entscheidung, die er zu treffen hatte, und auf sich selbst gestellt, wie er es durch Gewohnheit war, fing er an, sich nach einem Rat zu sehnen. Nicht, daß er ihn gerade einholen wollte, aber vielleicht – so dachte er – mochte er sich von selbst ergeben.

Und bald darauf saß er neben seinem eigenen Kamin, ihm gegenüber Mr. Guest, sein erster Sekretär, und zwischen ihnen, in abgemessener Entfernung vom Feuer, stand eine Flasche besonders alten Weines, der schon lange in der dunklen Abgeschlossenheit des Kellers gelagert hatte. Der Nebel hing immer noch schwer über der nächtlichen Stadt, in der die Laternen düster wie Karfunkelsteine glimmten, und inmitten dieser dampfenden und qualmenden Schwaden pulsierte wie immer das Leben durch die Adern der Großstadt, mit einem Geräusch, das an ferne Meeresbrandung gemahnte. Das Zimmer aber war vom Schein des Feuers freundlich durchglüht. Der Wein in der Flasche hatte seinen Läuterungsprozeß längst vollendet, seine prächtige Färbung hatte sich mit den Jahren vertieft, so wie die Farben der Glasmalereien mit der Zeit immer wärmer werden, und nun war er bereit, die über sanften Weinbergen lagernde Glut heißer Herbstnachmittage, die er eingefangen hatte, der Flasche entsteigen zu lassen und den Londoner Nebel damit zu besiegen.

Unmerklich löste sich des Anwalts Zunge. Vor keinem Menschen hatte er weniger Geheimnisse als vor Mr. Guest, weniger sogar, als er manchmal wünschte. Guest war öfter geschäftlich bei dem Doktor gewesen, er kannte Poole, es war kaum denkbar, daß er nichts von Mr. Hydes bevorzugter Stellung in dem Hause gehört haben sollte, und er konnte Schlußfolgerungen ziehen. War es da nicht ganz gut, ihm einen Brief zu zeigen, der das Geheimnis aufklärte? Und vor allem würde Guest, der ein eifriger Handschriftenforscher und -deuter war, diesen Schritt nicht ganz natürlich und als Gefälligkeit betrachten? Außerdem war der Sekretär ein Mann von Überlegung; er würde kaum ein so seltsames Dokument lesen, ohne eine Bemerkung darüber fallen zu lassen, und darnach konnte Mr. Utterson dann vielleicht seine spätere Handlungsweise richten.

»Das ist eine traurige Geschichte mit Sir Danvers«, sagte er.

»Allerdings,« entgegnete Guest, »das öffentliche Mitleid ist in hohem Maße wachgerufen worden. Der Mann war natürlich wahnsinnig.«

»Ich würde gern Ihre Ansicht darüber hören«, erwiderte Utterson. »Ich habe hier ein Dokument in seiner Handschrift; es bleibt natürlich unter uns, denn ich weiß noch nicht, was ich tun soll. Jedenfalls ist es eine häßliche Geschichte. – Aber hier ist es – und so recht etwas für Sie: das Autogramm eines Mörders.«

Guests Augen leuchteten auf; er setzte sich sofort hin und studierte es eifrig. »Nein,« äußerte er dann, »wahnsinnig ist er nicht, aber es ist eine sonderbare Handschrift.«

»Und jedenfalls ein sehr sonderbarer Schreiber«, fügte der Anwalt hinzu.

In diesem Augenblick brachte der Diener einen Brief herein.

»Von Dr. Jekyll?« fragte der Sekretär. »Mir kam die Handschrift bekannt vor. Oder ist es etwas Vertrauliches?«

»Nur eine Einladung zum Mittagessen. Warum fragen Sie? Wollen Sie es sehen?«

»Nur einen Augenblick. Ich danke Ihnen«, und der Sekretär legte die beiden Papierbogen nebeneinander und verglich emsig ihren Inhalt. »Ich danke Ihnen«, sagte er noch einmal, als er beide zurückgab. »Es ist ein sehr interessantes Autogramm.«

Es folgte eine Pause, in der Mr. Utterson sichtlich mit sich kämpfte. »Warum haben Sie sie miteinander verglichen, Guest?« fragte er plötzlich.

»Ja, wissen Sie,« entgegnete der Sekretär, »es existiert da eine eigentümliche Ähnlichkeit. Die beiden Handschriften stimmen in manchen Punkten überein, nur die Richtung ist verschieden.«

»Merkwürdig«, meinte Utterson.

»Da haben Sie recht,« versetzte Guest, »es ist merkwürdig.«

»Ich würde von diesem Schreiben nichts verlauten lassen«, sagte sein Chef.

»Nein«, versetzte der Sekretär. »Ich verstehe.«

Und kaum war Mr. Utterson an jenem Abend allein, so verschloß er das Schreiben in seinen Geldschrank, wo er es im weiteren Verlauf ruhen ließ. »Wie?« dachte er, »sollte Henry Jekyll um eines Mörders willen zum Fälscher geworden sein?« Und das Blut erstarrte ihm in den Adern.

Dr. Lanyons sonderbares Erlebnis

Die Zeit verging. Mehrere tausend Pfund waren als Belohnung ausgesetzt worden; denn Sir Danvers Tod wurde als öffentliche Herausforderung empfunden; Mr. Hyde jedoch war aus dem Gesichtskreis der Polizei verschwunden, als ob er nie existiert hätte. Zwar kam über seine Vergangenheit vieles ans Licht, und alles war ekelhaft. So erzählte man sich von des Mannes rücksichtsloser Grausamkeit, von seiner Heftigkeit und Härte, seinem schlechten Lebenswandel, seinem sonderbaren Verkehr und dem Haß, der ihm anscheinend überall auf seiner Laufbahn begegnete, – aber über seinen gegenwärtigen Aufenthaltsort nicht ein Wort. Seitdem er, am Morgen des Mordes, das Haus in Soho verlassen hatte, war er wie ausgelöscht, und allmählich, als die Zeit verstrich, fing Mr. Utterson an, sich von seiner heftigen Bestürzung zu erholen und innerlich ruhiger zu werden. Durch das Verschwinden von Mr. Hyde war – nach seinem Empfinden – der Tod Sir Danvers mehr als gesühnt. Jetzt, da der schlechte Einfluß nicht mehr vorhanden war, begann für Dr. Jekyll ein neues Leben. Er kam aus seiner Zurückgezogenheit hervor, nahm den Verkehr mit seinen Freunden wieder auf und wurde von neuem ihr vertrauter Gast und Gesellschafter. War er früher als barmherzig bekannt gewesen, so zeichnete er sich jetzt nicht weniger durch Frömmigkeit aus. Er war tätig, bewegte sich viel im Freien und verrichtete gute Werke. Der Ausdruck seines Gesichtes schien offener und fröhlicher zu werden, als wenn er sich innerlich eines Gottesdienstes bewußt wäre. Über zwei Monate lang war der Doktor voll inneren Gleichgewichtes.

Am 8. Januar hatte Utterson in kleiner Gesellschaft bei dem Doktor gegessen; Dr. Lanyon war auch dagewesen, und die Blikke des Gastgebers waren von einem zum andern gewandert wie in alten Zeiten, als die Freunde ein unzertrennliches Trio bildeten. Am 12. und auch am 14. fand der Anwalt keinen Einlaß. »Der Doktor ist ans Haus gefesselt und empfängt niemand«, sagte Poole. Am 15. machte er wiederum einen Versuch und wurde wieder abgewiesen, und da er sich in den letzten zwei Monaten daran gewöhnt hatte, seinen Freund nahezu täglich zu sehen, begann dessen Rückkehr zur Einsamkeit sein Gemüt zu belasten. Am fünften Abend war Guest bei ihm zum Essen, und am sechsten machte er sich auf den Weg zu Dr. Lanyon.

Dort wurde er wenigstens nicht abgewiesen, doch als er eintrat, war er entsetzt über die Veränderung, die mit dem Doktor vorgegangen war. Das Todesurteil stand ihm auf dem Gesicht geschrieben. Der sonst rosige Mann war blaß und zusammengefallen, sein Haar hatte sich merklich gelichtet, und er sah alt aus. Doch waren es weniger diese Merkmale eines rapiden körperlichen Verfalles, die den Anwalt betroffen machten, als vielmehr sein Augenausdruck und sein Gebaren, die von einer schrekkensvollen, tiefen Gemütsbewegung zu zeugen schienen. Es war nicht anzunehmen, daß sich der Doktor vor dem Tode fürchtete, und doch fühlte sich Utterson versucht, das zu glauben. »Natürlich,« dachte er, »er ist Arzt, er kennt seinen eigenen Zustand und weiß, daß seine Tage gezählt sind, und diese Erkenntnis hat ihn niedergedrückt.« Als Utterson jedoch eine Bemerkung über sein schlechtes Aussehen machte, erklärte Lanyon mit dem Ausdruck völliger Gefaßtheit, daß er ein verlorener Mann sei.

»Ich habe etwas Furchtbares erlebt«, sagte er, »und werde mich nie wieder davon erholen. Es ist nur noch eine Frage von Wochen. Das Leben war schön, und ich habe es geliebt – ja, ich habe es geliebt. Doch manchmal denke ich, wenn wir alles wüßten, müßten wir eigentlich froh sein, es zu verlassen.«

»Jekyll ist ebenfalls krank«, bemerkte Utterson. »Hast du ihn gesehen?«

Lanyons Gesicht verzerrte sich, und abweisend hob er seine zitternde Hand. Ich wünsche nichts mehr von Dr. Jekyll zu sehen oder zu hören«, sagter er mit lauter, schwankender Stimme. »Ich bin vollkommen fertig mit dem Mann und bitte dich, mich mit jeder Anspielung auf einen, den ich als tot betrachte, zu verschonen.«

»Nun, nun«, versetzte Mr. Utterson und dann – nach einer beträchtlichen Pause: »Kann ich irgend etwas tun? Wir sind drei alte Freunde, Lanyon, und müssen zusammenhalten.«

»Da kann man nichts tun,« entgegnete Lanyon, »frage ihn selbst!«

»Er läßt mich nicht vor«, bemerkte der Anwalt.

»Das überrascht mich nicht,« lautete die Antwort. »Wenn ich tot bin, Utterson, wirst du vielleicht eines Tages alles erfahren. Ich kann es dir nicht sagen. Inzwischen aber, wenn du es fertig bringst, bei mir zu sitzen und von anderen Dingen zu sprechen, so bleibe um Gottes willen hier und tue es, doch wenn du das verwünschte Thema nicht vermeiden kannst, so geh in Gottes Namen weg; denn ich vermag es nicht zu ertragen.«

Sobald Utterson wieder zu Hause war, setzte er sich hin und schrieb an Jekyll; er bedauerte, daß man ihn in seinem Hause nicht vorließ, und fragte nach der Ursache des unglückseligen Bruches mit Lanyon. Schon der nächste Tag brachte ihm eine lange Antwort, die zum Teil in sehr pathetischen Worten abgefaßt und zum Teil dunkel und geheimnisvoll war. Der Bruch mit Lanyon war unheilbar. »Ich mache unserm alten Freund keinen Vorwurf,« schrieb Jekyll, »doch teile ich seine Auffassung, daß wir uns nie wieder begegnen dürfen. Ich denke fortan ein völlig zurückgezogenes Leben zu führen, und du mußt dich nicht wundern oder gar an meiner Freundschaft zweifeln, wenn meine Tür selbst dir oft verschlossen ist. Du mußt mich meinen dunklen Weg gehen lassen. Ich habe eine Schuld auf mich geladen und mich einer Gefahr ausgesetzt, die ich nicht nennen kann. Wenn ich ein großer Sünder bin, so bin ich auch ein großer Märtyrer. Ich wußte nicht, daß auf dieser Erde so viel Raum für Leiden und Schrecken vorhanden ist, und du kannst nur eines tun, Utterson, um mir mein Schicksal zu erleichtern, und das ist, mein Schweigen zu ehren.« Utterson war bestürzt. Der dunkle Einfluß von Hyde war von ihm genommen, der Doktor war zu seinen alten Aufgaben und Pflichten zurückgekehrt, noch vor einer Woche hatte ihm die Aussicht auf einen heiteren und geachteten Lebensabend gelächelt, – und nun waren mit einem Schlage Freundschaft, Seelenfrieden und Lebensinhalt zerstört. Ein so großer und unvorhergesehener Umschwung ließ auf Wahnsinn schließen, doch angesichts von Lanyons Benehmen und Worten mußte ein tieferer Grund dafür vorhanden sein.

Eine Woche später legte sich Dr. Lanyon, und zwei Wochen darauf war er tot. Am Abend nach der Beerdigung, der Utterson in aufrichtiger Trauer beigewohnt hatte, verriegelte er die Tür seines Arbeitszimmers. Er saß beim Schein einer melancholischen Kerze da, holte einen Umschlag hervor, der von der Hand seines toten Freundes adressiert und gesiegelt worden war, und legte ihn vor sich hin. »Vertraulich: Nur für J. G. Utterson und im Fall seines vorherigen Ablebens ungelesen zu vernichten«, so war ausdrücklich darauf vermerkt, und der Anwalt fürchtete sich, den Inhalt kennen zu lernen. »Einen Freund habe ich heute begraben,« dachte er, »wenn mich nun dies den anderen kosten sollte!« Und dann verwarf er die Furcht als eine Untreue gegen den Freund und erbrach das Siegel. Der Umschlag enthielt einen zweiten, der ebenfalls versiegelt war und die Aufschrift trug: »Nicht vor dem Tode oder dem Verschwinden

Dr. Henry Jekylls zu öffnen.« Utterson glaubte seinen Augen nicht zu trauen. Ja, da stand »Verschwinden« – auch hier, wie in dem verrückten Testament, das er seinem Verfasser längst zurückgegeben hatte – auch hier war der Begriff des Verschwindens mit dem Namen Henry Jekylls in Verbindung gebracht worden. In dem Testament war der Gedanke dem unheilvollen Einfluß des Mannes Hyde entsprungen und war in allzu durchsichtiger und schrecklicher Absicht hineingesetzt worden. Was aber konnte es – von Lanyons Hand geschrieben – bedeuten? Den Sachwalter überkam ein starkes Verlangen, das Verbot nicht zu beachten und den Geheimnissen sofort auf den Grund zu gehen; aber berufliche Ehre und Treue gegen seinen toten Freund waren starke Bindungen, und bald ruhte das Päckchen im tiefsten Winkel seines Geheimfaches.

Es ist zweierlei, ob man Neugierde unterdrückt oder ob man ihrer Herr wird, und es ist zweifelhaft, ob es Utterson seit jenem Tage mit derselben Heftigkeit nach der Gesellschaft seines überlebenden Freundes verlangte. Er dachte freundlich an ihn, doch waren seine Gedanken beunruhigt und voll Angst. Wohl ging er zu ihm, doch war er gewissermaßen erleichtert, wenn man ihn abwies. Vielleicht zog er es im Inneren vor, umgeben von der Luft und den Geräuschen der Großstadt, an der Tür mit Poole zu sprechen, als in das Haus der freiwilligen Haft geführt zu werden, um dort zu sitzen und mit dem rätselhaften Einsiedler zu sprechen. Was Poole zu berichten wußte, lautete jedenfalls nicht sehr erfreulich. Der Doktor hatte sich, anscheinend mehr denn je, in sein Arbeitszimmer über dem Laboratorium zurückgezogen, ja er schlief sogar manchmal dort. Er befand sich in schlechter Stimmung, war sehr schweigsam geworden, las nicht, und es schien, als ob ihn etwas bedrückte. Und Utterson gewöhnte sich endlich so an die stets gleichlautenden Berichte, daß er mit der Zeit seltener vorsprach.

Die Begegnung am Fenster

Am Sonntag, als Mr. Utterson seinen gewohnten Spaziergang mit Mr. Enfield machte, geschah es, daß ihr Weg sie wieder einmal durch die Seitenstraße führte und daß sie beide, als sie sich der Tür gegenüber befanden, stehen blieben und hinüberblickten.

»Na,« meinte Enfield, »diese Geschichte ist wenigstens erledigt. Mr. Hyde werden wir nicht wieder zu Gesicht bekommen.«

»Ich hoffe nicht«, sagte Utterson. »Habe ich Ihnen eigentlich erzählt, daß ich ihn einmal gesehen habe und Ihr Gefühl der Abneigung teile?«

»Das eine war ohne das andere nicht denkbar«, versetzte Enfield. »Übrigens müssen Sie mich für einen rechten Dummkopf gehalten haben, weil ich nicht wußte, daß dies der Hintereingang von Dr. Jekylls Haus ist. Wissen Sie auch, daß Sie es waren, der mich darauf gebracht hat?«

»Also sind Sie doch dahinter gekommen«, bemerkte Utterson. »Aber wenn das der Fall ist, könnten wir eigentlich in den Hof gehen und einen Blick auf die Fenster werfen. Offen gesagt, ich mache mir Sorgen um den armen Jekyll, und selbst hier draußen habe ich das Gefühl, als wenn die Nähe eines Freundes ihm von Nutzen sein könnte.«

Der Hof war kühl und etwas feucht – und in vorzeitiges Dämmerlicht getaucht, obgleich der Himmel hoch über den Häusern noch den Sonnenuntergang widerspiegelte. Das mittelste der drei Fenster war halb geöffnet, und dicht daran, wie um Luft zu schöpfen, sah Utterson Dr. Jekyll mit unendlich trauriger Miene sitzen, gleich einem trostlosen Gefangenen.

»Sieh da, Jekyll!« rief er. »Es geht dir also besser?«

»Ich bin sehr schwach, Utterson,« erwiderte der Doktor kläglich, »sehr schwach. Es wird gottlob! nicht lange dauern.«

»Du sitzt zu viel zu Hause,« sagte der Anwalt, »du solltest ausgehn und das Blut in Umlauf bringen, wie Mr. Enfield und ich.

Dies ist mein Vetter, Mr. Enfield – Dr. Jekyll. Komm, nimm deinen Hut und geh ein Stück mit uns!«

»Das ist sehr nett von dir«, seufzte der andere. »Ich täte es so gern, aber – nein, nein, nein, es ist ganz unmöglich; ich wage es nicht. Aber Utterson, ich freue mich wirklich riesig, dich zu sehen; du kannst es mir glauben, es ist mir eine große Freude. Ich würde dich und Mr. Enfield heraufbitten, doch bin ich nicht darauf eingerichtet.«

»Nun,« meinte der Anwalt, »das Beste, was wir tun können, ist, hier unten stehen zu bleiben und uns von hier aus mit dir zu unterhalten.«

»Gerade dasselbe wollte ich mir eben erlauben, vorzuschlagen«, versetzte der Doktor mit einem Lächeln. Doch kaum hatte er die Worte ausgesprochen, als das Lächeln aus seinem Gesicht verschwand – und von einem Ausdruck so voller Entsetzen und Verzweiflung verdrängt wurde, daß den beiden Männern unten das Blut in den Adern gefror. Sie sahen es nur für den Bruchteil einer Sekunde, denn das Fenster wurde im selben Augenblick zugeschlagen, doch hatte der eine flüchtige Blick genügt. Sie kehrten um, verließen wortlos den Hof und überschritten schweigend die Seitenstraße. Erst als sie in eine benachbarte Verkehrsstraße kamen, die selbst am Sonntag belebt war, wandte sich Mr. Utterson zu seinem Begleiter und sah ihn an. Beide waren blaß, und in ihren Augen lag ein Widerschein des geschauten Entsetzens.

»Gott sei uns gnädig,« sagte Mr. Utterson, »Gott sei uns gnädig!«

Aber Mr. Enfield nickte nur sehr ernst mit dem Kopf, und schweigend setzten sie ihren Weg fort.

Die letzte Nacht

Eines Abends saß Mr. Utterson nach dem Essen am Kamin, als er durch den Besuch von Poole überrascht wurde.

»Um Gottes willen, was führt Sie her, Poole?« rief er, und als er ihn näher betrachtete: »Was fehlt Ihnen? Ist der Doktor krank?«

»Mr. Utterson,« sagte der Mann, »da stimmt etwas nicht.«

»Setzen Sie sich; hier haben Sie ein Glas Wein!« bemerkte der Anwalt. »Und nun lassen Sie sich Zeit und erzählen Sie mir, was Sie auf dem Herzen haben.«

»Sie kennen des Doktors Gewohnheiten und wissen, daß er sich gern einschließt«, erwiderte Poole. »Nun hat er sich wieder in sein Arbeitszimmer eingeschlossen, und das gefällt mir nicht, gnädiger Herr – ich will mich hängen lassen, wenn mir das gefällt! – Mr. Utterson – ich fürchte mich!«

»Nun, mein guter Mann,« sagte der Anwalt, »erklären Sie sich näher! Wovor haben Sie Angst?«

»Seit einer Woche schon fürchte ich mich,« entgegnete Poole und überhörte hartnäckig die Frage, »und ich halte es nicht länger aus.«

Das ganze Gebaren des Mannes bestätigte seine Worte, er war verändert in seinem Wesen, und abgesehen von dem Augenblick, als er zum erstenmal seine Furcht erwähnte, hatte er dem Anwalt nicht ein einziges Mal ins Gesicht gesehen. Und noch immer saß er mit dem unberührten Glas Wein auf den Knieen da und stierte in eine Ecke des Zimmers. »Ich halte es nicht länger aus«, wiederholte er.

»Kommen Sie,« sagte der Anwalt, »Sie haben sicher gute Gründe dafür, und ich glaube, es ist tatsächlich etwas nicht in Ordnung. Nun versuchen Sie, mir zu sagen, was es ist.«

»Ich glaube, es ist ein Verbrechen verübt worden«, sagte Poole mit heiserer Stimme.

»Ein Verbrechen?« rief der Anwalt sehr erschrocken und in

fast gereiztem Ton: »Was für ein Verbrechen? Was meint der Mann nur?«

»Ich getraue mich nicht, es zu sagen, gnädiger Herr«, lautete die Antwort. »Aber wenn Sie mit mir kommen und selbst zusehen wollten?«

Sofort stand Mr. Utterson auf und nahm seinen Hut und weiten Mantel. Mit Erstaunen bemerkte er den Ausdruck allergrößter Erleichterung auf dem Gesicht des anderen, und nicht weniger verwunderte es ihn, daß der Wein immer noch unberührt war, als der Diener ihn hinsetzte, um ihm zu folgen.

Es war eine stürmische und kalte Märznacht, der bleiche Mond hing schief am Himmel, wie wenn der Wind ihn umgeblasen hätte, und durchscheinende Fetzen jagenden Gewölks zogen darüber hin. Der Wind verhinderte das Sprechen und trieb einem das Blut ins Gesicht. Er schien die Straßen völlig von Menschen reingefegt zu haben, denn Mr. Utterson erinnerte sich nicht, diesen Teil von London je so verlassen gesehen zu haben. Fast wünschte er, es wäre anders. Nie im Leben war er sich so des brennenden Wunsches bewußt geworden, Mitmenschen zu sehen und mit ihnen in Berührung zu kommen; denn so stark er auch dagegen ankämpfen mochte – in seinem Innern erwuchs ein drohendes Vorgefühl von irgendeinem Unglück. Auf dem Platz, den sie überschritten, tobte der Wind und wirbelte den Staub auf, und die kahlen Bäume des Gartens bogen sich, vom Wind gepeitscht, über den Zaun. Poole, der während des ganzen Weges ein bis zwei Schritte zurückgeblieben war, blieb nun plötzlich mitten auf der Straße stehen, nahm trotz des schneidenden Windes den Hut vom Kopf und wischte sich die Stirn mit einem roten Taschentuch. Doch waren die Schweißtropfen, die er abwischte, nicht durch die Anstrengung des schnellen Gehens verursacht, sie entsprangen vielmehr einer würgenden Angst, denn sein Gesicht war leichenblaß und seine Stimme, als er jetzt sprach, rauh und brüchig.

»So, gnädiger Herr,« bemerkte er, »da wären wir, und Gott gebe, daß nichts passiert ist.«

»Amen, Poole«, sagte der Anwalt.

Hierauf klopfte der Diener äußerst behutsam, die Tür wurde hinter der Sicherheitskette geöffnet, und eine Stimme von drinnen fragte: »Sind Sie es, Poole?«

»Ja, ich bins«, erwiderte Poole. »Ihr könnt aufmachen.«

Die Halle war hell erleuchtet, als sie eintraten, das Feuer hochgeschichtet, und um den Kamin herum stand die gesamte Dienerschaft – Männer und Frauen – zusammengedrängt wie eine Herde Schafe. Beim Anblick von Mr. Utterson brach das Hausmädchen in hysterisches Wimmern aus, und die Köchin schrie: »Gott sei gelobt! Es ist Mr. Utterson«, und lief ihm entgegen, als ob sie ihm um den Hals fallen wollte.

»Nanu? Ihr alle hier?« fragte der Anwalt in ungehaltenem Ton. »Das ist ganz gegen die Ordnung und gehört sich nicht. Euer Herr wäre nicht im geringsten davon erbaut.«

»Sie fürchten sich alle«, antwortete Poole.

Lautlose Stille folgte, da niemand widersprach, nur das Mädchen erhob ihre Stimme und weinte nun laut heraus.

»Halt den Mund!« herrschte Poole sie an, mit einer Wildheit im Ton, die Zeugnis von der Überreiztheit seiner eigenen Nerven ablegte. Tatsächlich waren alle zusammengefahren, als das Mädchen so plötzlich in laute Klagen ausbrach, und hatten mit dem Ausdruck furchtsamer Erwartung in der Richtung nach der inneren Tür geblickt. »Und nun«, fuhr der Diener fort und wandte sich an den Küchenjungen, »reich mir eine Kerze, und wir wollen der Sache sogleich zuleibe gehen.« Dann bat er Mr. Utterson, ihm zu folgen, und schlug den Weg zum rückwärtigen Garten ein.

»Und jetzt, gnädiger Herr,« sagte er, »seien Sie so leise wie möglich. Ich möchte, daß Sie hören, daß Sie aber nicht gehört werden. Und noch eins, gnädiger Herr, wenn er Sie bitten sollte, hineinzukommen, so gehen Sie nicht.«

Bei dieser unerwarteten Wendung ging durch Mr. Uttersons Nerven ein Schreck, der ihn fast aus dem Gleichgewicht gebracht hätte, doch nahm er allen Mut zusammen und folgte dem Diener in das Laboratoriumsgebäude und durch den Vorlesungsraum mit seinem Gerümpel von Kisten und Flaschen bis an den Fuß der Treppe. Hier bedeutete ihm Poole, sich an die Seite zu stellen und zu horchen, während er selbst die Kerze niedersetzte und, indem er sich sichtlich einen Ruck gab, die Stufen emporstieg und mit unsicherer Hand an den roten Fries der Arbeitszimmertür klopfte.

»Mr. Utterson ist da und möchte Sie sprechen, gnädiger Herr«, rief er, und dabei gab er dem Anwalt von neuem durch heftige Zeichen zu verstehen, daß er gut hinhören sollte.

Von innen antwortete eine Stimme in bedauerndem Ton: »Sage ihm, ich könnte niemand empfangen.«

»Sehr wohl, gnädiger Herr«, versetzte Poole mit einem Anflug von Triumph in der Stimme. Dann nahm er die Kerze auf und führte Mr. Utterson wieder über den Hof in die große Küche, wo das Feuer inzwischen ausgegangen war und die Schaben auf dem Fußboden herumliefen.

»Gnädiger Herr,« begann er und sah Mr. Utterson fest in die Augen, »war das die Stimme meines Herrn?«

»Sie scheint sich sehr verändert zu haben«, entgegnete der Anwalt. Er war sehr bleich, doch hielt er dem Blick stand.

»Verändert? Ja, das will ich meinen«, sagte der Diener. »Bin ich zwanzig Jahre im Dienst meines Herrn, um mich über seine Stimme täuschen zu lassen? Nein, gnädiger Herr, mein Herr ist aus dem Wege geräumt worden, er ist vor acht Tagen, als wir ihn schreien und Gott anrufen hörten, aus dem Wege geräumt worden. Und wer jetzt statt seiner da drin ist und warum er dort bleibt, das ist etwas, das zum Himmel schreit!«

»Das ist eine äußerst seltsame Geschichte, Poole, eine ganz tolle Geschichte, mein guter Mann«, meinte Mr. Utterson und biß sich auf den Finger. »Nehmen wir an, es wäre so, wie Sie vermuten – nehmen wir an, Dr. Jekyll wäre – er wäre ermordet worden, was sollte denn den Mörder veranlassen, zu bleiben? Das würde doch aller Vernunft Hohn sprechen.«

»Nun gut, Mr. Utterson, Sie sind ein Mann, der schwer zufriedenzustellen ist, und ich will es dennoch tun«, sagte Poole. »Sie müssen wissen, diese ganze letzte Woche hat er oder es, oder wer sich nun in dem Arbeitszimmer aufhält, Tag und Nacht nach einer bestimmten Medizin geschrieen und konnte sie nicht kriegen. Es war manchmal seine – ich meine meines Herrn – Gewohnheit, seine Befehle auf ein Blatt Papier zu schreiben und es auf die Treppe zu legen. In der vergangenen Woche haben wir nichts anderes zu Gesicht bekommen, nichts als Zettel und eine verschlossene Tür, und die Mahlzeiten, die wir hinstellten, wurden sogar heimlich hineingenommen, wenn es niemand sehen konnte. Und, gnädiger Herr, jeden Tag, ja zwei- und dreimal an einem Tag, lagen Befehle und Beschwerden da, und ich bin zu allen Grossisten für Chemikalien in der Stadt herumgehetzt worden. Jedesmal, wenn ich mit dem Zeug wiederkam, lag bald darauf wieder ein Zettel da, mit dem Befehl, es zurückzubringen, weil es nicht rein wäre, und eine neue Bestellung an eine andere Firma. Diese Arznei muß bitter nötig sein, einerlei wozu.«

»Haben Sie noch einen von den Zetteln?« fragte Mr. Utterson.

Poole langte in seine Tasche und holte ein zerknittertes Papier hervor, das der Anwalt, über die Kerze gebeugt, sorgfältig prüfte. Sein Inhalt lautete folgendermaßen: »Dr. Jekyll gibt sich die Ehre, Messrs. Maw darauf aufmerksam zu machen, daß ihre letzte Probe unrein und für seine gegenwärtigen Zwecke völlig wertlos war. Im Jahr 18.. hat Dr. Jekyll eine ziemlich große Menge von Messrs. M. bezogen. Er bittet sie nun, mit der größten Sorgfalt nachzuforschen, und wenn sich noch etwas von derselben Qualität finden sollte, es ihm sofort zukommen zu lassen. Kosten spielen keine Rolle. Die Sache ist für Dr. J. von der allergrößten Wichtigkeit.« Bis dahin klang der Brief ganz verständig, aber plötzlich hatte sich, mit einem Spritzen der Feder, die Gemütsbewegung des Schreibers Bahn gebrochen. »Um Gottes willen,« hatte er hinzugefügt, »verschaffen Sie mir etwas von dem alten!«

»Das ist ein merkwürdiger Brief«, sagte Mr. Utterson, und dann in scharfem Ton: »Wie kamen Sie dazu, ihn zu öffnen?«

»Der Mann bei Maw war sehr ärgerlich und warf ihn mir vor die Füße, als wäre es Dreck«, versetzte Poole.

»Dies ist doch fraglos des Doktors Handschrift, nicht wahr?« fragte der Anwalt.

»Ja, es schien mir so«, antwortete der Diener verdrießlich, und dann in anderem Ton: »Aber was besagt die Handschrift? – Ich habe ihn gesehen!«

»Ihn gesehen?« wiederholte Mr. Utterson, »und?«

»Das ist es ja«, meinte Poole. »Das war so: Ich kam plötzlich vom Garten in den Vorlesungsraum. Er war anscheinend herausgeschlüpft, um nach der Arznei oder nach sonst etwas zu suchen; denn die Tür zum Arbeitszimmer stand offen, und er kramte am andern Ende des Raumes in den Kisten herum. Als ich hineinkam, stieß er einen Schrei aus und stürzte die Treppe hinauf in sein Zimmer. Ich sah ihn nur eine Minute, aber die Haare standen mir zu Berge. Gnädiger Herr, wenn das mein Herr war, warum hatte er dann eine Maske vor dem Gesicht? Wenn es mein Herr war, warum schrie er dann wie ein Tier und lief vor mir davon? Ich habe ihm lange genug gedient. Und dann ...« Der Mann hielt inne und fuhr sich mit der Hand übers Gesicht.

»Das sind alles äußerst seltsame Dinge,« sagte Mr. Utterson, »aber ich glaube, ich fange an klar zu sehen. Poole, Ihr Herr ist einfach von einer jener Krankheiten befallen worden, die den, der daran leidet, peinigen und entstellen. Daher, nach meiner Auffassung, seine veränderte Stimme, daher die Maske und seine Flucht vor seinen Freunden, daher sein heftiges Verlangen nach der Medizin, in der für den Ärmsten die Hoffnung auf endliche Genesung enthalten ist – Gott gebe, daß er nicht enttäuscht wird! Das ist meine Erklärung. Sie ist traurig genug und schrecklich auszudenken, aber sie ist einleuchtend, natürlich und folgerichtig und schützt uns vor übertriebener Angst.«

»Gnädiger Herr,« versetzte der Diener und wurde blaß, »der da war nicht mein Herr, so wahr ich hier stehe. Mein Herr« – hier blickte er sich um und fuhr im Flüsterton fort – »ist ein großer wohlgebauter Mann, und der da war mehr wie ein Zwerg.«

Utterson versuchte zu widersprechen.

»O gnädiger Herr,« rief Poole, »glauben Sie, ich kennte meinen Herrn nicht, nach zwanzig Jahren? Glauben Sie, ich kennte nicht die Stelle an der Tür, wo sein Kopf jeden Morgen erschien, wenn er heraustrat? Nein, gnädiger Herr, das Geschöpf mit der Maske war nie und nimmer Dr. Jekyll. – Gott weiß, wer es sonst war, aber Dr. Jekyll war es nie im Leben, und es ist meine innerste Überzeugung, daß da ein Mord geschehen ist.«

»Wenn Sie das sagen, Poole,« entgegnete der Anwalt, »so ist es meine Pflicht, mir Gewißheit zu verschaffen. So sehr ich auch die Gefühle Ihres Herrn schonen möchte und so sehr mir der Zettel zu denken gibt – denn er beweist anscheinend, daß Ihr Herr am Leben ist –, so betrachte ich es doch als meine Pflicht, die Tür zu erbrechen.«

»O Mr. Utterson, das ist ein Wort!« rief der Diener.

»Nun kommt die zweite Frage«, fuhr Utterson fort: »Wer soll es tun?«

»Nun, Sie und ich, gnädiger Herr«, war die unerschrockene Antwort.

»Recht so!« versetzte der Anwalt, »und was auch daraus entstehen mag, ich werde dafür sorgen, daß Ihnen kein Schaden daraus erwächst.«

»Im Laboratorium ist eine Axt,« sagte Poole, »und Sie könnten den Feuerhaken aus der Küche nehmen.«

Der Anwalt nahm das primitive, aber schwere Gerät und wog es in der Hand. »Poole,« meinte er, »wissen Sie auch, daß Sie und ich im Begriff sind, uns in Gefahr zu begeben?«

»Ja, gnädiger Herr, das weiß ich«, erwiderte der Diener.

»Da wäre es gut, wenn wir aufrichtig zueinander wären«, sagte der andere. »Wir denken beide mehr, als wir ausgesprochen haben; wollen wir uns nicht reinen Wein einschenken? Haben Sie die maskierte Gestalt, die Sie gesehen haben, erkannt?«

»Ja, wissen Sie, gnädiger Herr, das Geschöpf lief so schnell und war so zusammengekrümmt, daß ich es nicht beschwören kann«, lautete die Antwort. »Aber wenn Sie meinen, ob es Mr. Hyde war? – Nun ja, ich glaube wohl! Die Größe stimmte ungefähr, auch die schnelle und leichte Art der Bewegung – und außerdem, wer hätte wohl sonst durch die Laboratoriumstür hineingekonnt? Sie haben doch nicht vergessen, daß er zur Zeit des Mordes noch im Besitz des Schlüssels war? Aber das ist noch nicht alles. Ich weiß nicht, ob Sie diesem Mr. Hyde jemals begegnet sind, Mr. Utterson?«

»Ja,« antwortete der Anwalt, »ich habe einmal mit ihm gesprochen.«

»Dann müssen Sie, ebenso gut wie wir andern alle, wissen, daß dem Mann etwas Sonderbares anhaftet – etwas, das einem einen Stich versetzte – ich weiß nicht, wie ich es ausdrücken soll – etwas, das einem durch Mark und Bein ging.«

»Ähnliches habe auch ich empfunden«, sagte Mr. Utterson.

»Nun, sehen Sie, gnädiger Herr,« versetzte Poole, »als das maskierte Geschöpf wie ein Affe von den Chemikalien aufsprang und ins Arbeitszimmer stürzte, lief es mir eiskalt den Rücken herunter. – Oh, ich weiß wohl, daß das kein Beweis ist, ich habe genug gelesen, um das zu wissen; aber man hat doch sein Gefühl, und ich gebe Ihnen mein heiliges Wort – es war Mr. Hyde!«

»Ja, ja,« sagte der Anwalt, »meine Befürchtungen bewegen sich in derselben Richtung. Ich fürchte, dieses Verhältnis war auf Böses gegründet, darum konnte nur Böses daraus entstehen. Ja, ich glaube Ihnen, ich glaube, daß der arme Henry ermordet worden ist und daß sein Mörder – Gott mag wissen, warum –

immer noch im Zimmer seines Opfers auf der Lauer liegt. Uns kommt es zu, ihn zu rächen. Rufen Sie Bradshaw!«

Auf den Ruf hin kam der Bediente, sehr blaß und zitternd.

»Nimm dich zusammen, Bradshaw!« rief der Anwalt. »Ich weiß, diese Ungewißheit lastet auf euch allen, aber wir wollen dem nun ein Ende machen. Hier, Poole und ich werden uns den Eintritt ins Arbeitszimmer erzwingen. Wenn alles klappt, so bin ich stark genug, alles auf mich zu nehmen. Für den Fall aber, daß doch etwas schief gehen oder der Missetäter versuchen sollte, durch den hinteren Ausgang zu entkommen – müßt ihr euch, du und der Junge, mit ein paar derben Knüppeln an der Laboratoriumstür aufstellen. Wir geben euch zehn Minuten Zeit, um euren Posten einzunehmen.«

Als Bradshaw hinausging, sah der Anwalt nach der Uhr. »Und nun, Poole, lassen Sie uns auf unsern Posten gehen«, sagte er, nahm den Feuerhaken unter den Arm und betrat den Hof. Die Wolken hatten sich vor den Mond geschoben, und es war nun vollständig dunkel. Der Wind, der nur stoßweise in diesen rings eingeschlossenen Teil des Grundstückes drang, ließ den Schein der Kerze ihren Schritten voraustanzen, bis sie in den Schutz des Laboratoriums gelangten, wo sie sich niedersetzten und schweigend warteten. In der Ferne summte die Großstadt, in unmittelbarer Nähe aber wurde die Stille nur durch den Klang der Schritte unterbrochen, die im Arbeitszimmer auf und nieder gingen.

»So geht das den ganzen Tag, gnädiger Herr,« flüsterte Poole, »und den größten Teil der Nacht. Nur wenn vom Chemiker eine neue Mischung gebracht wird, tritt eine kleine Pause ein. Das ist das schlechte Gewissen, das ihn nicht ruhen läßt. Ach, gnädiger Herr, an jedem dieser Schritte klebt Blut! Aber horchen Sie noch einmal – etwas näher – horchen Sie mit dem Herzen, Mr. Utterson, und sagen Sie mir, ob das des Doktors Schritte sind?«

Die Schritte waren leicht und sonderbar, etwas schleifend und langsam. Jedenfalls klang das ganz anders als Henry Jekylls schwerer, knarrender Gang. Utterson seufzte. »Ist nie etwas anderes zu hören gewesen?« fragte er.

Poole nickte. »Doch, einmal«, erwiderte er. »Einmal habe ich ihn weinen hören.«

»Weinen? Wieso denn?« fragte der Anwalt und wurde sich eines plötzlichen Schauderns bewußt.

»Er weinte wie eine Frau oder wie eine verlorene Seele«, sagte der Diener. »Ich lief weg und hatte im Herzen ein Gefühl, als wenn ich auch weinen müßte.«

Die zehn Minuten gingen zu Ende. Poole grub die Axt unter einem Packen Holzwolle hervor. Die Kerze war auf den nächsten Tisch gestellt worden, um ihnen bei ihrem Angriff zu leuchten, und sie näherten sich mit angehaltenem Atem der Tür, hinter der die geduldigen Schritte noch immer in der Stille der Nacht auf und nieder – auf und nieder gingen.

»Jekyll«, rief Utterson mit lauter Stimme. »Ich will dich sehen.« Er hielt einen Augenblick inne, doch es kam keine Antwort. »Ich warne dich«, fuhr er fort. »Unser Verdacht ist geweckt, und ich muß und werde dich sehen, wenn nicht im Guten, dann im Bösen – wenn nicht mit deiner Einwilligung, dann mit Gewalt!«

»Utterson,« bat die Stimme – »um Gottes willen, habe Erbarmen!«

»Ha! das ist nicht Jekylls – das ist Hydes Stimme!« schrie Utterson. »Weg mit der Tür, Poole!«

Poole schwang die Axt über der Schulter. Der Schlag erschütterte das Gebäude, und der rote Fries löste sich vom Schloß und von den Angeln. Ein mißtönender Schrei, wie in tierischem Schrecken ausgestoßen, erklang aus dem Zimmer. Wieder fiel die Axt nieder, und wieder krachten die Füllungen, und der Rahmen zersplitterte. Viermal fielen die Schläge, aber das Holz war hart und vortrefflich zusammengefügt, und erst beim fünften Schlag gab das Schloß nach, und die Trümmer der Tür fielen nach innen auf den Teppich.

Die Belagerer, über den von ihnen verursachten Lärm und die nun folgende Stille erschrocken, traten einen Schritt zurück und blickten hinein. Und da lag das Arbeitszimmer in ruhigem Lampenschein vor ihren Augen, das Feuer brannte knisternd im Kamin, der Wasserkessel summte, ein oder zwei Schubladen standen offen, Papiere waren ordentlich auf dem Arbeitstisch geschichtet, und in der Nähe des Kamins lag, was zur Teebereitung nötig war: das ruhigste Zimmer, hätte man sagen können, und, abgesehen von den Glasschränken voller Chemikalien, das alltäglichste Zimmer in London.

In der Mitte lag der Körper eines Mannes, krampfhaft verzogen und zuckend. Sie näherten sich auf den Zehenspitzen, drehten ihn herum und sahen in das Gesicht von Edward Hyde. Bekleidet war er mit Sachen – viel zu groß für ihn –, da sie von der Größe des Doktors waren. Die Muskeln seines Gesichtes bewegten sich noch und täuschten Leben vor, doch war er bereits tot. An dem zerdrückten Fläschchen in seiner Hand und an dem starken Blausäuregeruch, der in der Luft schwebte, erkannte Mr. Utterson, daß er an der Leiche eines Selbstmörders stand.

»Wir sind zu spät gekommen,« sagte er ernst, »zu spät, zu retten wie zu strafen. Hyde ist vor einen höheren Richter getreten; uns bleibt nur noch übrig, die Leiche Ihres Herrn zu suchen.«

Der weitaus größte Teil des Gebäudes wurde von dem Laboratorium eingenommen, das fast das ganze untere Stockwerk ausfüllte und sein Licht von oben und aus dem Arbeitszimmer erhielt. Dieses wiederum stellte auf der einen Seite ein höheres Stockwerk dar und ging auf den Hof. Ein Korridor verband das Laboratorium mit der Tür an der Seitenstraße, zu der, gesondert, vom Arbeitszimmer aus eine Treppe führte. Außerdem waren da noch ein paar dunkle Kammern und ein geräumiger Keller. Diese alle wurden nun gründlich durchsucht. Bei den Kammern genügte ein Blick, denn sie waren alle leer und, nach dem Staub zu schließen, der von ihren Türen herabfiel, lange nicht geöffnet worden. Der Keller war allerdings mit allerhand

Gerümpel gefüllt, das größtenteils aus der Zeit des Arztes stammte, dessen Nachfolger Jekyll geworden war, doch schon, als sie die Tür öffneten, überzeugte sie das Zerreißen eines regelrechten Vorhanges von Spinnweben, der den Eintritt seit Jahren versperrt hatte, von der Nutzlosigkeit weiterer Nachforschungen. – Nirgends war eine Spur des lebenden oder toten Henry Jekyll zu entdecken.

Poole stampfte auf die Fliesen des Korridors. »Hierunter muß er begraben sein«, sagte er und lauschte auf den Klang.

»Oder er ist geflohen«, äußerte Utterson und wandte sich, um die Tür an der Seitenstraße zu untersuchen. Sie war verschlossen, und dicht daneben, auf den Fliesen, fanden sie den bereits verrosteten Schlüssel.

»Das sieht nicht nach Benutzung aus«, bemerkte der Anwalt.

»Benutzung?« wiederholte Poole. »Sehen Sie nicht, daß er zerbrochen ist, gnädiger Herr, so als ob jemand darauf herumgetrampelt hätte.«

»Ja,« sagte Utterson, »und sogar die Bruchstellen sind rostig.« Die beiden Männer sahen sich erschrocken an. »Das geht über meinen Verstand, Poole«, meinte der Anwalt. »Kommen Sie, wir wollen wieder ins Arbeitszimmer gehen!«

Schweigend stiegen sie die Treppe hinauf und begannen den Inhalt des Zimmers eingehender zu untersuchen, nicht ohne von Zeit zu Zeit einen scheuen Blick auf den Leichnam zu werfen. Auf einem Tisch sah man die Spuren chemischer Arbeit, denn verschiedene, abgemessene Mengen irgendeines weißen Salzes waren auf Glasplatten verteilt, wie zu einem Experiment, an dem der unglückliche Mann verhindert worden war.

»Das ist dasselbe Pulver, das ich ihm immer geholt habe«, erklärte Poole, und während er sprach, kochte der Wasserkessel mit zischendem Geräusch über.

Das veranlaßte sie, zum Kamin zu gehen, wo der gemütliche Lehnstuhl stand und wo sich in Reichweite alles befand, was zur Teebereitung nötig war – in der Tasse sogar schon ein Stück

Name, Vorname

Straße, Nr.

Plz, Ort

Telefonnummer*

Faxnummer*

E-Mail*

Unterschrift

* freiwillige Angabe

Für Ihre schnelle Anfrage:
info@verlagshaus-roemerweg.de

Bitte ausreichend frankieren

Rückantwort

Verlagshaus Römerweg GmbH
Römerweg 10
D-65187 Wiesbaden

Zucker. Auf einem Regal standen mehrere Bücher; eins davon lag geöffnet neben den Teesachen, und Utterson war erstaunt, in ihm das Exemplar eines religiösen Werkes wiederzuerkennen, worüber sich Jekyll verschiedentlich sehr anerkennend geäußert hatte, und das am Rand von seiner eigenen Hand mit gräßlichen Gotteslästerungen beschrieben war.

Bei nochmaliger Durchsicht des Zimmers kamen die Suchenden vor den drehbaren Toilettenspiegel und blickten mit einem unwillkürlichen Schauder in seine Tiefe. Doch war er so gestellt, daß er ihnen nur den roten Schein im Rauchfang des Kamins in hundertfacher Wiederholung in den Glaswänden der Schränke zeigte, und ihre eigenen blassen und furchtsamen Gesichter, die hineinschauten.

»Dieser Spiegel mag seltsame Dinge gesehen haben, gnädiger Herr«, flüsterte Poole.

»Gewiß! Und es ist sehr seltsam, daß er überhaupt hier ist,« erwiderte der Anwalt im selben Tonfall, »denn was hat Jekyll« –, als er den Namen aussprach, gab es ihm einen Ruck, aber er überwand seine Schwäche, »wozu mag Jekyll ihn gebraucht haben?«

»Ja, das ist die Frage«, sagte Poole.

Danach wandten sie sich dem Schreibtisch zu. Auf der Platte, zwischen den geordneten Papierreihen, lag zuoberst ein Umschlag, der, von des Doktors Hand geschrieben, den Namen von Mr. Utterson trug. Der Anwalt erbrach das Siegel, und mehrere Einlagen fielen zu Boden. Die erste war ein Testament, mit dem gleichen exzentrischen Wortlaut wie jenes andere, das er vor einem halben Jahr zurückerstattet hatte. Es sollte im Fall des Todes als Testament und im Fall des Verschwindens als Schenkungsurkunde gelten. Doch an Stelle von Edward Hydes Namen las der Anwalt mit unbeschreiblichem Erstaunen den Namen Gabriel John Utterson. Er blickte Poole an, dann wieder das Papier und schließlich den toten Übeltäter, der da auf dem Teppich hingestreckt lag.

»In meinem Kopf dreht sich alles«, meinte er. »Dies ist in den letzten Tagen in seinem Besitz gewesen, er hatte keine Ursache, mich zu lieben, er muß gerast haben, als er sich zurückgesetzt sah, und doch hat er das Dokument nicht vernichtet.«

Er nahm das nächste Papier zur Hand. Es war ein kurzes Schreiben in des Doktors Handschrift und trug oben ein Datum. »O Poole,« rief der Anwalt aus, »er war heute noch am Leben und ist hier gewesen. In so kurzer Zeit kann er nicht beiseite geschafft worden sein, er muß noch leben und muß geflohen sein! Geflohen? Aber wie? Und können wir in dem Fall das dort als Selbstmord betrachten? Oh, wir müssen vorsichtig sein. Mir ahnt, daß Ihr Herr noch in eine gräßliche Katastrophe verstrickt werden wird.«

»Warum lesen Sie es nicht, gnädiger Herr?« fragte Poole.

»Weil ich mich fürchte«, erwiderte der Anwalt in ernstem Ton. »Gott gebe, daß es grundlos ist.« Und damit griff er nach dem Blatt und las folgendes:

»Mein lieber Utterson –, wenn dies in Deine Hände fällt, werde ich verschwunden sein, unter welchen Umständen, das vorherzusehen, bin ich nicht imstande. Doch sagen mir mein Gefühl und die Begleiterscheinungen meiner unaussprechlichen Lage, daß das Ende gewiß ist und bald eintreten muß. So geh denn und lies zuerst den Bericht, den Lanyon, wie er mir sagte, in Deine Hände gegeben hat, und wenn Dir daran liegt, mehr zu erfahren, dann lies das Bekenntnis

Deines unwürdigen und unglücklichen
Freundes Henry Jekyll.«

»War nicht noch eine dritte Einlage vorhanden?« fragte Utterson.

»Hier, gnädiger Herr«, erwiderte Poole und überreichte ihm ein ansehnliches, an mehreren Stellen gesiegeltes Päckchen.

Der Anwalt steckte es in die Tasche.

»Wir wollen über dieses Papier nicht sprechen, Poole! Wenn

Ihr Herr geflohen oder tot ist, so können wir wenigstens seinen guten Namen retten. Jetzt ist es zehn Uhr. Ich muß nach Hause gehn und diese Schriftstücke in Ruhe lesen. Vor Mitternacht werde ich aber zurück sein, und dann werden wir die Polizei verständigen.«

Damit gingen sie hinaus, verschlossen die Laboratoriumstür hinter sich, und Utterson überließ die um das Feuer in der Halle versammelte Dienerschaft sich selbst und ging in sein Büro zurück, um die Aufzeichnungen zu lesen, die den Schleier dieses Geheimnisses lüften sollten.

Dr. Lanyons Aufzeichnungen

Am 9. Januar, also vor vier Tagen, erhielt ich mit der Abendpost einen eingeschriebenen Brief, adressiert von der Hand meines Kollegen und alten Schulkameraden Henry Jekyll. Ich war ziemlich erstaunt darüber, denn wir waren ganz und gar nicht gewöhnt, zu korrespondieren. Außerdem hatte ich ihn kürzlich gesehen, hatte sogar am Abend vorher mit ihm gespeist und konnte mich an nichts in unserer Unterhaltung erinnern, was die Förmlichkeit eines eingeschriebenen Briefes gerechtfertigt hätte. Der Inhalt vermehrte mein Erstaunen, denn er lautete folgendermaßen:

»9. Januar 18..

Lieber Lanyon! – Du bist einer meiner ältesten Freunde, und obgleich unsere Meinungen über wissenschaftliche Fragen manchmal auseinandergehen mochten, so ist mir ein Nachlassen unserer Zuneigung – wenigstens von meiner Seite – nicht erinnerlich. Zu jeder Zeit, wenn Du zu mir gesagt hättest: ‚Jekyll, mein Leben, mein Verstand, meine Ehre hängen von Dir ab!' – würde ich mein Vermögen und meine linke Hand geopfert haben, um Dir zu helfen. – Lanyon, mein Leben, mein Verstand, meine Ehre hängen von Deiner Barmherzigkeit ab! Wenn

Du mich heute abend im Stich läßt, bin ich verloren. Du wirst nach dieser Einleitung vielleicht annehmen, daß ich etwas Unehrenhaftes von Dir verlangen werde. Urteile selbst!

Ich bitte Dich, für heute abend alle anderen Verpflichtungen abzusagen – selbst wenn Du an das Krankenbett eines Kaisers gerufen würdest –, irgendeinen Wagen zu nehmen, wenn nicht Dein eigener Wagen gerade vor der Tür stehen sollte, und mit diesem Brief in der Hand geradeswegs zu meinem Haus zu fahren. Poole, mein Diener, hat seine Instruktionen und wird, gemeinschaftlich mit einem Schlosser, Deine Ankunft erwarten. Die Tür zu meinem Arbeitszimmer soll sogleich erbrochen werden, und Du sollst allein hineingehen, den Glasschrank linker Hand, mit dem Buchstaben E, öffnen, ihn aufbrechen, wenn er verschlossen sein sollte, und die vierte Schublade von oben oder, was dasselbe bedeutet, die dritte von unten, mit ihrem gesamten Inhalt, wie er liegt und steht, herausnehmen. In meiner entsetzlichen Gemütsverfassung habe ich eine krankhafte Angst davor, Dich falsch zu instruieren; aber selbst, wenn ich mich irren sollte, kannst Du die richtige Schublade an ihrem Inhalt erkennen: einige Pulver, ein Fläschchen und ein Notizbuch. Diese Schublade bitte ich Dich, so wie sie ist, nach Cavendish Square mitzunehmen.

Das ist der erste Teil des Liebesdienstes, nun zum zweiten. Wenn Du Dich, diesen Anweisungen gemäß, gleich auf den Weg machst, mußt Du lange vor Mitternacht zurück sein. Doch will ich Dir diesen Spielraum lassen, nicht nur aus Angst vor solchen Hindernissen, die weder vorhergesehen noch vermieden werden können, sondern auch, weil ich die Zeit, wenn Deine Dienstboten schlafen, für das, was dann noch zu geschehen hat, vorziehe. Um Mitternacht muß ich Dich dann bitten, allein in Deinem Sprechzimmer zu sein, einen Mann, der in meinem Namen zu Dir kommt, persönlich einzulassen und ihm die Schublade, die Du aus meinem Arbeitszimmer geholt hast, einzuhändigen. Damit hättest Du dann das Deinige getan und Dir meine größte Dankbarkeit gesichert. Wenn Du auf einer Erklärung bestehst, so wirst Du fünf Minuten später begriffen haben, daß meine Anordnungen von allergrößter Wichtigkeit sind und daß Du durch Außerachtlassen einer einzigen von ihnen, so phantastisch sie auch scheinen mögen, Dein Gewissen mit meinem Tod oder dem Verlust meines Verstandes belasten würdest.

Obgleich ich die feste Zuversicht habe, daß Du diesen Appell an Deine Freundschaft nicht leicht nehmen wirst, klopft mir das Herz, und meine Hand zittert bei dem bloßen Gedanken an eine solche Möglichkeit. Gedenke meiner zu dieser Stunde, in der ich an fremdem Ort unter der Wucht einer Bedrängnis leide, die keine Einbildung übertreiben kann. Und doch weiß ich, daß, wenn Du nur alles genau ausführst, meine Sorgen vorbeiziehen werden, wie eine Geschichte, die uns erzählt wird. Hilf mir, mein lieber Lanyon! und rette

Deinen Freund
H. J.«

»P. S. Ich hatte dieses Schreiben schon versiegelt, als mich ein neuer Schrecken ergriff. Es ist möglich, daß die Post mich im Stich läßt und Du diesen Brief erst morgen früh erhältst. In diesem Fall, lieber Lanyon, führe meinen Auftrag aus, wann es Dir im Laufe des Tages am besten paßt, und erwarte meinen Boten wieder um Mitternacht. Vielleicht ist es dann schon zu spät, und sollte die Nacht vergehen, ohne daß sich etwas ereignet, so wirst Du wissen, daß Du Henry Jekyll zum letztenmal gesehen hast.«

Beim Lesen dieses Briefes wurde es mir klar, daß mein Kollege wahnsinnig geworden war, doch ehe dies über allen Zweifel erhaben war, fühlte ich mich verpflichtet, zu tun, was er verlangte. Sowenig ich von dem Geschreibsel verstand, so wenig war ich in der Lage, seine Wichtigkeit zu beurteilen, und ich konnte einen so abgefaßten Appell nicht unbeachtet lassen, ohne eine schwere Verantwortung auf mich zu laden. So stand ich denn auf, nahm einen Wagen und fuhr geradeswegs zu Jekylls Haus. Der Diener erwartete mich; er hatte mit gleicher Post einen eingeschriebenen Brief mit Instruktionen erhalten und hatte sogleich nach einem Schlosser und einem Zimmermann geschickt. Die Handwerker kamen, während wir noch miteinander sprachen, und wir begaben uns gemeinschaftlich in das medizinische Laboratorium des alten Dr. Denman, von wo aus – wie Du zweifellos wissen wirst – Dr. Jekylls Arbeitszimmer bequem zu erreichen ist. Die Tür war sehr stark, das Schloß ausgezeichnet, der Zimmermann erklärte, daß es ihm viel Mühe machen und er die Tür beschädigen würde, wenn Gewalt angewandt werden müßte, und der Schlosser war ganz verzweifelt. Doch war dieser ein geschickter Bursche, und nach zweistündiger Arbeit war die Tür geöffnet. Der mit E bezeichnete Schrank war unverschlossen, ich nahm die Schublade heraus, verpackte sie mit Holzwolle in einen Bogen Papier und kehrte damit nach Cavendish Square zurück.

Hier machte ich mich daran, den Inhalt zu untersuchen. Die Pulver waren sauber verpackt, doch nicht mit der Genauigkeit des Apothekers, der sie nach Vorschrift zubereitet, und es war klar, daß es eigenhändiges Fabrikat von Jekyll war. Als ich eine Papierhülle öffnete, fand ich darin etwas, was mir als gewöhnliches, kristallartiges Salz von weißer Farbe erschien. Das Fläschchen, dem ich dann meine Aufmerksamkeit zuwandte, war etwa zur Hälfte mit einer blutroten Flüssigkeit gefüllt, die außerordentlich stark auf die Geruchsnerven wirkte und anscheinend Phosphor und flüchtigen Äther enthielt. Die übrigen Bestandteile konnte ich nicht erraten. Das Buch war ein gewöhnliches Notizbuch und enthielt nur Reihen von Daten. Diese erstreckten sich über einen Zeitraum von vielen Jahren, doch bemerkte ich, daß die Eintragungen ungefähr vor einem Jahr ganz plötzlich abbrachen. Hin und wieder war einem Datum eine kurze Bemerkung zugefügt, gewöhnlich nicht mehr als ein einziges Wort: »Doppelt«, das unter mehreren hundert Eintragungen insgesamt etwa sechsmal vorkam. Und einmal, ganz zu Beginn der Liste, mit mehreren Ausrufungszeichen versehen, »vollständiges Versagen!!!« Obgleich dies alles meine Neugierde reizte, gab es mir keinerlei Aufschluß. Da war ein Fläschchen mit irgendeiner Flüssigkeit, Papierhüllen mit irgendeinem Salz und ein schriftlicher Bericht über eine Reihe von Experimenten, die, wie allzu viele von Jekylls Versuchen, zu keinem praktisch-nützlichen Ziel geführt hatten. Wie konnte die Anwesenheit dieser Gegenstände in meinem Hause Einfluß auf die Ehre, die Zurechnungsfähigkeit und das Leben meines flatterhaften Kollegen ausüben? Wenn sein Bote hierherkommen konnte, warum konnte er nicht woanders hingehen? Und selbst irgendein Hindernis angenommen, warum sollte dieser Herr im geheimen von mir empfangen werden? Je mehr ich nachdachte, desto überzeugter wurde ich davon, daß ich es hier mit einem Fall von Geisteskrankheit zu tun hatte. Ich schickte zwar meine Dienstboten zu Bett, doch lud ich einen alten Revolver, um mich im Notfall verteidigen zu können.

Kaum hatte es von den Kirchen Londons zwölf geschlagen, als der Klopfer sehr leise gegen die Tür schlug. Ich ging selbst hinaus, um zu öffnen, und fand einen kleinen Mann vor, der sich gegen die Pfeiler der Säulenhalle drückte.

»Kommen Sie von Dr. Jekyll?« fragte ich.

Er bejahte mit einer ungeduldigen Gebärde; als ich ihn aufforderte, hereinzukommen, tat er es nicht, ohne vorher einen prüfenden Blick hinter sich in die Dunkelheit des Platzes zu werfen. In einiger Entfernung war ein Schutzmann zu sehen, der sich mit Späherblicken näherte, und es war mir, als ob mein Besucher bei seinem Anblick zusammenfuhr und seinen Gang beschleunigte.

Ich gestehe, daß mich seine Art unangenehm berührte, und während ich ihm in das helle Licht des Sprechzimmers folgte, hielt ich meine Hand an der Waffe. Dort angelangt, hatte ich endlich Gelegenheit, ihn genau zu betrachten. Ich hatte ihn nie zuvor gesehen, so viel war gewiß. Er war klein, wie ich schon bemerkte, außerdem machte mich der schreckliche Ausdruck seines Gesichtes betroffen, in dem sich eine auffallende Mischung von angespannter Muskeltätigkeit und anscheinend großer körperlicher Schwäche ausprägte, und – nicht zuletzt – die seltsame, subjektive Unruhe, die seine Gegenwart auslöste. Dieses Gefühl hatte eine gewisse Ähnlichkeit mit beginnender Erstarrung und wurde von einem merklichen Sinken des Pulses begleitet. Damals schob ich es auf irgendeine Idiosynkrasie, einen persönlichen Abscheu, und wunderte mich nur über die Heftigkeit der Symptome. Seither habe ich jedoch guten Grund zu glauben, daß die Ursache viel tiefer in der menschlichen Natur begründet liegt und auf einem edleren Motiv beruht, als es der Haß ist.

Dieser Mann, der vom ersten Augenblick seines Erscheinens an etwas in mir erregt hatte, was ich nur als neugierigen Widerwillen bezeichnen kann, war in einer Weise gekleidet, die einen gewöhnlichen Menschen lächerlich gemacht hätte. Obgleich nämlich seine Sachen elegant und gut gearbeitet waren, waren sie nach jeder Richtung hin bei weitem zu groß für ihn. Die Hosenbeine hingen tief herab und waren aufgerollt, weil sie sonst auf dem Boden geschleift hätten, die Weste reichte ihm bis unter die Hüften, und der Kragen stand bis auf die Schultern ab. Es mag sonderbar scheinen, daß dieser spaßige Aufzug mich keineswegs zum Lachen brachte. Da, wie bei einer Mißgeburt, etwas Unnormales in der ganzen Erscheinung dieses Geschöpfes lag, das mir jetzt sein Gesicht zukehrte – etwas Fesselndes, Überraschendes und Abstoßendes –, schien mir dieses Mißverhältnis eher zu ihm zu passen und den Eindruck zu verstärken. Meinem Interesse an des Mannes Beschaffenheit und Charakter gesellte sich daher eine Neugierde bei, die seine Herkunft, sein Leben, seine Vermögenslage und seine Stellung in der Welt betraf.

Obgleich die Aufzeichnung dieser Beobachtungen sehr viel Platz eingenommen hat, waren sie selbst doch das Werk von wenigen Sekunden. In Wirklichkeit brannte mein Besucher vor Aufregung lichterloh.

»Haben Sie es?« schrie er. »Haben Sie es?« Und seine Ungeduld war so stark, daß er sogar meinen Arm packte und mich zu schütteln versuchte.

Ich stieß ihn zurück, denn bei seiner Berührung schlich sich ein Gefühl eisiger Angst in mein Blut. »Mein Herr,« sagte ich, »Sie vergessen, daß ich bis jetzt noch nicht das Vergnügen Ihrer Bekanntschaft hatte. Bitte, nehmen Sie Platz!« Und ich ging ihm mit gutem Beispiel voran und setzte mich auf meinen gewohnten Platz, und zwar in so naturgetreuer Nachahmung meiner üblichen Art Patienten gegenüber, als es die späte Stunde, die Art der Gedanken, die mich beschäftigten, und der Schrecken, den mein Besucher mir einflößte, zuließen.

»Verzeihen Sie, Dr. Lanyon,« erwiderte er in ziemlich höflichem Ton, »Sie haben ein Recht, so zu sprechen; meine Ungeduld hat mich die Höflichkeit vergessen lassen. Ich komme im Auftrage Ihres Kollegen Dr. Jekyll in einer Angelegenheit von einiger Wichtigkeit, und ich dachte ...« er hielt inne, griff sich mit der Hand an die Kehle, und trotz seines beherrschten Wesens konnte ich sehen, daß er gegen einen Ausbruch von Hysterie ankämpfte. »Ich dachte – eine Schublade ...«

Hier erbarmte ich mich der Ungewißheit meines Besuchers und vielleicht auch ein wenig meiner eigenen wachsenden Neugierde.

»Da ist sie«, erwiderte ich, und wies auf die Schublade, die, noch verpackt, auf dem Fußboden hinter einem Tisch lag.

Er stürzte hin, hielt inne und legte seine Hand aufs Herz; ich konnte hören, wie seine Zähne unter der krampfhaften Bewegung seiner Kiefer knirschten, und sein Gesicht war so gräßlich anzusehen, daß ich für sein Leben und seinen Verstand zu fürchten begann.

»Beruhigen Sie sich!« sagte ich.

Mit einem furchtbaren Lächeln drehte er sich nach mir um und entfernte dann wie in einem verzweifelten Entschluß die Papierhülle. Beim Anblick des Inhalts stieß er einen Seufzer so unendlicher Erleichterung aus, daß ich wie versteinert dasaß. Und im nächsten Augenblick fragte er mit einer Stimme, über die er bereits wieder Gewalt hatte. »Haben Sie ein Meßglas?«

Ich erhob mich mit einiger Anstrengung von meinem Platz und gab ihm das Gewünschte.

Er dankte, indem er lächelnd nickte, maß ein paar Tropfen der roten Flüssigkeit ab und fügte eins der Pulver hinzu. Die Mischung, die anfangs eine rötliche Färbung hatte, nahm, als die Kristalle schmolzen, eine hellere Farbe an, schäumte hörbar und entwickelte kleine Dampfwolken. Ganz plötzlich hörte das Schäumen auf, und die Verbindung verwandelte sich in tiefes Rot, das sich nun langsamer in ein wäßriges Grün verwandelte. Mein Besucher, der diese Metamorphosen mit wachsamen Augen verfolgt hatte, lächelte, stellte das Glas auf den Tisch, wandte sich dann zu mir und sah mich mit prüfendem Blick an.

»Und nun«, meinte er, »wollen wir uns über das Weitere einigen. Werden Sie weise sein? Werden Sie sich beherrschen können? Werden Sie es ertragen, daß ich dieses Glas zur Hand nehme und ohne weitere Worte ihr Haus verlasse? Oder hat die Neugierde Sie zu fest in ihren Krallen? Denken Sie nach, bevor Sie antworten; denn es soll das geschehen, wofür Sie sich entscheiden. Je nachdem, wie Sie sich entscheiden, werden Sie bleiben, was Sie waren, weder reicher noch weiser, wenn nicht das Gefühl, einem Mann in tödlicher Not einen Dienst erwiesen zu haben, Reichtum der Seele genannt werden kann. Oder ein neues Wissensgebiet und neue Wege zu Ruhm und Macht werden sich Ihnen auftun, hier in diesem Zimmer, in dieser Minute, und Ihre Augen sollen von einem Wunder geblendet werden, das selbst Satans Ungläubigkeit ins Wanken bringen würde.«

»Mein Herr,« versetzte ich und täuschte eine Kaltblütigkeit vor, die ich nicht im entferntesten besaß, »Sie sprechen in Rätseln, und Sie werden sich wohl nicht wundern, daß ich dem, was Sie sagen, keinen großen Glauben schenke. Doch bin ich auf dem Wege unerklärlicher Dienstleistungen schon zu weit gegangen, um stehen zu bleiben, ehe ich das Ende gesehen habe.«

»Es ist gut,« entgegnete mein Besucher, »Lanyon, denken Sie an Ihren Eid: was jetzt geschieht, ist für Sie Berufsgeheimnis. – Sie, der Sie so lange den engherzigsten materialistischen Ansichten gefrönt haben, Sie, der Sie die Wirksamkeit transzendentaler Medizin geleugnet haben, Sie, der Sie Leute verlacht haben, die Ihnen überlegen waren – – geben Sie acht!«

Er führte das Glas an die Lippen und leerte es in einem Zug. Ein Schrei folgte – – er taumelte, schwankte, griff nach dem Tisch und hielt sich mit hervorquellenden Augen und keuchendem Atem fest. Und da war es mir, als wenn sich unter meinen Blicken eine Wandlung vollzog – er schien zu wachsen –, sein Gesicht wurde plötzlich blauschwarz, und seine Züge schienen zu verschwimmen und sich zu verändern, – und im nächsten Augenblick sprang ich auf, taumelte rückwärts gegen die Wand und erhob, von Entsetzen gepackt, den Arm, wie um mich vor dem Ungeheuerlichen zu schützen.

»O Gott!« schrie ich, und wieder und immer wieder: »o Gott!« Denn dort vor meinen Augen – blaß und zitternd und halb bewußtlos – mit den Händen um sich tastend wie einer, der ins Leben zurückgerufen wurde – stand Henry Jekyll.

Mein Geist vermag es nicht, das zu Papier zu bringen, was er mir im Verlauf der nächsten Stunde sagte. Ich habe es mit eigenen Augen gesehen und mit eigenen Ohren gehört, und meine Seele wurde krank. Noch jetzt, da der Anblick meinen Augen entschwunden ist, frage ich mich, ob ich es glaube – und finde keine Antwort. Meine Lebenskraft ist bis in ihre Wurzel erschüttert, der Schlaf flieht mich, der tödlichste Schrecken sitzt mir zu allen Stunden des Tages und der Nacht im Genick. Ich fühle, daß meine Tage gezählt sind und daß ich sterben muß – und doch werde ich ungläubig sterben. Was die moralische Schändlichkeit anbelangt, die der Mann, wenn auch mit Tränen der Reue, vor mir enthüllte, so kann ich, selbst in der Erinnerung, nicht daran denken, ohne von einem Schauder des Entsetzens gepackt zu werden. Ich will Dir nur eins sagen, Utterson, und das wird, wenn Du es fertigbringst, mir zu glauben, mehr als genug sein: Die Kreatur, die in jener Nacht in mein Haus schlich, war, nach Jekylls eigener Aussage, unter dem Namen Hyde bekannt und wurde im ganzen Land als Mörder von Sir Danvers Carew verfolgt.

Hastie Lanyon.

Henry Jekylls vollständige Darlegung des Falles

Ich wurde im Jahre 18.. als Erbe eines großen Vermögens geboren, hatte glänzende Gaben mitbekommen, neigte meiner Natur nach zum Fleiß, genoß die Achtung kluger und guter Mitmenschen und hatte, wie man hätte annehmen sollen, die gewisse Aussicht auf eine ehrenvolle und angesehene Zukunft. Tatsächlich war mein schlimmster Fehler eine gewisse ausschweifende Veranlagung, die manchen Menschen Glück bedeutet. Ich aber konnte sie schwer mit dem heftigen Wunsch in Einklang bringen, meinen Mitmenschen mit erhobenem Haupt und ungewöhnlich gesetzter Miene begegnen zu können. So kam es, daß ich meine Vergnügungen verbarg, und als ich in die Jahre kam, wo man überlegt, und als mir meine Erfolge und die Stellung, die ich einnahm, zum Bewußtsein kamen, war ich bereits einem ausgesprochenen Doppelleben verfallen. Mancher würde sich vielleicht mit dem, was ich tat, gebrüstet haben; doch da ich mir hohe Ziele gesetzt hatte, verbarg ich es mit einem fast krankhaften Schamgefühl. Es war mehr die ernsthafte Art meines Strebens als eine besondere Niedrigkeit meiner Fehler, was mich zu dem machte, was ich war, und mit einem tieferen Schnitt als bei der Mehrzahl der Menschen, die Sphäre des Guten und des Bösen in mir trennte, die die zwiefache Natur des Menschen ausmacht. Das brachte mich dahin, viel und hartnäckig über jenes unerbittliche Naturgesetz nachzudenken, das seine Wurzeln in der Religion hat und eine der stärksten Quellen des Leides ist. Trotz dieser tiefen Zwiespältigkeit war ich doch in keiner Weise ein Heuchler, denn mit beidem war es mir todernst. Ich war genau so ich selbst, wenn ich alle Hemmungen abschüttelte und in Schändlichkeit untertauchte, wie wenn ich, angesichts des Tages, an der Förderung der Wissenschaft oder an der Linderung von Not und Elend arbeitete. Und so geschah es, daß die Richtung meiner wissenschaftlichen Forschungen, die völlig dem Mystischen und Transzendentalen zuneigten, auf dieses Bewußtsein des dauernden Krieges in uns zurückwirkte und es in hellem Licht erscheinen ließ. Mit jedem Tag, und zwar sowohl von der moralischen als von der intellektuellen Seite meines Denkens aus, geriet ich der Wahrheit näher, deren teilweise Entdeckung mich so furchtbaren Schiffbruch hat leiden lassen: nämlich, daß der Mensch in Wahrheit nicht einer ist, sondern zwei. Ich sage zwei, weil das Gebiet meiner eigenen Erfahrungen nicht über diesen Punkt hinausgeht. Es werden andere kommen und mich auf meinem Weg überflügeln, und ich wage die Vermutung, daß dermaleinst ein einzelner Mensch als ganzes Staatswesen mannigfacher, verschiedenartiger und voneinander unabhängiger Bürger gelten wird. Ich für mein Teil habe mich, meiner Natur gemäß, in einer Richtung fortbewegt und nur in einer. Ich erfuhr an mir selbst, und zwar in moralischer Beziehung, die völlige und ursprüngliche Zwiespältigkeit des Menschen. Wenn die beiden Wesen in meinem Bewußtsein miteinander rangen, selbst wenn ich für eins von ihnen gehalten wurde, konnte das nur geschehen, weil beide in mir wurzelten. Und schon früh, schon ehe der Verlauf meiner wissenschaftlichen Entdeckungen anfing, mir die bloße Möglichkeit eines solchen Wunders vorzugaukeln, verweilte ich mit Genuß, als wäre es ein Lieblingstraum, bei dem Gedanken einer Trennung dieser Elemente. Wenn jedes, so sagte ich mir, in verschiedenen Körpern untergebracht werden könnte, so würde das Leben von dem befreit werden, was es unerträglich macht. Der Böse könnte, unberührt von dem Streben und den Gewissensbissen seines besseren Ichs, seinen Weg gehen, und der Gute könnte festen Schrittes und sicher seinen aufwärtsführenden Pfad beschreiten; er könnte gute Werke tun, in denen er Befriedigung fände, und wäre durch das ihm fremde Böse nicht länger der Schande und der Reue ausgesetzt. Es war der Fluch der Menschheit, daß diese verschiedenartigen Elemente so zusammengeschweißt waren, daß die entgegengesetzten Ichs in den Tiefen des gequälten Bewußtseins dauernd miteinander ringen mußten. – Wie, wenn man sie trennte?!

So weit war ich in meinen Betrachtungen gekommen, als mir vom Laboratoriumstisch her eine Erleuchtung kam. Ich spürte deutlicher, als es bisher je berichtet worden ist, die schwankende Wesenlosigkeit, die nebelgleiche Vergänglichkeit dieses anscheinend so festgefügten Körpers, in den gekleidet wir einhergehen. Ich fand, daß gewisse Kräfte die Macht haben, an diesem fleischlichen Gewand zu reißen und zu zerren, so wie der Wind an den Vorhängen eines Gartenhauses zausen kann. Aus zwei guten Gründen will ich nicht tiefer auf den wissenschaftlichen Teil meines Geständnisses eingehen. Erstens, weil ich zu dem Wissen gelangt bin, daß das Schicksal und die Bürde des Lebens für immer auf den Schultern des Menschen lasten; wenn der Versuch gemacht wird, sie abzuschütteln, so kehren sie nur mit neuem und fürchterlicherem Druck zu uns zurück. Zweitens, weil meine Entdeckungen – wie meine Erzählung es leider nur zu deutlich machen wird – unvollständig waren. Es mag genügen, daß ich nicht nur meinen irdischen Körper als bloßen Wohnsitz und als Ausstrahlung gewisser Kräfte, die meinen Geist bildeten, erkannte, sondern auch, daß es mir gelang, eine Medizin herzustellen, durch die diese Kräfte entthront wurden. An ihre Stelle traten ein zweites Äußere und ein zweites Gesicht, die nicht weniger zu mir paßten, da sie den Stempel niederer Triebe meiner Seele trugen und ihr Ausdruck waren.

Ich zögerte lange, bis ich diese Theorie in die Praxis umsetzte. Ich wußte, daß ich mein Leben dabei aufs Spiel setzte; denn eine Medizin, die so mächtig an dem Bollwerk der Identität rüttelte und es bezwang, konnte durch die geringste Überdosierung oder durch die kleinste Unachtsamkeit im Augenblick der Einverleibung den Körper, den ich umwandeln wollte, völlig vernichten. Aber die Versuchung, eine derart einzigartige und einschneidende Entdeckung zu machen, brachte schließlich die Stimme der Furcht zum Schweigen. Ich hatte meine Tinktur schon seit langem hergestellt, nun verschaffte ich mir von einer Großhandelsfirma für Chemikalien eine größere Menge eines besonderen Salzes, das, wie ich von meinen Versuchen her wußte, der letzte erforderliche Bestandteil war. Und in einer verwünschten Nacht verband ich die Elemente, beobachtete, wie sie sich kochend und schäumend im Glas vereinigten, und als die Wallung sich gelegt hatte, trank ich, von Mut durchglüht, das Gebräu.

Die mörderlichsten Qualen folgten: ein Knirschen in den Knochen, eine tödliche Übelkeit und ein Angstgefühl, wie es sich nicht schlimmer in der Geburts- oder Sterbestunde äußert. Dann legte sich die Agonie schnell, und ich kam, wie nach einer tiefen Ohnmacht, wieder zu mir. Da war etwas Fremdes in meinen Empfindungen, etwas unbeschreiblich Neues und in seiner Neuheit unglaublich Süßes. Ich fühlte mich jünger, leichter, glücklicher, empfand eine berauschende Unbekümmertheit, die in meiner Phantasie eine Fülle sich überstürzender, sinnlicher Vorstellungen hervorrief, und nahm eine Lösung aller Bande der Verantwortlichkeit wahr, eine bisher unbekannte, aber nicht unschuldsvolle innere Befreitheit der Seele. Vom ersten Atemzug dieses neuen Lebens an war ich mir bewußt, schlechter – zehnfach schlechter – und Sklave des ursprünglich Bösen in mir zu sein, und der Gedanke stärkte und berauschte mich in jenem Augenblick wie Wein. Die Neuartigkeit dieser Empfindungen ließ mich frohlockend die Arme ausbreiten, und dabei wurde es mir plötzlich bewußt, daß ich kleiner geworden war.

Damals war noch kein Spiegel in meinem Zimmer. Der jetzt, während ich schreibe, neben mir steht, wurde erst später und eigens für die Zwecke dieser Umwandlungen hingebracht. Die Nacht war schon weit fortgeschritten, wurde schon vom Morgen abgelöst, der, wenngleich noch dunkel, doch schon bereit war, den Tag zu empfangen. Die Bewohner meines Hauses lagen zu dieser Stunde im festesten Schlaf, und so entschloß ich mich, von Hoffnung und Triumph geschwellt, mich in meiner neuen Gestalt bis in mein Schlafzimmer zu wagen. Ich schritt über den Hof, wo die Sterne, wie ich glaubte, voller Verwunderung auf mich niederblickten, als auf das erste Geschöpf dieser Art, das sich ihrer steten Wachsamkeit offenbarte. Ich stahl mich durch die Korridore, ein Fremdling im eigenen Hause, und als ich in meinem Zimmer angelangt war, erblickte ich zum erstenmal die Erscheinung von Edward Hyde.

Ich kann hier nur rein theoretisch sprechen und nicht sagen, was ich weiß, sondern nur das, was ich für das Wahrscheinlichste halte. Die schlechte Seite meines Wesens, der ich jetzt leibhaftige Form gegeben hatte, war weniger stark und weniger entwickelt als die gute, die ich gerade abgeschüttelt hatte. Im Verlauf meines Lebens, das trotz allem zu neun Zehnteln ein Leben der Arbeit, der Tugend und der Selbstbeherrschung gewesen war, war das Böse viel weniger geübt worden und zutage getreten. Daher kam es, wie ich glaube, daß Edward Hyde so viel kleiner, schwächer und jünger war als Henry Jekyll. So wie das Gute die Züge des einen durchleuchtete, so stand das Böse klar und deutlich auf dem Gesicht des andern geschrieben. Das Böse, das ich immer noch für das Latente im Menschen halte, hatte übrigens jener Gestalt einen Stempel von Mißgestaltung und Zwergenhaftigkeit aufgedrückt. Aber als ich das häßliche Zerrbild im Spiegel erblickte, wurde ich mir keines Widerwillens bewußt, eher eines Gefühls freudiger Begrüßung. Das da war ebenfalls ich. Es erschien mir natürlich und menschlich. In meinen Augen war es ein lebendigeres Abbild des Geistes als das andere, unvollkommene Gesicht, das ich bisher als das meine betrachtet hatte. Und so weit hatte ich zweifellos recht. Ich habe beobachtet, daß, wenn ich Edward Hydes Züge trug, mir niemand nahen konnte, ohne auf den ersten Blick eine sichtbare Abwehr zu empfinden. Ich führe es darauf zurück, daß alle menschlichen Wesen, denen wir begegnen, ein Gemisch von Gut und Böse sind; Edward Hyde, als einziger in den Reihen der Menschen, war ausschließlich böse.

Ich verweilte nur einen Augenblick vor dem Spiegel; das zweite und endgültige Experiment mußte noch gemacht werden. Noch mußte ich sehen, ob ich meine Identität, ohne Möglichkeit der Wiedergewinnung, verloren hatte und noch vor Tagesanbruch aus einem Hause fliehen mußte, das nicht länger mir gehörte. Ich eilte in mein Arbeitszimmer zurück, mischte und trank noch einmal die Medizin, machte noch einmal die Todesqualen durch und kam mit dem Wesen, der Gestalt und dem Gesicht von Henry Jekyll zu mir.

In jener Nacht stand ich am Kreuzweg. Wäre ich in edlerer Gemütsverfassung an meine Entdeckung herangegangen, wäre ich von großmütigen und frommen Bestrebungen geleitet worden, so hätte alles anders kommen müssen, und ich wäre aus diesen Todes- und Geburtswehen als Engel statt als Teufel hervorgegangen. Die Medizin besaß keine Fähigkeit der Unterscheidung – sie war weder teuflisch noch göttlich. Sie öffnete meinen Anlagen nur die Tür ihres Gefängnisses, und sie entwichen wie die Gefangenen von Philippi. Damals schlief meine Tugend; das Böse in mir, durch Ehrgeiz wachgehalten, lag auf der Lauer, bereit, die Gelegenheit zu erfassen, und was zutage gefördert wurde – war Edward Hyde. Und obgleich ich nun sowohl zwei Charaktere als zwei äußere Erscheinungen besaß, so war das eine Wesen vollkommen böse, und das andere war immer noch der alte Henry Jekyll, der aus Verschiedenartigem zusammengesetzt war und an dessen Verbesserung und Vervollkommnung ich schon hatte verzweifeln wollen. Es war also ganz und gar eine Veränderung zum Schlechteren.

Zu jener Zeit hatte ich meine Abneigung gegen ein Leben trockenen Studiums noch nicht bekämpft. Ich pflegte zeitweise noch sehr unternehmungslustig zu sein; da meine Vergnügungen zum mindesten unwürdig waren, ich aber andrerseits nicht nur stadtbekannt und hochangesehen war, sondern auch älter wurde, empfand ich den Widerspruch in meinem Leben täglich störender. In dieser Richtung führte mich meine neue Macht in Versuchung, bis ich in Skaverei fiel. Ich brauchte nur den Trank zu schlucken, um sofort den Körper des berühmten Gelehrten abzulegen und wie in einen Mantel in den von Edward Hyde zu schlüpfen. Bei dieser Vorstellung lächelte ich; damals erschien es mir komisch, und ich traf mit eifriger Sorgfalt meine Vorbereitungen. Ich mietete und richtete jenes Haus in Soho ein, in dem Hyde durch die Polizei gesucht wurde, und stellte als Haushälterin eine Person an, die ich als verschwiegen und skrupellos kannte. Meinen Dienstboten wiederum erklärte ich, daß ein Mr. Hyde, den ich beschrieb, in meinem Haus und Grundstück volle Freiheit und Macht genießen sollte, und, um unglücklichen Zufällen vorzubeugen, ließ ich mich in meiner zweiten Gestalt dort sehen und machte mich zum vertrauten Gegenstand. Sodann setzte ich das Testament auf, gegen das Du soviel einzuwenden hattest, damit, wenn mir etwas in der Person von Henry Jekyll zustoßen sollte, ich mich ohne pekuniäre Verluste in die von Edward Hyde umwandeln konnte. Und so nach allen Seiten gesichert, wie ich glaubte, begann ich aus der seltsamen Immunität meiner Lage Nutzen zu ziehen.

Früher haben die Menschen Banditen gedungen, um ihre Verbrechen auszuführen, während ihre eigene Person und ihr Ruf gedeckt waren. Ich war der erste, der es um seiner Vergnügungen willen tat. Ich war der erste, der in den Augen der Welt unter der Bürde verdienter Achtung einhergehen und im nächsten Augenblick wie ein Schuljunge diese Fesseln abstreifen und in ein Meer von Freiheit tauchen konnte. In meinem undurchdringlichen Gewand war für mich die Sicherheit vollkommen. Denk doch –

ich existierte ja gar nicht! Ich brauchte nur in meine Laboratoriumstür zu schlüpfen, in dem Zeitraum einiger Sekunden die Medizin zu mischen und zu trinken, die immer bereit dastand, und – was Edward Hyde auch begangen haben mochte – er verschwand wie der Hauch des Atems an einem Spiegel, und an seiner Statt saß ruhig beim Schein der mitternächtigen Lampe in seinem Arbeitszimmer ein Mann, der es sich leisten konnte, über einen Verdacht zu lachen – Henry Jekyll.

Die Vergnügungen, die ich eiligst in meiner Verkleidung aufsuchte, waren, wie ich schon gesagt habe, unwürdig; einen härteren Ausdruck brauche ich nicht darauf anzuwenden. Unter der Führung von Edward Hyde aber nahmen sie bald einen ungeheuerlichen Umfang an. Wenn ich von solchen Exkursionen zurückkam, habe ich mich oft über die Verderbtheit meines anderen Ichs gewundert. Das, was ich aus meiner eigenen Seele herauslöste und allein aussandte, um seinem Vergnügen nachzugehen, war ein von Grund auf boshaftes und schändliches Geschöpf; all seine Handlungen und Gedanken waren selbstisch. Mit tierischer Gier sog er Genuß aus der Qual anderer, unbarmherzig wie ein Steinbild. Zuzeiten stand Henry Jekyll entsetzt vor den Taten Edward Hydes. Doch unterlag diese Situation nicht den gewöhnlichen Gesetzen, und die Stimme des Gewissens wurde heimtückisch zum Schweigen gebracht. Schließlich war es Hyde, und Hyde allein, der schuldig war. Jekyll wurde deshalb nicht schlechter, er erwachte stets wieder – anscheinend unverändert – mit seinen guten Eigenschaften und beeilte sich, wo es möglich war, das wieder gutzumachen, was Hyde Böses getan hatte. Dadurch schläferte er sein Gewissen ein.

Ich habe nicht die Absicht, im einzelnen auf die Schändlichkeiten einzugehen, die ich auf diese Art duldete (denn noch jetzt bin ich nicht der Ansicht, daß ich sie beging). Ich möchte nur die Warnungszeichen und die Vorboten erwähnen, die meine Strafe ankündigten. Es ereignete sich etwas, was ich nur kurz streifen will, weil es keine weiteren Folgen hatte. Ein Akt der

Grausamkeit gegen ein Kind brachte einen Vorübergehenden gegen mich auf, den ich neulich in der Person Deines Verwandten wiedererkannte. Der Arzt und die Familie des Kindes schlugen sich auf seine Seite, und es gab Augenblicke, da ich für mein Leben fürchtete. Schließlich mußte Edward Hyde die Leute, um ihre nur zu gerechte Empörung zu besänftigen, zu der Tür führen und sie mit einem von Henry Jekyll ausgestellten Scheck bezahlen. Diese Gefahr war jedoch für die Zukunft leicht aus der Welt geschafft durch Eröffnung eines Kontos auf den Namen Edward Hyde bei einer anderen Bank, und nachdem ich meinem zweiten Ich durch Verstellen meiner Handschrift eine Unterschrift verschafft hatte, glaubte ich, vom Schicksal nicht mehr erreicht werden zu können.

Etwa zwei Monate vor der Ermordung von Sir Danvers war ich auf Abenteuer ausgewesen, war zu später Stunde zurückgekehrt und wachte am nächsten Morgen mit einer seltsamen Empfindung auf. Es nützte nichts, daß ich mich umblickte, daß ich die schönen Möbel und die stattliche Größe meines viereckigen Zimmers betrachtete und daß ich das Muster am Betthimmel und die Form des Mahagonirahmens erkannte – etwas in mir bestand darauf, daß ich nicht dort war, wo ich mich befand, daß ich nicht dort erwacht war, wo ich zu sein schien, sondern in dem kleinen Zimmer in Soho, wo ich in der Gestalt von Edward Hyde zu schlafen pflegte. Ich lachte mich selbst aus, und in meiner Art, den Sachen psychologisch auf den Grund zu gehen, begann ich allmählich nach den Ursachen dieser Vorstellung zu forschen, fiel dabei aber hin und wieder in einen leichten Morgenschlummer. Während meine Gedanken damit beschäftigt waren, fielen meine Blicke in einem wacheren Augenblick auf meine Hand. Nun war die Hand von Henry Jekyll (wie Du oft konstatiert hast) in Größe und Form die eines Arztes: breit, derb, weiß und wohlgebildet. Aber die Hand, die ich jetzt deutlich im gelben Licht eines Londoner Morgens halb geschlossen auf dem Bettuch liegen sah, war mager, verkrümmt, knochig, von schwärzlicher Blässe und dicht mit dunklen Haaren bedeckt. Es war die Hand von Edward Hyde.

Ich muß wohl eine halbe Minute, stumpfsinnig in die Betrachtung dieses Wunders vertieft, darauf hingestarrt haben, bevor mich – plötzlich und erschreckend wie Posaunenton – Entsetzen packte. Ich sprang aus dem Bett und vor den Spiegel. Bei dem Anblick, der sich mir bot, gefror mir das Blut in den Adern. Ja, als Henry Jekyll war ich zu Bett gegangen, und als Edward Hyde war ich aufgewacht. Wie war das zu erklären? – fragte ich mich, und gleich darauf mit erneutem Schrecken – wie war dem abzuhelfen? Der Morgen war schon weit vorgeschritten, meine Dienstboten waren wach, meine Medizin befand sich in meinem Arbeitszimmer – eine weite Reise – zwei Treppen hinunter, durch den hinteren Flur, über den offenen Hof und durch das Laboratorium. Der Schreck darüber lähmte mich. Wohl wäre es möglich gewesen, mein Gesicht zu bedekken, aber was nützte das, wenn ich nicht imstande war, meine Gestalt zu verbergen? Aber plötzlich, mit einem überwältigend köstlichen Gefühl der Erleichterung, erinnerte ich mich daran, daß ja die Dienstboten bereits an das Kommen und Gehen meines zweiten Selbsts gewöhnt waren. Schnell hatte ich mich, so gut es ging, mit Sachen meiner eigenen Größe bekleidet und war durch das Haus geeilt, wo Bradshaw große Augen machte und zurückwich, als er Mr. Hyde zu solcher Stunde und in solch einem Aufzug sah. Zehn Minuten später hatte Dr. Jekyll wieder seine eigene Gestalt angenommen, setzte sich mit umwölkter Stirn nieder und gab sich den Anschein zu frühstücken.

Der Appetit war mir begreiflicherweise vergangen. Dieser unerklärliche Vorgang, der meine bisherige Erfahrung über den Haufen warf, schien mir, wie der babylonische Finger an der Wand, die Worte meiner Verurteilung zu formen, und ich fing an, ernster als je zuvor, über die Folgen und Möglichkeiten meiner doppelten Existenz nachzudenken. Der Teil meines Wesens, dem ich durch meine Macht Gestalt verleihen konnte, hatte sich in letzter Zeit oft betätigt und entwickelt. Neuerdings schien es mir, als ob der Körper von Edward Hyde gewachsen wäre, als ob mir (wenn ich seine Gestalt annahm) das Blut feuriger durch die Adern rollte. Ich fing an, Gefahr zu wittern – die Gefahr, daß, wenn dies länger fortgesetzt würde, das Gleichgewicht meines Wesens für die Dauer verlorengehen, die Macht freiwilliger Verwandlung verwirkt und der Charakter von Edward Hyde unwiderruflich der meinige werden könnte. Die Wirkung der Medizin war nicht immer gleich stark gewesen. Einmal, zu Beginn meiner Laufbahn, hatte sie völlig versagt. Seither hatte ich mehr als einmal die Menge verdoppeln, einmal sogar unter Lebensgefahr verdreifachen müssen, und diese gelegentliche Unzuverlässigkeit hatte von da an den einzigen Schatten auf meine Zufriedenheit geworfen. Nun aber, und im Lichte des morgendlichen Vorfalles gesehen, wurde mein Augenmerk darauf gerichtet, daß, wenn anfangs eine Schwierigkeit bestand, mich des Körpers von Jekyll zu entäußern, sich das neuerdings, allmählich, aber entschieden, ins Gegenteil verwandelt hatte. Somit schien alles darauf hinzuweisen, daß mir mein ursprüngliches, besseres Ich langsam entglitt und ich allmählich in mein zweites, schlechteres verwandelt wurde.

Ich fühlte, daß ich jetzt zwischen beiden wählen mußte. Meine beiden Wesen hatten die Erinnerung miteinander gemein, alle anderen Eigenschaften waren äußerst ungleich unter sie verteilt. Jekyll, der aus beiden Elementen zusammengesetzte, verfolgte und teilte, bald mit leichterregter Besorgnis, bald mit gierigem Vergnügen, die Genüsse und Abenteuer von Hyde. Hyde dagegen war gleichgültig gegenüber Jekyll oder dachte an ihn nicht anders, als der Räuber in den Bergen an die Höhle denkt, in der er sich vor Verfolgung verbirgt. Jekylls Interesse war das eines Vaters, Hydes Gleichgültigkeit die eines Sohnes. Mein Los mit Jekyll verknüpfen, hieß auf die Gelüste verzichten, denen ich so lange im geheimen und in letzter Zeit im Übermaß gefrönt hatte. Es mit Hyde zu verknüpfen, hieß tausend Interessen und Bestrebungen aufzugeben und mit einem Schlage und für immer verachtet und freundlos zu sein. Der Einsatz mochte ungleich erscheinen, doch war noch eine andere Betrachtung auf die Waagschale zu legen: während Jekyll heftig in den Feuern der Enthaltsamkeit schmachten würde, würde Hyde sich nicht einmal dessen bewußt werden, was er verloren hatte. So seltsam meine Lage war, so waren die Dinge, um die sich dieser Kampf drehte, so alt und alltäglich wie die Menschheit selbst. Aus denselben Anlässen und Befürchtungen waren schon für manchen in Versuchung geratenen und zitternden Sünder die Würfel gefallen. Und mir erging es, wie es der Mehrzahl meiner Mitmenschen ergeht: ich wählte das bessere Teil und hatte nicht die Kraft, daran festzuhalten.

Ja, ich wählte den ältlichen, grämlichen Doktor, der von Freunden umgeben war und ehrenhaften Zielen zustrebte, und sagte der Freiheit, der Jugend, dem leichten Gang, dem jagenden Puls und den geheimen Ausschweifungen, die ich in der Gestalt von Hyde genossen hatte, entschlossen Lebewohl. Vielleicht traf ich diese Wahl mit einem unbewußten Vorbehalt; denn weder gab ich das Haus in Soho auf, noch vernichtete ich die Kleidung von Edward Hyde, die immer noch gebrauchsfertig in meinem Arbeitszimmer lag. Zwei Monate aber blieb ich meinem Entschluß treu, zwei Monate lang führte ich ein derart strenges Leben, wie ich es nie zuvor fertiggebracht hatte, und genoß als Ausgleich die Wohltat eines guten Gewissens. Aber mit der Zeit verblaßte die Heftigkeit meiner Befürchtungen, das gute Gewissen wurde etwas Selbstverständliches, ich fing an, von schmerzlichem Verlangen gepeinigt zu werden, so, als ob Hyde nach Freiheit rang, und endlich mischte ich in einer schwachen Stunde die verwandelnde Medizin und nahm sie ein.

Ich glaube nicht, daß sich ein Trunkenbold, wenn er über sein Laster nachdenkt, von fünfhundert Malen auch nur ein einziges Mal der Gefahr bewußt wird, der er durch seine tierische, körperliche Unempfindlichkeit ausgesetzt ist. Genau so wenig hatte ich, seit ich meine Lage überdachte, die völlige, moralische Unempfindlichkeit und rücksichtslose Bereitschaft zum Bösen, die die hervorstechendsten Eigenschaften von Edward Hyde waren, genügend in Betracht gezogen. Und gerade durch diese wurde ich gestraft. Der Teufel in mir war lange gefangen gewesen, und brüllend kam er zum Vorschein. Schon als ich die Medizin nahm, wurde ich mir eines ungezähmteren, wütenderen Hanges zum Bösen bewußt. Ich glaube, das war es auch, was in meinem Inneren den Sturm von Ungeduld entfachte, mit der ich den höflichen Worten meines unglücklichen Opfers lauschte. Jedenfalls erkläre ich vor Gott dem Herrn, daß kein moralisch zurechnungsfähiger Mensch sich dieses Verbrechens, auf eine so klägliche Herausforderung hin, schuldig gemacht hätte und daß ich mich, als ich zuschlug, in keiner vernünftigeren Gemütsverfassung befand als ein krankes Kind, das sein Spielzeug zertrümmert. Aber ich hatte freiwillig alle die abwägenden Instinkte abgestreift, die selbst den Bösesten unter uns mit einem gewissen Grad von Festigkeit inmitten von Versuchungen einhergehen lassen; darum bedeutete in meinem Fall in Versuchung kommen, ihr unterliegen.

Urplötzlich erwachte der Geist der Hölle und raste in mir. In einer Art Ekstase schlug ich auf den widerstandslosen Körper los und empfand Wonne bei jedem Schlag. Erst als sich Müdigkeit bei mir einstellte, wurde ich plötzlich, im Höhepunkt meines Deliriums, bis ins Herz von kaltem Entsetzen gepackt. Der Nebel zerteilte sich, ich sah, daß mein Leben zerstört war, und ich floh vom Schauplatz meiner Ausschweifung, frohlockend und zitternd zugleich, da meiner Lust am Bösen Genüge geschehen und sie gestillt worden war, meine Liebe zum Leben aber im höchsten Grade bedrängt wurde. Ich lief zu dem Haus in Soho und verbrannte meine Papiere, um meine Sicherheit zweifach zu befestigen, dann nahm ich meinen Weg durch die lichterhellten Straßen in derselben geteilten Gemütsverfassung. Ich ersann leichtsinnig für die Zukunft neue Verbrechen, dabei aber hastete ich vorwärts und glaubte hinter mir schon die Schritte der Verfolger zu vernehmen. Hyde hatte ein Lied auf den Lippen, als er die Medizin mischte, und trank sie auf das Wohl des toten Mannes. Die Qualen der Verwandlung waren kaum vorüber, als Henry Jekyll mit strömenden Tränen der Dankbarkeit und der Reue auf seine Kniee fiel und seine gefalteten Hände zu Gott erhob. Der Schleier der Selbstbeschönigung war mitten durchgerissen, und ich sah mein ganzes Leben vor mir liegen. Ich sah die Tage der Kindheit, als ich an der Hand meines Vaters spazieren ging, sah die Zeiten selbstverleugnender Arbeit im beruflichen Leben und kam wieder und immer wieder mit dem gleichen Gefühl der Unwirklichkeit zu den ruhelosen Schrecknissen dieses Abends zurück. Ich hätte laut herausschreien können, ich versuchte, die Fülle grauenhafter Bilder und Vorstellungen, die meine Erinnerung gegen mich anmarschieren ließ, in Tränen und Gebeten zu ersticken, und doch starrte mich während meiner Gebete das häßliche Gesicht meiner Missetat an. Als die Heftigkeit der Selbstvorwürfe nachließ, machte sie einem Gefühl von Freude Platz. Das Problem meiner künftigen Einstellung war gelöst. Hyde war unmöglich geworden. Ob ich wollte oder nicht, ich mußte mich jetzt auf das bessere Teil meines Ichs beschränken, und ach, wie froh war ich bei dem Gedanken! Mit bereitwilliger Demut begrüßte ich die Einschränkung einer normalen Lebensweise! In aufrichtiger Entsagung verschloß ich die Tür, durch die ich so oft gekommen und gegangen war, und zertrat den Schlüssel mit dem Absatz.

Am nächsten Tag erschienen die Berichte, daß der Mörder erkannt worden, daß Hydes Schuld aller Welt offenbar war und daß das Opfer ein Mann von hohem öffentlichem Ansehen gewesen war. Es war nicht nur ein Verbrechen, es war eine tragische Torheit gewesen. Ich glaube, ich war froh, es zu wissen; ich glaube, ich war froh, daß meine besseren Triebe auf diese Art, durch die Angst vor dem Schafott, behütet und bewahrt wurden. Jekyll war jetzt mein Zufluchtsort. Sollte sich Hyde auch nur für einen Augenblick sehen lassen, so würde sich alle Welt auf ihn stürzen und ihn niedermachen.

Ich beschloß, durch mein künftiges Betragen das Vergangene wieder gutzumachen, und ich kann ehrlich sagen, daß mein Entschluß gute Früchte getragen hat. Du weißt selbst, wie ich in den letzten Monaten des vergangenen Jahres ernstlich bemüht war, Leiden zu mindern. Du weißt, daß ich viel für andere getan habe und daß die Tage ruhig, ja fast glücklich für mich dahinflossen. Ich kann nicht einmal sagen, daß mich dieses wohltätige und unschuldige Leben ermüdete; nein, ich genoß es täglich mehr. Doch lag meine Zwiespältigkeit immer noch wie ein Fluch auf mir, und als sich die erste Heftigkeit meiner Reue gelegt hatte, begannen meine niederen Triebe, die so lange genährt und so plötzlich in Ketten gelegt worden waren, nach Befreiung zu lechzen. Nicht, daß ich daran dachte, Hyde wieder zu erwekken, der bloße Gedanke brachte mich dem Wahnsinn nahe – nein, in eigener Person wurde ich noch einmal versucht, mit meinem Gewissen zu spielen, und als gemeiner, heimlicher Sünder gab ich schließlich dem Ansturm der Versuchung nach.

Alle Dinge kommen einmal zum Abschluß; selbst das geräumigste Maß wird einmal voll, und dieses kurze Nachgeben gegenüber dem Bösen in mir zerstörte zuletzt das Gleichgewicht meiner Seele. Und doch ängstigte ich mich nicht; der Fall schien mir natürlich, wie eine Wiederkehr der alten Zeiten, ehe ich meine Entdeckung gemacht hatte.

Es war an einem schönen, klaren Tag im Januar; auf der Erde, wo es getaut hatte, war es naß; aber der Himmel war wolkenlos. Im Regent's Park hörte man das winterliche Gezwitscher der Spatzen, doch roch es schon nach Frühling. Ich saß auf einer Bank in der Sonne; das Tier in mir schwelgte in Erinnerungen, mein Geist – etwas eingeschläfert – war zu späterer Reue bereit, aber noch nicht in der Stimmung, damit zu beginnen. Ich überlegte, daß ich mich eigentlich nicht von meinen Mitmenschen unterschied, und ich lächelte, als ich mich mit anderen verglich, meinen tatkräftigen guten Willen an der trägen Grausamkeit ihrer Unterlassungen messend. Kaum hatte ich diesen selbstherrlichen Gedanken zu Ende gedacht, als mich eine Anwandlung entsetzlicher Übelkeit, verbunden mit Schüttelfrost befiel. Sie hinterließ eine große Schwäche, und als auch diese überwunden war, wurde ich mir einer Veränderung in meinen Gedankengängen bewußt, einer größeren Kühnheit, einer Nichtachtung der Gefahr und eines Fallens aller Schranken von Verantwortlichkeit. Ich blickte an mir herab: mein Anzug hing formlos an meinen zusammengeschrumpften Gliedern, die Hand, die auf meinen Knieen lag, war knochig und behaart – ich war wieder einmal Edward Hyde. Noch vor einem Augenblick war ich der Achtung aller Menschen gewiß – wohlhabend und beliebt – der Tisch zu Hause war für mich gedeckt – und plötzlich war ich der gemeinste Abschaum der Menschheit, verfolgt und heimatlos, ein bekannter Mörder – dem Galgen verfallen.

Mein Verstand verwirrte sich, doch ließ er mich nicht ganz im Stich. Ich habe schon mehrfach erwähnt, daß sich meine Eigenschaften in meiner zweiten Gestalt zuzuspitzen schienen und mein Denkvermögen straffer und elastischer war. So kam es, daß, wo Jekyll vielleicht unterlegen wäre, Hyde sich der Bedeutung des Augenblicks anpaßte. Meine Medizin befand sich in einer der Schubladen meines Arbeitszimmers; wie konnte ich dazu gelangen? Dieses Problem versuchte ich – die Hände an die Schläfen gepreßt – zu lösen. Die Laboratoriumstür hatte ich verschlossen. Wenn ich versucht hätte, durch mein Haus hinzugelangen, hätten mich meine eigenen Dienstboten dem Galgen ausgeliefert. Ich sah ein, daß ich mich fremder Hilfe bedienen mußte, und dachte an Lanyon. Aber wie sollte ich ihn erreichen und wie ihn überzeugen? Angenommen selbst, ich entginge meiner Festnahme in den Straßen, wie sollte ich mich bei ihm einführen? Wie sollte ich – ein fremder und lästiger Besucher – den berühmten Arzt dazu bewegen, in das Arbeitszimmer seines Kollegen Dr. Jekyll einzubrechen? Aber da fiel mir ein, daß mir von meinem ursprünglichen Selbst etwas geblieben war: meine Handschrift! Und kaum hatte ich diesen Lichtpunkt wahrgenommen, als auch schon der Weg, den ich einzuschlagen hatte, klar und deutlich vor mir lag.

Daraufhin brachte ich, so gut es ging, meine Kleidung in Ordnung, rief eine vorbeifahrende Droschke an und fuhr in ein Hotel in Portland Street, an dessen Namen ich mich durch Zufall erinnerte. Bei meinem Anblick (der wirklich komisch genug war, obgleich er ein tragisches Geschick in sich barg) konnte der Kutscher seine Heiterkeit nicht verbergen. Ich knirschte in einem Anfall teuflischer Wut mit den Zähnen, und das Lächeln erstarb auf seinen Lippen. Das war sein Glück, noch mehr aber mein eigenes; denn im nächsten Augenblick hätte ich ihn vom Bock heruntergerissen. In dem Gasthaus sah ich mich bei meinem Eintritt mit so finsterer Miene um, daß das Personal zitterte. In meiner Gegenwart jedoch wechselten sie keinen Blick miteinander, nahmen vielmehr meine Befehle unterwürfig entgegen, führten mich in ein besonderes Zimmer und brachten mir Schreibzeug. Der in Lebensgefahr befindliche Hyde war ein ganz neues Geschöpf für mich: vor zügelloser Wut bebend – zu jedem Mord bereit – voll Gier, Schmerzen zu bereiten. Das Geschöpf war aber schlau; es meisterte seine Wut mit großem Willensaufwand, setzte die beiden wichtigen Briefe, einen an Lanyon, einen an Poole, auf, und um den Beweis ihrer Beförderung in die Hand zu bekommen, befahl es, sie einschreiben zu lassen.

Von da an saß er den ganzen Tag am Feuer in seinem Zimmer und kaute an den Nägeln. Dort speiste er auch, allein mit seinen Ängsten. Der Kellner erbebte sichtlich unter seinen Blicken. – Als es Nacht geworden war, drückte er sich in die Ecke eines geschlossenen Wagens und ließ sich kreuz und quer durch die Straßen der Stadt fahren. Er – ich kann nicht sagen – ich. Diese Ausgeburt der Hölle hatte nichts Menschliches – hatte nichts anderes in sich als Furcht und Haß. Als er schließlich glaubte, der Kutscher könnte Verdacht schöpfen, entließ er den Wagen und wagte sich zu Fuß – in seiner schlechtsitzenden Kleidung, die ihn zu einer auffallenden Erscheinung machte – in den Strom der nächtlichen Spaziergänger, während die beiden niedrigen Leidenschaften wie ein Sturm in ihm tobten. Er ging schnell – von seiner Angst gehetzt – sprach vor sich hin – schlich durch die unbelebteren Straßen und zählte die Minuten, die ihn noch von der Mitternacht trennten. Einmal sprach ihn eine Frau an und bot ihm, glaube ich, Streichhölzer an. Er schlug ihr ins Gesicht, und sie entfloh.

Als ich bei Lanyon wieder zu mir kam, ergriff mich das Entsetzen meines alten Freundes vielleicht etwas – ich weiß es nicht; jedenfalls war das wie ein Tropfen im Meer, verglichen mit dem Abscheu, mit dem ich auf die letzten Stunden zurückblickte. Eine Verwandlung war mit mir vorgegangen. Es war nicht mehr die Furcht vor dem Galgen, es war das Entsetzen davor – Hyde zu sein –, das mich folterte. Lanyons Fluch vernahm ich wie im Traum. Wie im Traum ging ich nach Hause und legte mich zu Bett. Mein Schlaf war nach den Erschütterungen des Tages fest und tief, und nicht einmal dem Alpdruck, der mich würgte, gelang es, ihn zu unterbrechen. Ich erwachte am Morgen, zitternd, schwach, aber erquickt. Ich haßte und fürchtete immer noch den Gedanken an das Scheusal, das in mir schlummerte, und ich hatte natürlich die fürchterlichen Gefahren des vorhergehenden Tages nicht vergessen. Aber ich war wieder zu Hause, in meinem Hause, in der Nähe meiner Medizin, und Dankbarkeit für mein Entrinnen durchdrang mich fast so stark wie ein Hoffnungsstrahl.

Nach dem Frühstück schlenderte ich gemächlich durch den Hof und atmete mit Genuß die kalte Luft ein, als mich wieder jene unbeschreiblichen Empfindungen überkamen, die die Umwandlung ankündigten. Ich hatte gerade noch Zeit, mich in den Schutz meines Arbeitszimmers zu retten, ehe wiederum Hydes Leidenschaften in mir tobten. Bei dieser Gelegenheit nahm ich die doppelte Dosis zu mir, um wieder ich selbst zu werden, und ach, sechs Stunden später, als ich trübsinnig vor mich hin ins Feuer blickte, überfielen mich die Wehen wieder, und die Medizin mußte von neuem eingenommen werden. Kurz, von dem Tage an schien ich nur noch mit Hilfe großer Anstrengung und nur durch sofortige Anwendung der Medizin imstande zu sein, Jekylls Züge zu tragen. Zu allen Stunden des Tages und der Nacht wurde ich von dem unheilverkündenden Schauder erfaßt, und wenn ich schlief, ja selbst wenn ich für Sekunden in meinem Stuhl einschlummerte, erwachte ich immer als Edward Hyde. Unter dem Eindruck dieser beständig über mir schwebenden Gefahr und durch die Schlaflosigkeit, zu der ich mich nun selbst, weit über das Maß des Menschlichen hinaus, verurteilte, wurde ich, was meine eigene Person anbetrifft, zu einem Geschöpf, das, vom Fieber zerfressen und ausgesaugt, an Körper und Geist dahinsiechte und nur von einem Gedanken beseelt war: dem Entsetzen vor meinem anderen Ich. Aber wenn ich schlief oder wenn die Wirkung der Medizin nachließ, konnte ich fast ohne Übergang (denn die Qualen der Umwandlung wurden von Tag zu Tag weniger wahrnehmbar) in den Besitz einer Phantasie gelangen, die mit Bildern des Schreckens angefüllt war, einer Seele, die vor grundlosem Haß überschäumte, und eines Körpers, der nicht stark genug schien, um so rasende Lebensenergieen zu beherbergen. Hydes Kräfte schienen mit der Hinfälligkeit Jekylls gewachsen zu sein. Und der Haß, der die beiden trennte, war jetzt ohne Zweifel gegenseitig. Für Jekyll war es eine Lebensfrage. Er hatte jetzt die volle Scheußlichkeit dieses Geschöpfes erkannt, das einige Erscheinungen des Bewußtseins mit ihm gemein hatte und mit ihm zusammen dem Tod unterworfen war. Abgesehen von diesen Gemeinsamkeiten, die den ausgeprägtesten Teil seiner Leiden ausmachten, dachte er an Hyde, trotz all seiner Lebensenergie, nicht nur als an etwas Teuflisches, sondern etwas Unorganisches. Das war das Fürchterliche: daß aus dem Schlamm dieses Abgrundes Stimmen und Schreie zu kommen schienen, daß der formlose Staub sich bewegte und sündigte, daß, was tot war und keine Gestalt besaß, sich die Äußerungen des Lebens aneignete. Und auch dies, daß dieses aufrührerische Entsetzen ihm enger verbunden war als eine Ehefrau, enger als sein Auge, daß es in seinem Fleisch gefangen lag, wo er hörte, wie es murrte und fühlte, wie es danach rang, geboren zu werden, und in jeder schwachen Stunde, im Vertrauen des Schlummers, Oberhand gewann und ihn aus dem Leben drängte. Hydes Haß gegen Jekyll war ganz anderer Art. Seine Angst vor dem Galgen veranlaßte ihn immer wieder, vorübergehenden Selbstmord zu begehen und in die untergeordnete Stellung eines Teiles zurückzukehren, statt eine selbständige Persönlichkeit darzustellen. Doch fluchte er der Notwendigkeit, er fluchte der Verzagtheit, die Jekyll jetzt befallen hatte, und er war beleidigt über die Abneigung, mit der er betrachtet wurde. Daher auch die unwürdigen Possen, die er mir spielte, indem er in meiner Handschrift Gotteslästerungen an die Seiten meiner Bücher schrieb, Briefe verbrannte und das Porträt meines Vaters vernichtete, und wenn er nicht Angst vor dem Tode gehabt hätte, so hätte er sich schon längst das Leben genommen, um mich mitzureißen. Aber seine Liebe zum Leben ist wunderbar; ich gehe sogar weiter: obgleich mich eine Schwäche befällt und ich beim bloßen Gedanken an ihn zu Eis erstarre, bringe ich es fertig, ihn von Herzen zu bemitleiden, wenn ich mir die Verworfenheit und Leidenschaft seines Hanges zum Leben vergegenwärtige und wenn ich daran denke, wie er sich vor meiner Macht fürchtet, ihn durch Selbstmord auszulöschen.

Es ist sinnlos, und es fehlt mir an Zeit, diesen Bericht auszudehnen. Kein Mensch hat je solche Qualen erduldet, das mag Dir genügen. Und selbst meinen Leiden verlieh die Gewöhnung – nein, keine Erleichterung –, aber eine gewisse seelische Unempfindlichkeit, eine gewisse Resignation. Die Prüfung hätte sich vielleicht über Jahre erstrecken können, wenn mich nicht dies neue Unglück betroffen hätte, das mich endgültig von meinem eigenen Gesicht und Wesen getrennt hat. Mein Vorrat an Pulvern, der seit dem Zeitpunkt meines ersten Experimentes nicht erneuert worden war, begann dahinzuschwinden. Ich ließ frisches Pulver kommen und mischte den Trank, die Aufwallung erfolgte und die erste Veränderung in der Farbe, nicht aber die zweite; ich trank – und es war wirkungslos. Du wirst von Poole gehört haben, wie ich ganz London habe durchsuchen lassen – umsonst. Jetzt bin ich überzeugt, daß mein erstes Pulver unrein war und daß es diese unbekannte Unreinheit war, die dem Trank seine Wirkung verlieh.

Fast eine Woche ist vergangen, und ich beschließe meinen Bericht unter der Einwirkung des letzten alten Pulvers. Dies ist nun also – wenn nicht ein Wunder geschieht – das letzte Mal, daß Henry Jekyll seine eigenen Gedanken denken und sein eigenes (jetzt so traurig verändertes) Gesicht im Spiegel sehen kann. Ich darf auch nicht zögern, meine Aufzeichnungen zu Ende zu bringen; denn wenn mein Bericht bisher der Vernichtung entgangen ist, so habe ich das nur größter Vorsicht und meinem Glück zu verdanken. Sollten mich die Wehen der Verwandlung überfallen, während ich dies schreibe, so würde Hyde es in Stükke reißen. Aber wenn einige Zeit vergangen ist, nachdem ich es beiseite gelegt habe, wird seine wunderbare Selbstsucht und Hingabe an den Augenblick es wahrscheinlich noch einmal vor den Äußerungen seiner tierischen Wut bewahren. Denn tatsächlich hat das Schicksal, das auf uns beiden lastet, ihn bereits verwandelt und bezwungen. Ich weiß, daß ich in einer halben Stunde, wenn ich mich wieder, und diesmal für immer, in jene verhaßte Kreatur verwandle, schaudernd und weinend in meinem Stuhl sitzen werde. Oder ich werde in angespanntester, furchtgepeitschter Erregung, lauschend in diesem Zimmer (meinem letzten irdischen Zufluchtsort) auf und ab gehen und in jedem Laut drohendes Unheil wittern. – Wird Hyde auf dem

Schafott sterben? Oder wird er den Mut aufbringen, sich im letzten Augenblick selbst zu befreien? Das weiß nur Gott – ich sorge mich darum nicht. Dieses ist in Wirklichkeit meine Todesstunde, und was nachher kommt, betrifft einen anderen als mich. Und indem ich die Feder niederlege und mein Bekenntnis versiegle, beschließe ich das Leben dieses unglückseligen Henry Jekyll.«

Der Selbstmordklub

Erstes Kapitel
Der Selbstmordklub

Während seines Londoner Aufenthaltes gewann sich der hochgebildete Prinz Florisel von Böhmen durch seine bestechenden Umgangsformen wie durch seine wohlangebrachte Freigebigkeit die Zuneigung aller Klassen. Schon durch das, was man von ihm wußte – und das war nur ein kleiner Teil seiner wirklichen Taten –, war er eine durchaus bemerkenswerte Persönlichkeit. Für gewöhnlich ein Mann von gelassenem Temperament, der die Welt mit der Ruhe eines Philosophen betrachtete, empfand der Fürst doch auch manchmal Verlangen nach einem abenteuerlicheren und ungebundeneren Leben als das, wozu ihn seine Geburt bestimmt hatte. War seine Stimmung einmal nicht auf ihrer gewöhnlichen Höhe, versprach er sich keine Unterhaltung von dem Besuch eines Londoner Theaters und erlaubte die Jahreszeit keinen Sport, in dem er es allen zuvortat, so ließ er seinen Vertrauten und Oberstallmeister, den Obersten Geraldine, zu sich entbieten und trug ihm auf, die Vorbereitungen für einen abendlichen Ausflug zu treffen. Der Stallmeister war ein junger Offizier, mutig bis zur Verwegenheit. Der Auftrag erfüllte ihn mit Vergnügen, und eiligst machte er alles bereit. Infolge langer Übung und mannigfaltiger Lebenserfahrung hatte sich sein angeborenes schauspielerisches Talent noch mehr entwickelt, so daß er nicht nur in Gebärden und Haltung, sondern auch in der

Stimme und fast auch in seinen Gedanken jede Gesellschaftsklasse, jeden Charakter und jede Nation darstellen konnte; dadurch lenkte er die Aufmerksamkeit von seinem fürstlichen Begleiter auf sich, und es gelang dem Paar, manchmal zu ganz absonderlichen Gesellschaften Zutritt zu erhalten. Von diesen geheimnisvollen Abenteuern drang nichts an die Öffentlichkeit. Die Unerschrockenheit des einen und die unermüdliche Erfindungsgabe und ritterliche Ergebenheit des andern hatten sie so manche Gefahr glücklich bestehen lassen, und so wurde auch ihr Selbstvertrauen immer größer.

Eines Märzabends trieb sie ein eisiger Regen in eine Austernschenke am Leicester Square. Oberst Geraldine hatte sich als heruntergekommenen Journalisten verkleidet, während sich der Prinz wie gewöhnlich durch einen falschen Backenbart und lang herabhängende Augenbrauen unkenntlich gemacht hatte. In dieser Vermummung vor jeder Entdeckung sicher, schlürften sie unbesorgt ihren Brandy mit Sodawasser.

Die Kneipe war voll von Gästen beiderlei Geschlechts; aber wenn sich auch mehr als einmal Gelegenheit zur Anknüpfung eines Gesprächs bot, schien doch in keinem Falle die nähere Bekanntschaft der Mühe wert zu sein. Nur der gewöhnliche Typus gemeiner Gesellschaft war vertreten. Der Prinz fing schon an zu gähnen, und es hatte den Anschein, als sollte diesmal der Streifzug ohne jede interessante Ausbeute verlaufen, als die Eingangstür heftig aufgestoßen wurde und ein junger Mann mit zwei Dienstmännern hinter sich hereinstürzte. Jeder Dienstmann trug eine große Schüssel, die sich mit Rahmtörtchen gefüllt zeigte. Der junge Mann wandte sich mit ausgesuchter Höflichkeit an jeden einzelnen Gast und lud ihn dringend ein, zuzugreifen. Manche taten es lachend, andere wiesen ihn ohne weiteres oder mit groben Worten zurück. In diesem Falle verspeiste der Ankömmling jedesmal mit einer mehr oder minder witzigen Bemerkung das Törtchen selbst.

Zuletzt wandte er sich an den Prinzen Florisel.

»Mein Herr,« sagte er mit einer tiefen Verbeugung und präsentierte dabei das Törtchen zwischen Daumen und Zeigefinger, »wollen Sie mir als einem ganz Unbekannten die Ehre geben? Ich stehe für die Güte des Gebäcks, da ich seit fünf Uhr selbst zwei Dutzend und drei Stück gegessen habe.«

»Ich pflege,« erwiderte der Prinz, »weniger auf die Gabe als auf den Geist, in dem sie gereicht wird, zu sehen.«

»Was diesen Geist anbetrifft,« entgegnete der junge Mann mit einer zweiten Verneigung, »so handelt es sich um einen Spaß.«

»Spaß?« wiederholte Florisel. »Wem soll der Spaß gelten?«

»Ich kann mich darüber hier nicht weiter auslassen, sondern habe nur diese Rahmtörtchen zu verteilen. Wenn ich erwähne, daß ich das Lächerliche in der Sache zum guten Teil auf meine Person nehme, so hoffe ich, Sie werden es nicht unter Ihrer Würde finden und sich herablassen. Sonst nötigen Sie mich, Nummer achtundzwanzig zu verzehren, und ich muß gestehen, ich habe schon gerade genug.«

»Sie rühren mein Herz,« sagte der Prinz, »und ich will Sie mit größtem Vergnügen aus diesem Dilemma retten, aber unter einer Bedingung. Wenn mein Freund und ich Ihre Kuchen, nach denen wir an und für sich gar kein Verlangen tragen, essen, so erwarten wir, daß Sie dafür an unserm Abendessen teilnehmen.«

Der junge Mann schien nachzudenken.

»Ich habe noch verschiedene Dutzend hier,« sagte er endlich; »und ich werde daher zur Vollendung meines großen Werkes noch verschiedene Wirtschaften besuchen müssen. Das wird ziemlich viel Zeit kosten, und wenn Sie hungrig sind …«

Der Prinz unterbrach ihn mit einer höflichen Handbewegung.

»Mein Freund und ich wollen Sie begleiten,« sagte er, »denn Ihre geniale Art, einen Abend zu verbringen, hat bereits in hohem Grade unser Interesse erweckt. Und nun lassen Sie mich, da wir über die Friedenspräliminarien einig sind, den Vertrag für beide unterzeichnen.«

Und dabei verschluckte der Prinz eins von den Törtchen.

»Sie sind ausgezeichnet,« bemerkte er.

»Ich sehe, Sie sind Kenner,« versetzte der junge Mann.

Oberst Geraldine erwies dem Gebäck die gleiche Ehre, und der junge Mann machte sich auf den Weg zu einer andern ähnlichen Wirtschaft. Hinter ihm gingen die beiden Dienstmänner, und der Fürst und Geraldine machten Arm in Arm und einander verstohlen zulächelnd den Beschluß. So besuchten sie noch zwei ähnliche Kneipen, in denen sich beim Rundgang des jungen Mannes die oben beschriebenen Szenen mit geringen Abweichungen wiederholten.

Als sie die dritte Wirtschaft verließen, zählte der junge Mann seinen Vorrat, es waren nur noch neun übrig.

»Meine Herren,« sagte er zu seinen neuen Begleitern gewendet, »ich will Sie nicht länger von Ihrem Abendessen trennen, sicher sind Sie hungrig. Ich bin Ihnen ein besonderes Opfer schuldig. Heute, an diesem für mich so bedeutungsvollen Tage, da ich eine tolle Laufbahn mit der größten Tollheit beschließen will, möchte ich mir niemand gegenüber etwas zuschulden kommen lassen. Meine Herren, Sie sollen nicht länger warten. Mit Gefahr des Lebens ziehe ich die Bilanz.«

Und mit diesen Worten stopfte er die neun Törtchen in den Mund und schluckte heroisch eins nach dem andern hinunter. Dann reichte er jedem Dienstmann ein paar Goldstücke, sagte: »Ich danke Ihnen für Ihre außerordentliche Geduld,« und entließ sie mit einer Verbeugung.

Hierauf warf er noch einen Blick auf die Börse, aus der er die Goldstücke genommen hatte, schleuderte sie lachend mitten auf die Straße und erklärte sich zum Abendessen bereit.

Die drei Genossen traten in ein unweit gelegenes kleines französisches Speisehaus besserer Klasse und nahmen in einem Sonderzimmer des zweiten Stockes ein vorzügliches Mahl ein, das sie mit drei oder vier Flaschen Champagner und einem lebhaften Gespräch über alle möglichen Gegenstände würzten. Der junge Mann zeigte sich gewandt und heiter, aber sein Lachen war für einen wohlerzogenen Menschen überlaut, seine Hände zitterten heftig, und seine Stimme nahm oft unwillkürlich einen ganz sonderbaren Klang an. Der Nachtisch war abgetragen, und alle drei hatten ihre Zigarren angezündet, als sich der Prinz mit folgenden Worten an den jungen Mann wandte:

»Sie werden sicher meine Neugier entschuldigen. Was ich von Ihnen gesehen habe, hat meinen Beifall gefunden, aber noch mehr mein Erstaunen erregt. Und obwohl mir jede Indiskretion verhaßt ist, muß ich Ihnen doch bemerken, daß bei meinem Freunde und mir jedes Geheimnis wohl bewahrt ist. Und wenn die Geschichte, die Sie zu erzählen haben, wie ich voraussetze, manche Dummheit enthält, so brauchen Sie sich deshalb vor uns, die wir schon das tollste Zeug in England ausgeführt haben, keinen Zwang anzutun. Mein Name ist Godall, Theophilus Godall; mein Freund ist der Major Hammersmith, oder dies ist wenigstens der Name, den er sich beilegt. Wir sind auf der Suche nach Abenteuern, und das Ungewöhnlichste erregt unser Interesse am meisten.«

»Sie gefallen mir, Herr Godall,« erwiderte der junge Mann; »ich fühle von vornherein Vertrauen zu Ihnen; und ich habe nicht das geringste gegen ihren Freund, den Major, den ich für einen verkleideten Edelmann halte. Wenigstens ist er sicher kein Soldat.«

Der Oberst lächelte zu diesem Kompliment, und der junge Mann fuhr lebhafter fort:

»Ich habe allen Grund, meine Geschichte nicht zu erzählen. Aber vielleicht tue ich es gerade deshalb. Wenigstens scheint es mir, daß Sie so gut vorbereitet sind, alle meine Dummheiten anzuhören, daß ich es nicht übers Herz bringe, Sie zu enttäuschen. Meinen Namen will ich trotz Ihres Beispiels für mich behalten. Mein Alter tut nichts zur Sache. Ich stamme wie alle Menschen von meinen Eltern her und ererbte von ihnen das körperliche Gehäuse, das ich noch bewohne, und ein jährliches Einkommen von dreihundert Pfund. Vermutlich verdanke ich ihnen auch meine tollen Neigungen, denen nachzugeben mein größtes Vergnügen war. Ich erhielt eine gute Erziehung. Beinahe kann ich so perfekt Violine spielen, daß ich als Mitglied einer wandernden Musikantentruppe Geld verdienen könnte. Dasselbe gilt von meiner Kunst auf der Flöte und dem Waldhorn. Whist verstehe ich so gut, daß ich etwa hundert Pfund jährlich verspiele. Französisch habe ich so weit gelernt, daß ich mein Geld in Paris fast ebenso bequem loswurde als in London. Kurz, ich bin eine sehr vielseitig ausgebildete Persönlichkeit. Kein Abenteuer ist mir fremd geblieben, darunter auch ein Duell um nichts. Erst vor zwei Monaten traf ich eine junge Dame, die an Geist und Körper meinem Geschmacke völlig entsprach; ich fühlte mein Herz schmelzen; ich sah, daß sich endlich mein Geschick erfüllen sollte, und war drauf und dran, mich zu verlieben. Als ich aber berechnete, was mir noch von meinem Kapital geblieben war, fand ich, daß sich mein ganzer Besitz auf etwas weniger als vierhundert Pfund belief! Ich frage Sie – kann sich ein Mann, der Selbstachtung besitzt, mit vierhundert Pfund verlieben? Nach meiner Meinung ist das unmöglich. Ich ließ alle Liebeshoffnung fallen, beschleunigte mein Tempo im Geldausgeben und war heute morgen bei den letzten achtzig Pfund angelangt. Diese teilte ich in zwei Teile, vierzig sollen einem besondern Zwecke dienen, die andern vierzig vergeudete ich im Laufe des Tages. Ich habe die Stunden vergnüglich zugebracht und manchen Spaß losgelassen vor dem mit den Rahmtörtchen, der mir Ihre werte Bekanntschaft verschaffte; denn ich wollte, wie gesagt, einen tollen Lebenslauf zu einem tollen Ende bringen, und als Sie mich meine Börse auf die Straße werfen sahen, waren die vierzig Pfund durchgebracht. Nun kennen Sie mich so gut, wie ich mich selbst kenne: ein Narr, aber ausdauernd in seiner Narrheit, und glauben Sie mir, weder ein Renommist noch ein Feigling.«

Aus dem ganzen Tone seiner Worte klang offenbar das Gefühl der Bitterkeit und Selbstverachtung heraus. Seinen Zuhörern kam es vor, als wäre ihm das Liebesverhältnis näher gegangen, als er zugeben wollte, und als hätte er es auf sein eigenes Leben abgesehen. Der Spaß mit den Rahmtörtchen bekam einen sehr tragischen Beigeschmack.

»Ist das nicht seltsam,« brach Geraldine nach einem Seitenblick auf den Prinzen Florisel das Stillschweigen, »daß wir drei uns in der ungeheuren Londoner Wüste aus bloßem Zufall getroffen haben sollten und dabei fast in der gleichen Lage sind?«

»Was?« schrie der junge Mann. »Sind Sie auch ruiniert? Ist es mit diesem Souper ähnlich wie mit meinen Rahmtörtchen? Hat der Teufel drei ihm Verfallene zum letzten Schmaus zusammengeführt?«

»Der Teufel,« erwiderte Prinz Florisel, »leistet sich manchmal dergleichen, und das Zusammentreffen ist für mich so ergreifend, daß ich hiermit den kleinen Unterschied in unserer Lage ausgleiche. Lassen Sie mich dem heroischen Beispiele, das Sie mit den letzten Rahmtörtchen gegeben, folgen!«

Mit diesen Worten zog der Fürst sein Taschenbuch hervor und entnahm ihm ein kleines Bündel Banknoten.

»Sie sehen,« fuhr er fort, »ich war gegen Sie etwa um eine Woche zurück, aber ich will Sie einholen und Hals über Kopf mit Ihnen am Ziele anlangen. Das« – dabei legte er eine Banknote auf den Tisch – »wird für die Rechnung genügen. Und da ist der Rest.«

Damit warf er die Papiere ins Feuer, und sie gingen mit einem einzigen Aufflackern der Flamme den Schornstein hinauf.

Der junge Mann wollte ihm in den Arm fallen, kam aber, da der Tisch zwischen ihnen war, zu spät.

»Unglücklicher,« rief er, »Sie hätten nicht alle verbrennen sollen. Sie sollten vierzig Pfund behalten!«

»Vierzig Pfund?« wiederholte der Fürst. »Wozu denn in des Himmels Namen vierzig Pfund?«

»Warum nicht achtzig?« schrie der Oberst. »Denn ich weiß gewiß, daß das Päckchen hundert Pfund enthielt!«

»Nur vierzig Pfund waren nötig,« sagte der junge Mann düster. »Aber ohne sie ist kein Einlaß. Die Vorschrift ist unerläßlich. Jeder vierzig Pfund. Verfluchtes Leben, wenn man nicht einmal ohne Geld sterben kann!«

Der Prinz und der Oberst tauschten Blicke des Einverständnisses.

»Erklären Sie sich deutlicher,« sagte der letztere. »Mein Portemonnaie ist noch ziemlich gut versehen, und ich brauche nicht zu bemerken, wie gern ich mit Godall teile. Aber ich muß wissen, wozu, und Sie müssen Ihre Worte besser erklären.«

Der junge Mann schien aufzuwachen; seine Blicke wanderten unsicher von einem zum anderen, und eine tiefe Röte übergoß sein Gesicht.

»Haben Sie mich nicht zum besten?« fragte er. »Sie sind wirklich verlorene Leute wie ich?«

»Ich bin es in der Tat,« versetzte der Oberst.

»Und ich,« sagte der Prinz, »habe Ihnen den Beweis geliefert. Nur ein verlorener Mann wird sein Geld ins Feuer werfen. Ist diese Tat nicht sprechend genug?«

»Ein verlorener Mann – ja,« entgegnete argwöhnisch der andere, »oder auch ein Millionär!«

»Genug, mein Herr,« sagte der Prinz: »ich habe es gesagt, und ich bin nicht gewohnt, daß man meine Worte in Zweifel zieht.«

»Ruiniert?« rief der junge Mann. »Sie sind ruiniert wie ich? Bleibt Ihnen nach einem zügellosen Leben« – hier senkte sich seine Stimme – »nur noch eine Zügellosigkeit übrig? Wollen Sie den Folgen Ihrer Torheit auf dem einzigen sichern und bequemen Weg entgehen?«

Plötzlich brach er ab und versuchte zu lachen.

»Auf Euer Wohl!« rief er und leerte sein Glas, »und nun gute Nacht, Ihr lustigen ruinierten Männer!«

Als er sich erheben wollte, faßte ihn Oberst Geraldine am Arm.

»Sie haben kein Vertrauen zu uns, und das ist nicht recht. Auf alle Ihre Fragen antworte ich: Ja. Aber ich bin nicht so furchtsam und rede eine ungeschminkte Sprache. Auch wir haben vom Leben genug und sind entschlossen zu sterben. Früher oder später wollten wir vereint oder allein ohne Furcht den Tod suchen. Da wir Sie getroffen haben und bei Ihnen der Fall dringender liegt, so lassen Sie uns diese Nacht oder sofort und, wenn es Ihnen recht ist, alle drei zusammen den Schritt tun. Solch ein Bettlertrio,« rief er, »sollte Arm in Arm in Plutos Hallen treten und auch unter den Schatten zusammenhalten!«

Geraldines Bewegungen und Ausdruck waren seiner Rolle so angemessen, daß sich der Prinz selbst im ersten Augenblick beunruhigt fühlte und seinem Vertrauten einen Blick des Zweifels zuwarf. Das Gesicht des jungen Mannes aber überflog wieder eine tiefe Röte, und ein Lichtstrahl drang aus seinen Augen.

»Ihr seid meine Leute!« rief er mit einer fast schrecklichen Fröhlichkeit. »Geben Sie mir Ihre Hand darauf!« (Seine Hand war kalt und feucht.) »Sie haben keine Ahnung, in was für eine Gesellschaft Sie eintreten sollen! Sie haben keine Ahnung, welcher günstige Zufall Sie an meinen Rahmtörtchen teilnehmen ließ! Ich bin nur ein einzelner, aber ich gehöre zu einem ganzen Heer. Ich kenne den Privatzutritt zum Tode. Ich gehöre zu seinen Vertrauten und kann Ihnen einen Weg weisen, der ohne Zeremonie und doch ohne Skandal in die Ewigkeit führt.«

Sie drangen lebhaft in ihn, sich deutlicher auszulassen.

»Verfügen Sie über 80 Pfund zusammen?« fragte er.

Geraldine öffnete sein Taschenbuch und erwiderte: »Ja.« »Sie Glückliche!« rief der junge Mann. »40 Pfund kostet der Eintritt in den Selbstmordklub.«

»Der Selbstmordklub?« fragte der Prinz, »was zum Teufel ist das?«

»Hören Sie,« sagte der junge Mann; »wir leben in einem Zeitalter, in dem den Menschen alles bequem gemacht wird, und ich habe Ihnen von dem Modernsten in dieser Richtung Mitteilung zu machen. Wir haben bald hier, bald da zu tun, so wurden die Eisenbahnen erfunden. Aber noch blieben wir von unsern Freunden getrennt, so ersann man zu blitzschnellem Gedankenaustausch die Telegraphen. Aufzüge ersparen uns das Treppensteigen. Nun wissen wir, das Leben ist nur eine Bühne, auf der wir den Narren spielen, solange uns die Rolle gefällt. Es fehlte dem modernen Komfort nur noch an *einer* Bequemlichkeit, nämlich die Möglichkeit, die Bühne dezent und ohne Schwierigkeit zu verlassen, eine Hintertreppe zur Freiheit oder, wie ich eben sagte, ein Privatzutritt zum Tode. In diese Lücke, meine Todesbrüder, tritt der Selbstmordklub. Glauben Sie ja nicht, daß Sie und ich mit unserem sehr natürlichen Verlangen allein stehen oder eine seltene Ausnahme bilden. Sehr viele Kameraden, die des täglich sich wiederholenden Einerleis herzlich überdrüssig sind, lassen sich nur durch diese oder jene Erwägung zurückhalten. Manche haben Familien, denen sie die Aufregung und, wenn die Sache an die Öffentlichkeit käme, die Schande ersparen möchten; andere sind zu weichmütig und können über die unumgänglichen Handgriffe nicht hinauskommen. Das ist in gewissem Maße auch mein Fall. Ich kann mir das Pistol nicht an den Kopf setzen und den Drücker bewegen; etwas, das stärker ist als mein Wille, hält mich zurück; und obwohl mich das Leben anekelt, habe ich doch nicht die Kraft in mir, mir den Tod zu geben. Für solche Leute und alle, denen der Gedanke an einen postumen Skandal ein Greuel ist, hat sich der Selbstmordklub gebildet. Aber seine genaue Entstehung und Entwicklung wie über etwaige Zweigvereine in andern Ländern weiß ich selbst nichts, und über seine Organisation Mitteilung zu machen, ist mir nicht gestattet. Doch so weit stehe ich Ihnen zu Diensten, daß ich Sie, wenn Sie wirklich lebensmüde sind, heute zu einer Sitzung einführe; und wenn nicht heute, so werden Sie doch im Laufe der Woche von der Bürde Ihrer Existenz erlöst werden. Es ist jetzt elf Uhr, spätestens um halb zwölf Uhr müssen wir aufbrechen, so daß Sie noch eine halbe Stunde haben, um meinen Vorschlag zu überlegen. Es handelt sich um etwas Ernstlicheres,« fügte er lächelnd hinzu, »als meine Rahmtörtchen und, denke ich, auch etwas Schmackhafteres.«

»Ernstlicher ist es zweifellos,« versetzte Oberst Geraldine, »wollen Sie mir daher fünf Minuten gönnen, um die Sache privatim mit meinem Freunde besprechen zu können?«

»Das ist nicht mehr als billig,« antwortete der junge Mann. »Wenn Sie erlauben, ziehe ich mich zurück.«

»Sehr verbunden,« sagte der Oberst.

Kaum waren sie beide allein, so sagte Prinz Florisel: »Wozu diese Besprechung, Geraldine? Ich sehe, Sie sind aufgeregt; ich bin völlig ruhig und entschlossen. Ich will der Sache auf den Grund sehen.«

»Eure Hoheit,« sagte der Oberst erbleichend, »lasse mich die Bitte aussprechen, zu erwägen, welche Bedeutung Ihr Leben nicht nur für Ihre Freunde, sondern auch für die Allgemeinheit hat. Wenn nicht heute nacht – sagte dieser Tollhäusler; aber gesetzt, es träfe die Person Eurer Hoheit heute ein nicht wieder gut zu machendes Unheil, wie sollte ich meiner Verzweiflung steuern, wie groß wäre der Schade und die Trauer eines großen Volkes?«

»Ich will der Sache auf den Grund sehen,« wiederholte der Prinz in ruhigstem Tone, »und vergessen Sie, Oberst Geraldine, nicht Ihr Ehrenwort als Edelmann. Unter keinen Umständen dürfen Sie, es sei denn mit meiner ausdrücklichen Genehmigung, mein Inkognito enthüllen. Und nun schellen Sie, bitte, dem Kellner!«

Oberst Geraldine verneigte sich, aber sein Gesicht war sehr bleich, als er nach der Zeche fragte und den jungen Mann wieder hereinholte. Der Prinz zeigte sich unverändert und erzählte dem jungen Selbstmörder mit humoristischen Worten von einer neuen Theaterposse. Er wich den beredten Blicken des Obersten ungezwungen aus und verwandte auf die Auswahl einer neuen Zigarre noch mehr Sorgfalt als gewöhnlich. Er war in der Tat unter den drei Männern der einzige, der seine Nerven völlig in der Gewalt hatte.

Nachdem der Prinz die Rechnung bezahlt und dem erstaunten Kellner den Rest der Banknote gelassen hatte, bestiegen sie eine Droschke, die nach kurzer Fahrt am Eingange eines ziemlich dunklen Hofes hielt. Kaum waren sie hier ausgestiegen, so wandte sich der junge Mann an den Prinzen mit den Worten:

»Noch ist es Zeit, Herr Godall, und auch für Sie, Major Hammersmith; sagen Ihre Herzen nein, so hüten Sie sich, einen Schritt weiter zu gehen; hier scheiden sich die Wege.«

»Vorwärts,« sagte der Prinz. »Ich bin nicht der Mann, der von dem einmal gefaßten Entschluß absteht.«

»Ihre Ruhe gefällt mir,« erwiderte der junge Führer. »Noch keinen habe ich in dieser Lage so unerschüttert gesehen, und Sie sind nicht die ersten, die ich hierher begleite. Mehr als einer von meinen Freunden ist mir vorausgegangen, während ich wußte, daß ich bald an die Reihe käme. Doch das ist für Sie ohne Interesse. Warten Sie einige Augenblicke; ich bin wieder hier, sobald ich das Nötige betreffs Ihrer Zulassung verabredet habe.«

Damit schritt er in den Hof und verschwand durch eine Tür.

»Von allen Ihren Streichen,« sagte der Oberst Geraldine mit leiser Stimme, »ist das der wildeste und gefährlichste.«

»Das ist durchaus meine Meinung,« versetzte der Prinz. »Es ist uns,« fuhr der Oberst fort, »noch ein Moment gelassen. Lassen mich Eure Hoheit flehentlich bitten, die Gelegenheit wahrzunehmen und sich zurückzuziehen. Die Folgen dieses Schrittes liegen so sehr im Dunklen und können so ernst sein, daß ich entschuldigt zu sein glaube, wenn ich die Freiheit, die mir Eure Hoheit im Privatumgang gestattet, so weit treibe.«

»Soll das heißen, daß Oberst Geraldine Furcht hat?« fragte der Prinz, indem er den andern durchdringend anblickte.

»Meine Furcht gilt sicher nicht meiner eigenen Person,« erwiderte Geraldine mit Stolz; »davon kann Eure Hoheit überzeugt sein.«

»Das hatte ich erwartet,« entgegnete der Prinz, »aber ich wollte Sie nicht gern an den Unterschied unserer Stellung erinnern. Nichts weiter,« fügte er hinzu, als er sah, daß Geraldine sich entschuldigen wollte. »Sie sind entschuldigt.«

Und er rauchte, an ein Gitter gelehnt, gleichmütig seine Zigarre, bis der junge Mann zurückkehrte.

»Nun,« fragte er, »will man uns aufnehmen?«

»Folgen Sie,« war die Antwort. »Der Präsident will Sie sprechen. Und achten Sie meine Warnung und antworten ihm offen. Ich habe für Sie gutgesagt, aber vor der Zulassung werden Sie einem Verhör unterworfen; denn die Indiskretion eines einzelnen Mitgliedes würde die gänzliche Auflösung des Klubs zur Folge haben.«

Der Prinz und Geraldine steckten einen Augenblick die Köpfe zusammen. »Ich stelle … vor,« sagte der eine, und »ich …« sagte der andere, und indem sie die Rollen von Bekannten übernahmen, hatten sie sich im Moment verständigt und waren bereit, ihrem Führer in das Präsidentenzimmer zu folgen. Besondere Schrecknisse waren beim Weitergehen nicht zu bestehen. Die äußere Tür stand offen, die Tür zum Präsidentenzimmer war nur angelehnt, und hier, in einem kleinen, aber sehr hohen Zimmer, ließ sie der junge Mann allein, indem er äußerte: »Er wird sofort hier sein.« Durch die Rolltüre, die das Zimmer auf einer Seite abschloß, hörte man Stimmen, von Zeit zu Zeit ward das Geräusch der Unterhaltung vom Knallen der Champagnerpfropfen und lautem Gelächter unterbrochen. Ein einziges hohes Fenster schaute nach der Themse hin, und aus der Verteilung der Lichter zogen sie den Schluß, daß sie nicht fern von Charing Croß wären. Die Ausstattung des Zimmers war dürftig, die Möbel alt, die Überzüge abgeschabt; sonst befand sich nichts im Zimmer außer einer Handglocke auf dem runden Tisch in der Mitte und einer ziemlichen Anzahl von Hüten und Überröcken, die überall an den Wänden hingen.

»In was für einer Höhle befinden wir uns?« sagte Geraldine.

»Das werden wir bald sehen,« versetzte der Prinz. »Ich denke, die Sache kann unterhaltend werden.«

In diesem Augenblick öffnete sich die Rolltüre so weit, daß eben ein menschlicher Körper durchschlüpfen konnte; ein lauteres Stimmengewirr drang in den Raum, und es trat herein der Präsident des Selbstmordklubs. Er war ein Mann von mindestens fünfzig Jahren, hochgewachsen, mit unsicherem Tritt, langem Backenbart, einem Kahlkopf und matten grauen Augen, aus denen von Zeit zu Zeit ein Blitz hervorbrach. Seinen Mund, in dem eine große Zigarre steckte, verzog er beständig in eigentümlicher Weise, während er die Fremden mit scharfen und kühlen Blicken maß. Seine Kleidung war aus leichtem Wollenzeug, sein Hals steckte in einem weiten, gestreiften Hemdkragen, unter einem Arm trug er ein kleines Buch.

»Guten Abend,« sagte er, nachdem er die Tür hinter sich geschlossen hatte, »man sagt mir, Sie wünschen mich zu sprechen.«

»Wir wünschen in den Selbstmordklub einzutreten,« versetzte der Oberst.

Der Präsident rollte, statt zu antworten, seine Zigarre im Munde herum.

»Was ist das?« sagte er plötzlich.

»Entschuldigen Sie,« entgegnete der Oberst, »aber ich glaube, Sie können darüber am besten Auskunft geben.«

»Ich?« rief der Präsident. »Ein Selbstmordklub? Das ist ein Aprilscherz. Beim Wein lasse ich mir solchen Spaß gefallen, – aber was soll das hier?«

»Nennen Sie Ihren Klub, wie Sie wollen,« sagte der Oberst, »Sie haben da Gesellschaft hinter der Türe, und wir wollen uns ihr anschließen.«

»Sie sind im Irrtum,« erwiderte der Präsident kurz. »Dies ist ein Privathaus, das Sie sofort zu verlassen haben.«

Der Prinz war während dieser kurzen Unterhaltung ganz ruhig auf seinem Stuhle sitzengeblieben; als ihn nun aber der Oberst anblickte, als wenn er sagen wollte: »Laß dir das gesagt sein, und laß uns um Gottes willen gehen«, nahm er seine Havanna aus dem Munde und sagte:

»Ich bin auf die Einladung eines Ihrer Freunde hergekommen. Er hat Ihnen zweifellos von meiner Absicht, mich Ihrer Gesellschaft anzuschließen, Mitteilung gemacht. Vergessen Sie nicht, daß eine Person in meiner Lage wenig Rücksichten kennt und nicht gewillt ist, sich so behandeln zu lassen. Ich bin für gewöhnlich ein sehr ruhiger Mann, aber, mein werter Herr, Sie werden entweder meinen kleinen Wunsch erfüllen oder es bitter bereuen, mich jemals in Ihr Vorzimmer gelassen zu haben.«

Der Präsident lachte laut.

»So muß man reden,« sagte er. »Sie sind ein ganzer Mann. Sie kennen den Weg zu meinem Herzen und können mit mir nach Belieben schalten. Wollen Sie,« wandte er sich an Geraldine, »wollen Sie auf ein paar Minuten beiseite treten? Ich will zunächst mit Ihrem Genossen ins reine kommen, und die Klubgesetze schreiben eine Einzelprüfung vor.«

Damit öffnete er die Tür zu einem kleinen Seitengemach, das er hinter Geraldine abschloß.

»Ich vertraue Ihnen,« sagte er zu Florisel, sobald sie allein waren, »aber sind Sie Ihres Freundes ganz sicher?«

»Nicht in dem Maße wie meiner selbst, wenn seine Gründe auch zwingender sind,« antwortete Florisel, »aber sicher genug, um ihn unbesorgt hierher bringen zu können. In seinem Fall würde wohl auch der Zäheste lebenssatt werden. Er ist erst gestern wegen Falschspielens kassiert worden.«

»Der Grund ist nicht schlecht, meiner Treu,« erwiderte der Präsident; »wenigstens haben wir einen zweiten im gleichen Falle, und ich bin seinethalben beruhigt. Waren Sie auch im Dienst?«

»Ja,« war die Antwort, »aber ich war zu träge und quittierte ihn bald.«

»Warum wollen Sie das Leben los sein?« forschte der Präsident weiter.

»Aus demselben Grunde, wie mir scheint,« antwortete der Prinz, »wegen unverbesserlicher Trägheit.«

Der Präsident fuhr auf. »Verdammt,« sagte er, »Sie müssen einen bessern Grund haben.«

»Ich habe keine Mittel mehr,« fügte Florisel hinzu. »Das ist natürlich eine Plage mehr und bringt meine Trägheit zu einem kritischen Punkt.«

Der Präsident rollte einige Sekunden seine Zigarre im Munde herum und richtete dabei seinen Blick starr auf den ungewöhnlichen Todeskandidaten, aber der Prinz bestand die Prüfung, ohne zu zucken.

»Hätte ich nicht eine Ziemliche Erfahrung,« sagte schließlich der Präsident, »so würde ich Sie abweisen. Aber ich kenne die Welt und weiß, daß die frivolsten Selbstmordgründe oft am hartnäckigsten festgehalten werden. Und wenn ein Mann so nach meinem Geschmack ist wie Sie, mein Herr, so würde ich lieber von den Bedingungen etwas nachlassen, als ihn abweisen.«

Der Prinz und der Oberst wurden nacheinander einem langen und eindringenden Verhör unterworfen, der Prinz allein, aber Geraldine in Gegenwart des Freundes, so daß der Präsident den Ausdruck des einen beobachten konnte, während der andere unter scharfem Kreuzverhör stand. Das Ergebnis war zufriedenstellend, und nachdem der Präsident über jeden Fall ein paar Notizen in seinem Buch gemacht hatte, ließ er jeden einen Eid ablegen, durch den sich der Schwörende zum völligsten passiven Gehorsam verpflichtete und sich in der denkbar striktesten Weise band. Ein Mann, der diesen schrecklichen Eid brach, konnte keine Spur von Ehre oder von religiösem Trost mehr für sich haben. Florisel unterzeichnete die Erklärung nicht ohne Schauder, der Oberst folgte seinem Beispiel mit einem Ausdruck großer Niedergeschlagenheit. Darauf nahm der Präsident das Eintrittsgeld in Empfang und führte die beiden Freunde ohne weiteres in das Rauchzimmer des Selbstmordklubs.

Dieses Zimmer war ebenso hoch, aber viel größer als das erste und mit einer, Getäfel von Eichenholz imitierenden Tapete bedeckt. Ein mächtiges, lustig flackerndes Kaminfeuer und zahlreiche Gasflammen erhellten den Raum und seine Insassen auf das beste. Mit dem Prinzen und seinem Begleiter zählte man achtzehn Personen, von denen die meisten rauchten und Schaumwein tranken; es herrschte eine fieberische Ausgelassenheit, unterbrochen von plötzlichen, durch den Gegensatz unheimlich wirkenden Pausen.

»Ist die Gesellschaft heute gut besucht?« fragte der Prinz.

»Nicht besonders,« sagte der Präsident. »Nebenbei bemerkt, wenn Sie über Geld verfügen, es ist Sitte, einige Flaschen Champagner zum besten zu geben. Das macht Leben und gehört auch zu meinen kleinen Nebeneinnahmen.«

»Hammersmith,« sagte Florisel, »ich denke, Sie sorgen für den Wein.«

Damit wandte er sich ab und mengte sich unter die Gäste. Gewöhnt, in den höchsten Kreisen den Wirt zu spielen, machte er überall einen gewinnenden und dominierenden Eindruck. Seine Anrede hatte zugleich etwas Bestechendes und Imponierendes, und dazu verlieh ihm seine außergewöhnliche Kaltblütigkeit noch ein besonderes Übergewicht in dieser halb wahnwitzigen Versammlung. Während er von einem zum andern schritt, hielt er Augen und Ohren offen, und bald hatte er eine allgemeine Vorstellung davon, welcher Klasse von Leuten seine Umgebung angehörte. Wie in allen öffentlichen Lokalen überwog auch hier ein Typus: Leute in der Blüte der Jugend mit allen Anzeichen der Intelligenz und Empfänglichkeit, aber mit anscheinend geringer Willensstärke oder den Eigenschaften, die Erfolg versprechen. Wenige waren hoch in den dreißig und viele unter zwanzig. Sie standen, sich an die Tische lehnend und die Füße hin und her schiebend; bald rauchten sie sehr schnell, und bald ließen sie wieder ihre Zigarren ausgehen; manche sprachen gut, aber das Gespräch anderer zeugte nur von nervöser Spannung und war ohne Witz und Ziel. Mit jeder neuen Champagnerflasche steigerte sich die Ausgelassenheit in merklicher Weise. Nur zwei Personen hatten sich gesetzt, die eine saß auf einem Stuhl in der Fensternische mit herabhängendem Kopfe und in die Hosentaschen vergrabenen Händen, sie war bleich, mit Schweiß bedeckt und sprach kein Wort, ein wahres Wrack an Leib und Seele; die andere hatte sich auf dem Diwan neben dem Kamin niedergelassen und zog durch ihre auffallende Erscheinung die Aufmerksamkeit auf sich. Dieser Mann war wahrscheinlich über vierzig Jahre alt, sah aber reichlich zehn Jahre älter aus, und Florisel kam es vor, als hätte er niemals einen von Natur häßlicheren Menschen gesehen oder einen Körper, der deutlichere Spuren der Verheerung durch Krankheit und ein leidenschaftliches Leben gezeigt hätte. Er war nichts als Haut und Knochen, teilweise gelähmt, und trug eine so scharfe Brille, daß seine Augen dahinter stark vergrößert und ganz verzerrt aussahen. Außer dem Prinzen und dem Präsidenten war er die einzige Person im Zimmer, die keine Aufregung verriet.

Von guter Lebensart und Wohlanständigkeit war wenig zu spüren. Manche brüsteten sich mit ihren entehrenden Handlungen, deren Folgen sie hierher gebracht hatten, und die andern hörten ohne Mißbilligung zu. Die Stimme der Moral ward hier nicht mehr laut, und wer einmal Mitglied des Klubs geworden war, genoß schon in gewissem Maße die Vorrechte eines Verstorbenen. Trinksprüche auf das gegenseitige Angedenken und auf bekannte Selbstmörder wurden ausgebracht. Man tauschte die Ansichten über den Tod und den Zustand nach dem Tode aus, wobei manche die Erwartung aussprachen, in bloße Finsternis und völlige Vernichtung überzugehen, andere noch in derselben Nacht die Sterne zu erklimmen und ein neues Leben zu beginnen hofften.

»Dem unvergänglichen Andenken an den Baron Trenck, das Muster aller Selbstmörder!« rief einer. »Aus einer engen Zelle ging er hinüber in eine noch engere, um so die Freiheit zu erringen.«

»Ich für mein Teil,« sagte ein zweiter, »wünsche mir nichts weiter als eine Binde vor die Augen und Baumwolle in die Ohren. Nur gibt es auf Erden keine Baumwolle, die dick genug wäre.«

Ein dritter hoffte in seinem künftigen Zustande die Rätsel des Lebens lösen zu können; und ein vierter erklärte, er wäre dem Klub niemals beigetreten, wenn ihn nicht Darwins Theorie dazu gebracht hätte.

»Es war mir,« sagte dieser bemerkenswerte Selbstmörder, »der Gedanke unerträglich, daß ich von einem Affen abstammen sollte.«

Im ganzen fühlte sich der Prinz durch das Gebaren und die Unterhaltung der Mitglieder enttäuscht und abgestoßen.

Wozu, dachte er, diese Umstände? Ist einer entschlossen, sich das Leben zu nehmen, mag er's in Gottes Namen mit Anstand tun. Dieses Geschwätz und große Geschrei darum ist mir zuwider.

Inzwischen fiel der Oberst Geraldine den schwärzesten Befürchtungen zur Beute. Noch waren der Klub und seine Gesetze ein Geheimnis für ihn, und er schaute nach einem aus, der ihn darüber aufklären könnte. Dabei fiel sein Auge auf den Gelähmten mit der starken Brille, und da ihm dieser völlig gefaßt und ruhig zu sein schien, so ersuchte er den geschäftig hin und her eilenden Präsidenten, ihn mit dem Herrn auf dem Diwan bekannt zu machen.

Der Vorsitzende erklärte diese Formalität zwischen Klubbrüdern für überflüssig, stellte den Obersten aber nichtsdestoweniger Herrn Malthus vor.

Der letztere schaute den Fremden neugierig an und ersuchte ihn sodann, sich zu seiner Rechten niederzulassen.

»Sie sind ein Neuling,« sagte er. »und wünschen Auskunft? Sie haben sich an die rechte Quelle gewandt. Es ist zwei Jahre her, als ich zum ersten Male diesen Verein besuchte.«

Der Oberst atmete auf. Wenn Herr Malthus seit zwei Jahren Mitglied war, so konnte eine einzige Nacht schwerlich so gefährlich für den Prinzen sein. Immerhin konnte er nicht alle Bedenken loswerden, auch fürchtete er, das Opfer einer Mystifikation zu sein.

»Wie,« rief er, »zwei Jahre! Ich dachte aber ich merke schon, Sie scherzen nur.«

»Keineswegs,« versetzte Herr Malthus. »Ich befinde mich in einem besonderen Falle, ich bin überhaupt kein richtiges Mitglied, sondern eine Art von Ehrenmitglied. Selten komme ich des Monats zweimal in den Klub. Meine Gebrechlichkeit und die Freundlichkeit des Präsidenten haben mir dieses kleine Vorrecht verschafft, wofür ich außerdem das Doppelte zu zahlen habe. Dazu war ich aber ausnahmsweise vom Glück begünstigt.«

»Ich muß Sie leider,« sagte der Oberst, »um genauere Auskunft bitten. Bedenken Sie, daß ich die Klubbestimmungen so gut wie gar nicht kenne.«

»Ein gewöhnliches Mitglied, das wie Sie als Todeskandidat hierher kommt,« versetzte Herr Malthus, »kehrt jeden Abend wieder, bis es vom Los getroffen wird. Es erhält sogar, wenn es mittellos ist, vom Präsidenten Kost und Wohnung, gut und reinlich, nehme ich an, wenn auch natürlich nicht üppig, was ja in Anbetracht des geringfügigen Abonnements (wenn ich so sagen darf) kaum zu verlangen ist. Und dann ist die Gesellschaft des Präsidenten schon an sich ein Genuß.«

»Wirklich?« rief Geraldine, »auf mich hat er keinen sonderlich anziehenden Eindruck gemacht.«

»Ja,« sagte Herr Malthus, »Sie kennen den Mann nicht: der drolligste Kauz! Was für Schnurren! Welcher Zynismus! Er kennt das Leben wie kaum ein zweiter und ist, unter uns gesagt, einer der abgefeimtesten Schurken in der ganzen Christenheit.«

»Und er ist also ebenfalls,« fragte der Oberst, »wenn Sie mir den Ausdruck gestatten, ein dauernder Stammgast hier, wie Sie selbst?«

»Ja, er ist dauernd in ganz anderm Sinne als ich,« erwiderte Herr Malthus. »Mich hat man gnädig aufgespart, zuletzt komme ich doch dran. Er dagegen spielt niemals mit. Er mischt die Karten und teilt sie aus und arrangiert alles Weitere. Dieser Mann, mein lieber Herr Hammersmith, ist in seiner Art ein verkörpertes Genie. Drei Jahre lang hat er in London seinen segensreichen und, ich kann wohl sagen, künstlerischen Beruf ausgeübt; und es hat sich niemals auch nur der Schatten eines Argwohns gegen ihn geregt. Ich halte ihn für inspiriert. Zweifellos erinnern Sie sich noch an den aufsehenerregenden Fall, als vor sechs Monaten ein Herr in einer Drogenhandlung zufällig vergiftet ward. Das war eine seiner mindest geistreichen Taten, und doch, wie einfach, wie sicher!«

»Sie setzen mich in Erstaunen,« sagte der Oberst. »Gehörte jener Unglückliche zu den« – er wollte sagen »Opfern«, besann sich aber noch und sagte: »Mitgliedern des Klubs?«

Zugleich kam ihm der Gedanke, daß aus der Art und dem Tone, in dem Herr Malthus sprach, nichts weniger als Sehnsucht nach dem Tode herausklang, und er setzte schnell hinzu:

»Aber ich merke, ich bin noch ganz im Dunkeln, Sie sprechen von Kartenmischen und -verteilen; was bedeutet das? Und da Sie den Tod nicht herbeizuwünschen scheinen, so verstehe ich nicht, muß ich bekennen, was Sie herführt.«

»Sie haben recht, Sie sind im dunkeln,« versetzte Herr Malthus mit gesteigerter Lebhaftigkeit. »Dieser Klub, mein Herr, ist eine Stätte geistigen Taumels. Erlaubte mir mein geschwächter Körperzustand, die Aufregung öfter zu ertragen, verlassen Sie sich darauf, ich würde häufiger hier sein. Nur ein starkes Pflichtgefühl, wie es sich während langer Krankheit und geregelter Lebensweise entwickelt hat, hält mich von Exzessen in dieser, ich kann sagen, meiner letzten Ausschweifung zurück. Ich habe alle kennengelernt,« fuhr er fort und legte seine Hand auf Geraldines Arm, »alle ohne Ausnahme, und ich erkläre Ihnen auf meine Ehre, man hat sie sämtlich viel zu hoch angeschlagen. Die Menschen spielen mit der Liebe. Die Liebe ist aber gar keine starke Leidenschaft. Furcht ist das eine mächtigste Gefühl; mit der Furcht müssen Sie spielen, wollen Sie den größten geistigen Kitzel empfinden. Beneiden Sie mich – beneiden Sie mich,« setzte er kichernd hinzu, »ich bin eine Memme!«

Geraldine konnte nur mit Mühe eine Gebärde des Abscheus unterdrücken; doch bezwang er sich und fuhr fort:

»Auf welche Weise wird die Aufregung künstlich verlängert, und wo liegt das Element der Ungewißheit?«

»Ich muß Ihnen mitteilen,« entgegnete Herr Malthus, »wie man jeden Abend das Opfer auswählt, und nicht nur das Opfer, sondern noch ein zweites Mitglied, das als Instrument des Klubs dient und als Hoherpriester des Todes zu wirken hat.«

»Mein Gott,« sagte der Oberst, »sie töten einander?«

»Man ist auf diese Weise der Mühe des Selbstmords überhoben,« bestätigte Herr Malthus.

»Gnädiger Himmel!« stieß der Oberst hervor, »und können Sie – kann ich – kann der – mein Freund, meine ich, kann irgendeiner von uns heute abend zum Mörder eines andern ausgewählt werden? Ist das unter denkenden Wesen, die eine Mutter gehabt haben, möglich? O schändlichste aller Schändlichkeiten!«

Er wollte entsetzt aufspringen, als er dem Auge des Prinzen begegnete, der ihm über das Zimmer einen unzufriedenen und warnenden Blick zuwarf. Sofort war Geraldine wieder Herr seiner Sinne.

»Warum auch nicht?« sagte er, »und da Sie sagen, das Spiel sei interessant, so mag meinetwegen das Schiff vom Stapel gehen, ich folge der Flagge.«

Herr Malthus hatte mit Vergnügen des andern Entsetzen und Abscheu bemerkt. Er war stolz auf seine Verderbtheit und freute sich, an einem andern eine edle Regung zu bemerken, über die er sich in seiner Verstocktheit weit erhaben fühlte.

»Sie sind, scheint es, jetzt nach Ihrer ersten Überraschung imstande, die Reize, die unser Verein bietet, zu würdigen. Er vereint, wie Sie sehen, die Aufregung des Spieltisches, des Duells und des römischen Amphitheaters. Die alten Heiden verdienen Bewunderung für ihren raffinierten Geschmack, aber erst einem christlichen Lande war es vorbehalten, zu dieser höchsten Höhe geistigen Rausches emporzusteigen. Sie werden begreifen, wie eitel einem Mann, der hieran Geschmack gefunden, alle andern Unterhaltungen vorkommen müssen. Unser Spiel ist äußerst einfach,« fuhr er fort. »Ein volles Spiel Karten – aber ich sehe, die Sache soll in Wirklichkeit soeben vor sich gehen. Wollen Sie mir Ihren Arm leihen? Ich bin leider gelähmt.«

Und in der Tat öffnete sich, als Herr Malthus mit seiner Beschreibung anfing, eine zweite Rolltüre, und der ganze Klub begab sich in das nächste Zimmer. Dieses war, von der Möblierung abgesehen, dem Rauchzimmer fast völlig gleich. In der Mitte stand ein langer, grüner Tisch, an dem der Präsident saß und mit peinlicher Sorgfalt ein Spiel Karten mischte. Trotz seines Stockes und des unterstützenden Arms kam Herr Malthus so langsam vorwärts, daß dieses Paar und der Prinz, der auf sie gewartet hatte, zuletzt ins Zimmer traten und daher auch unten am Tisch beieinander zu sitzen kamen.

»Es ist ein Spiel von 52 Karten,« flüsterte Herr Malthus. »Achten Sie auf das Pikas, das Zeichen des Todes, und das Treffas, das den Ausführenden bestimmt. Glückliche, glückliche junge Männer!« fügte er hinzu. »Sie haben gute Augen, Sie können das Spiel verfolgen. Ich kann aber von hier aus ein As von einer Zwei nicht unterscheiden.«

Und dabei setzte er sich noch eine zweite Brille auf.

»Ich muß wenigstens den Ausdruck der Gesichter beobachten,« erklärte er.

Der Oberst teilte seinem Freunde in wenigen leisen Worten mit, was er erfahren hatte, und welche gräßliche Alternative vor ihnen lag. Der Prinz fühlte, wie ihn ein tödlicher Schauder überlief und sein Herz sich zusammenzog; er glaubte, ersticken zu müssen, und der Ausdruck entsetzlicher Verlegenheit malte sich auf seinem Gesicht.

»Ein kühner Entschluß,« flüsterte der Oberst, »und wir können uns noch frei machen.«

Aber diese Worte ließen den Prinzen seine Fassung wiedergewinnen.

»Ruhig!« sagte er. »Zeigen Sie, daß Sie wie ein Mann spielen können, gleichviel um welchen Einsatz.« Und er schaute herum, allem Anschein nach ganz gefaßt, wenn auch sein Herz heftig pochte und es ihm unangenehm heiß ward. Die Mitglieder waren sämtlich still und äußerst gespannt, ihre Mienen sahen bleich aus, bei keinem mehr als bei Herrn Malthus. Seine Augen quollen hervor, sein Kopf wackelte unwillkürlich hin und her; die Hände fuhren fortwährend zum Munde und krallten sich an den zitternden und aschfarbenen Lippen fest. Das Ehrenmitglied bezahlte offenbar einen hohen Preis für seine Mitgliedschaft.

»Achtung, meine Herren!« sagte der Präsident. Und er verteilte die Karten langsam von rechts nach links und wartete jedesmal, bis der Empfänger seine Karte aufgedeckt hatte. Fast jeder zögerte; und manchem versagten die Finger mehr als einmal den Dienst, ehe er das Blatt umwenden konnte. Je näher der Moment heranrückte, wo der Prinz an die Reihe kommen sollte, um so mehr wuchs seine Aufregung, die schließlich fast unbezwingbar ward; aber er hatte doch etwas von einer Spielernatur in sich und war erstaunt, zugleich ein gewisses Vergnügen zu empfinden. Treffneun ward ihm zuteil und Geraldine Pikdrei. Malthus, der einen Seufzer der Erleichterung nicht zurückhalten konnte, hatte Herzdame. Kurz darauf deckte der junge Mann mit den Rahmtörtchen das Treffas auf und hielt starr vor Entsetzen die Karte in der Hand; nicht um zu töten, sondern um den Tod zu finden war er gekommen; und der Prinz vergaß aus Mitgefühl mit seiner Lage die Gefahr, die ihn und seinen Freund noch bedrohte.

Die Runde erfüllte sich zum zweiten Male, und noch war die Todeskarte nicht gefallen. Die Spieler atmeten kaum. Der Prinz erhielt wieder ein Treff, Geraldine ein Karo. Als aber Malthus sein Blatt umwandte, kam aus seinem Munde ein schrecklicher Ton, wie wenn etwas zerbräche; er erhob sich von seinem Sitze und ließ sich wieder nieder, alle Lähmung schien verschwunden. Vor ihm lag Pikas. Das Ehrenmitglied hatte einmal zu oft mit seinem Leben gespielt.

Sofort begann nun die Unterhaltung von neuem. Die starre Haltung der Spieler löste sich, sie erhoben sich und gingen zu zweien oder dreien ins Rauchzimmer zurück. Der Präsident streckte seine Arme aus und gähnte wie ein Mann, der sein Tagewerk vollendet hat. Nur Herr Malthus saß auf seinem Platze, den Kopf in den auf dem Tische ruhenden Händen wie berauscht und regungslos, ein Bild völliger Gebrochenheit.

Der Prinz und Geraldine entfernten sich sofort. In der kalten Nachtluft verdoppelte sich noch ihr Entsetzen über das, was sie erlebt hatten.

»Wehe!« rief der Prinz, »daß ich mich durch einen solchen Eid gebunden habe! Daß ich diesem geschäftsmäßigen Morden keinen Einhalt tun kann! Ob ich es wage, mein Wort zu brechen?«

»Das ist,« versetzte der Oberst, »für Eure Hoheit, deren Ehre Böhmens Ehre ist, unmöglich. Aber ich kann und darf es ohne Schande tun.«

»Geraldine,« sagte der Prinz, »sollte Ihre Ehre bei einem der Abenteuer, die Sie mit mir bestehen, leiden, so werde ich Ihnen dies niemals verzeihen und – ich glaube, das wird Ihnen noch mehr gelten – auch mir selbst würde ich das nie vergeben können.«

»Eure Hoheit hat zu gebieten,« erwiderte der Oberst. »Wollen wir diesen verfluchten Ort verlassen?«

»Ja,« sagte der Prinz. »Rufen Sie eine Droschke, ich will versuchen, in nächtlichem Schlummer den Greuel dieser Nacht zu vergessen.«

Doch las er auf der nächsten Straßentafel sorgfältig die Aufschrift Box-Court, ehe er das Fuhrwerk bestieg.

Sobald sich der Prinz am nächsten Tage erhob, brachte ihm Geraldine ein Zeitungsblatt, in dem folgende Notiz stand:

Trauriger Unglücksfall. Heut morgen gegen 2 Uhr fiel Herr Bartholomäus Malthus, wohnhaft 16, Chestow Place, Westbourne Grove, auf dem Heimwege von einer Gesellschaft über das obere Geländer des Trafalgar Square, zerschmetterte sich den Kopf und brach ein Bein und einen Arm. Der Tod trat augenblicklich ein. Herr Malthus, den ein Freund begleitete, sah sich gerade nach einer Droschke um. Da er gelähmt war, nimmt man an, sein Sturz war die Folge eines neuen paralytischen Anfalls. Der Verunglückte bewegte sich in den angesehensten Kreisen, und sein Tod wird allgemein und aufrichtig bedauert.

»Wenn jemals eine Seele geradeswegs zur Hölle ging,« sagte Geraldine, »so war es seine.«

Der Prinz barg sein Antlitz in seinen Händen und verharrte in Schweigen.

»Es freut mich fast,« fuhr der Oberst fort, »ihn tot zu wissen. Aber um den jungen Mann mit den Rahmtörtchen, muß ich bekennen, blutet mir das Herz.«

»Geraldine,« sagte der Prinz und erhob sein Gesicht, »der arme Bursche war gestern abend so schuldlos wie Sie und ich; und heute morgen drückt eine Blutschuld seine Seele. Wenn ich an den Präsidenten denke, fühle ich einen Stich im Herzen. Noch weiß ich nicht wie, aber jener Schurke soll mir, so wahr ein Gott im Himmel ist, büßen. Was für eine Erfahrung, was für eine Lehre, was für ein Kartenspiel!«

»Eins,« sagte der Oberst, »nach dem man nicht zum zweiten Male verlangt!«

Der Prinz erwiderte lange nichts, und Geraldine ward unruhig.

»Sie können doch nicht noch einmal hingehen wollen?« sagte er. »Sie haben schon genug ausgestanden und zu viel Entsetzliches gesehen. Die Pflichten Ihrer hohen Stellung erlauben Ihnen nicht, noch einmal mit dem Geschick zu spielen.«

»Was Sie sagen, ist nicht unberechtigt,« versetzte Prinz Florisel, »und ich bin selbst mit meinem Entschluß unzufrieden. Was steckt in den Kleidern des mächtigsten Herrschers anderes als ein Mensch? Niemals habe ich meine Schwachheit lebhafter empfunden als jetzt, aber ich kann sie nicht überwinden. Kann ich aufhören, an dem Geschick des jungen Mannes, der vor ein paar Stunden mit uns speiste, Anteil zu nehmen? Kann ich den Präsidenten seine nichtswürdige Laufbahn fortsetzen lassen? Kann ich ein so verführerisches Abenteuer plötzlich abbrechen? Nein, Geraldine, Sie verlangen vom Fürsten mehr, als der Mensch leisten kann. Wir wollen heute nacht noch einmal nach Box-Court gehen und am Spieltisch des Selbstmordklubs Platz nehmen.«

Der Oberst fiel auf die Knie.

»Will Eure Hoheit mein Leben?« rief er. »Da ist es; aber nur dies nicht, unternehmen Sie dieses gräßliche Wagnis nicht noch einmal!«

»Oberst Geraldine,« versetzte der Prinz mit stolzer Hoheit, »Ihr Leben ist Ihr unbeschränktes Eigentum. Ich erwartete nur Gehorsam, und wird mir der nur widerwillig geleistet, so muß ich auf ihn verzichten. Noch ein Wort: Sie haben sich in dieser Angelegenheit schon genugsam als unberufenen Ratgeber erwiesen.«

Der Oberstallmeister war aufgesprungen.

»Eure Hoheit,« sagte er, »darf ich für heute nachmittag um Urlaub bitten? Ich wage mich als Mann von Ehre nicht noch einmal in jenes Haus des Todes, ohne vorher meine Angelegenheiten in Ordnung gebracht zu haben. Eure Hoheit wird, verspreche ich, nichts mehr auszusetzen finden an dem ergebensten und dankbarsten ihrer Diener.«

»Mein lieber Geraldine,« entgegnete der Prinz, »nur mit Widerstreben sehe ich mich gezwungen, meinen Rang, hervorzukehren. Verfügen Sie nach Belieben über den Tag, aber seien Sie vor elf Uhr wieder in derselben Verkleidung zur Stelle.«

Die Klubsitzung war am zweiten Abend nicht so gut besucht, und als die beiden Freunde das Rauchzimmer betraten, waren nicht sechs Personen anwesend. Seine Hoheit nahm den Präsidenten beiseite und beglückwünschte ihn zu der glatten Abwicklung des Malthusschen Falles.

»Ich schätze die Befähigung in allen Fällen,« sagte er. »Ihre Aufgabe ist delikater Natur, aber Sie verstehen sie trefflich zu lösen.«

Der Präsident fühlte sich nicht wenig geschmeichelt.

»Armer Freund Malthus,« sagte er, »ich kann mir den Klub kaum ohne ihn denken. Meine Kunden sind zumeist Knaben, poetisch angehauchte Knaben und keine Gesellschaft für mich. Nicht als ob nicht auch Malthus seine Poesie gehabt hätte, aber die war mir verständlicher.«

»Ich kann mir wohl denken, daß Sie Sympathie mit Herrn Malthus empfinden,« versetzte der Prinz. »Er schien mir ein seltenes Original zu sein.«

Der junge Mann mit den Rahmtörtchen war im Zimmer, aber, äußerst niedergedrückt und schweigsam. Vergebens suchte der Prinz ein längeres Gespräch mit ihm anzuknüpfen.

»Ach,« rief er, »hätte ich Sie doch niemals an diesen Ort der Schande gebracht! Hinweg von mir mit Ihren reinen Händen! O hätten Sie den Schrei des alten Mannes und das Krachen seines gegen das Pflaster schlagenden Körpers gehört! Wenn Sie mir noch eine Wohltat gönnen, so wünschen Sie mir heute nacht das Pikas!«

Einige Mitglieder stellten sich noch ein, aber es war eben erst das Teufelsdutzend (13) voll, als man sich am Spieltisch niederließ. Der Prinz empfand wieder trotz seiner Aufregung eine Art Genuß; wunderbar war es ihm, daß sich Geraldine so viel gefaßter zeigte als am Abend vorher.

Es ist doch merkwürdig, dachte er, daß ein entschiedener Wille einen solchen Einfluß über den Geist des jungen Mannes ausübt.

»Achtung, meine Herren!« rief der Präsident und fing an, die Karten auszuteilen.

Bei dreimaliger Runde war noch keine von den beiden Stichkarten herausgekommen, und die Aufregung war übermächtig, als die letzte entscheidende Runde begann. Der Prinz, der an zweiter Stelle links vom Austeiler saß, mußte die vorletzte Karte erhalten. Der dritte Spieler hob ein schwarzes As, es war das Treffas. Der nächste erhielt ein Karo, der folgende eine Herzkarte und so fort; aber das Pikas stand noch aus. Zuletzt deckte Geraldine, der links vom Prinzen saß, seine Karte auf; es war ein As, aber Herzas.

Als Prinz Florisel sein Schicksalsblatt vor sich auf dem Tisch liegen sah, stand ihm das Herz still. Er war ein mutiger Mann, aber der Schweiß brach aus den Poren seines Gesichts. Es war genau zehn gegen zehn zu wetten, daß ihn das Los traf. Er drehte die Karte um, es war Pikas. Ein lautes Sausen füllte ihm das Gehirn, und der Tisch verschwamm ihm vor den Augen. Er hörte, wie der Spieler zu seiner Rechten in ein Lachen ausbrach, von dem man nicht recht unterschied, ob es Freude oder Enttäuschung bedeute. Er sah, wie sich die Gesellschaft schnell auflöste, aber dabei beschäftigten ihn andere Gedanken. Er erkannte, wie töricht, wie verbrecherisch er gehandelt hatte. In völliger Gesundheit, in der Blüte der Jahre, Erbe eines Thrones, hatte er seine Zukunft und die eines edlen ergebenen Volkes verspielt. »Gott, Gott, vergib mir!« Und damit riß er sich aus seiner Benommenheit los und gewann seine Fassung wieder.

Zu seinem Erstaunen war Geraldine verschwunden. Im Spielzimmer befand sich nur noch sein vorbestimmter Mörder, der sich mit dem Präsidenten beriet, und der junge Mann mit den Rahmtörtchen, der ihm zuflüsterte: »Ich würde gern für Ihr Glück eine Million geben,« und das Zimmer gleichfalls verließ.

Diese leise geführte Besprechung war inzwischen zu Ende geführt. Der vom Los bestimmte Henker entfernte sich mit einem Blick des Einverständnisses, und der Präsident näherte sich dem unglücklichen Prinzen und streckte ihm die Hand entgegen. »Es freut mich, Ihre Bekanntschaft gemacht zu haben,« sagte er, »und daß ich Ihnen diesen kleinen Dienst erweisen konnte. Wenigstens können Sie sich nicht über langen Aufschub beklagen. Am zweiten Abend – welcher Glücksfall!«

Der Prinz mühte sich vergebens, ein Wort hervorzubringen, aber sein Mund war völlig ausgetrocknet und die Zunge gelähmt.

»Sie fühlen sich etwas unwohl?« fragte der Präsident mit anscheinender Teilnahme. »Den meisten geht es so. Wünschen Sie ein wenig Brandy?« Der Prinz nickte und der Präsident goß sofort etwas Brandy in ein Wasserglas.

»Armer alter Malthus!« bemerkte er, als der Prinz am Glase nippte. »Er trank ein halbes Liter, und es schien ihm doch nicht viel zu helfen.«

»Bei mir bedarf's nicht so viel,« sagte der Prinz neubelebt. »Ich bin, wie Sie sehen, wieder Herr meiner selbst. Und nun lassen Sie mich fragen: Was habe ich zu tun?«

»Sie werden am Strande entlang, auf dem linken Straßendamm nach der Stadt zu fortgehen, bis Sie den Herrn treffen, der soeben das Zimmer verließ. Er wird Ihnen das Weitere kundtun, und seinen Weisungen haben Sie sich zu fügen, denn ihm ist für die Nacht die ganze Klubgewalt übertragen. Und nun,« setzte der Präsident hinzu, »wünsche ich Ihnen einen angenehmen Weg.«

Florisel erwiderte den Gruß ziemlich unhöflich und entfernte sich. Er ging durch das Nebenzimmer, wo die meisten Klubmitglieder noch Schaumwein tranken, den er zum Teil selbst bestellt und bezahlt hatte, und er wunderte sich, daß er sie in seinem Herzen verfluchte. Er zog im Präsidentenzimmer seinen Rock an, setzte den Hut auf und suchte seinen Schirm aus. Der Gedanke, daß er dies alles zum letzten Male tun sollte, ließ ihn in ein Lachen ausbrechen, das ihm selbst unheimlich in den Ohren gellte. Er konnte sich nicht entschließen, das Zimmer zu verlassen, und wandte sich zum Fenster. Der Anblick der Lampen und der Dunkelheit brachte ihn wieder zu sich.

»Komm,« sprach er zu sich, »sei ein Mann und reiß dich los!«

Aber an der nächsten Straßenecke fielen drei Männer über ihn her und schoben ihn ohne Umstände in eine Kutsche, die eiligst davonfuhr. Im Wagen saß noch eine Person, und eine wohlbekannte Stimme sagte: »Wird mir Eure Hoheit meinen Eifer verzeihen?«

In der ersten Aufregung der Freude über seine Rettung warf sich der Prinz dem Obersten an den Hals.

»Wie kann ich Ihnen jemals danken?« rief er. »Und wie haben Sie das angefangen?«

Wenn er auch bereit gewesen war, sein Los zu tragen, so erfüllte es sein Herz doch mit überströmender Freude, daß ihn der Freund mit Gewalt zurückhielt und ihm wieder den Weg zu Leben und Hoffnung bahnte.

»Danken Sie mir dadurch, daß Sie künftig solche Gefahren vermeiden. Und was die zweite Frage betrifft, so bediente ich mich der einfachsten Mittel. Heute nachmittag versicherte ich mich der Dienste eines namhaften Geheimpolizisten, der sich zu vollster Geheimhaltung verpflichtete. Sonst verwendete ich zumeist Ihre eigene Dienerschaft. Das Klubhaus war seit Anbruch der Nacht umstellt, und diese Ihre Kutsche stand schon seit etwa einer Stunde bereit.«

»Und der Elende, der mich töten sollte?« fragte der Prinz.

»Er fiel in unsere Hände, sobald er die Straße betrat, und erwartet nun ihr Urteil im Palast, wo sich auch seine Genossen bald einfinden werden.«

»Geraldine,« sagte der Prinz, »Sie haben mich gegen meinen ausdrücklichen Befehl gerettet, und Sie haben recht getan. Ich verdanke Ihnen nicht nur mein Leben, sondern auch eine gute Lehre, und ich würde meiner Stellung unwert sein, wollte ich mich nicht dankbar gegen meinen Lehrer erweisen. Es ist an Ihnen, über die Art meiner Erkenntlichkeit zu bestimmen.«

Es trat eine Pause ein, während der Wagen eilends weiterfuhr. Beide Männer waren in tiefes Nachdenken versunken, bis der Oberst das Stillschweigen brach. »Eure Hoheit,« sagte er, »hat nun eine beträchtliche Anzahl von Gefangenen. Darunter ist mindestens ein Verbrecher, der Gerechtigkeit verdiente. Unser Eid verbietet uns, das Gesetz anzurufen, wenn es nicht schon Gründe der Diskretion täten. Darf ich nach Eurer Hoheit Absichten fragen?«

»Der Präsident,« antwortete Florisel, »muß im Duell fallen. Es ist nur noch sein Gegner auszuwählen.«

»Eure Hoheit hat mir gestattet, mir selbst eine Belohnung auszusuchen,« sagte der Oberst. »Darf ich meinen Bruder vorschlagen? Es ist eine ehrenhafte Aufgabe, aber Eure Hoheit kann versichert sein, er wird sich ihrer auch mit Ehren entledigen.«

»Nur ungern gewähre ich die Bitte,« sagte der Prinz, »aber ich darf Ihnen nichts abschlagen.«

Der Oberst dankte mit einem Handkuß; und im selben Augenblick rollte der Wagen durch das Hoftor des prächtigen Schlosses.

Eine Stunde später empfing Florisel, angetan mit allem Glänze seines fürstlichen Standes, die Mitglieder des Selbstmordklubs.

»Törichte und gottvergessene Wärmer,« sagte er, »die unter Euch, welche Mittellosigkeit in diese Lage gebracht hat, werden durch meine Beamten eine genügende Anstellung erhalten. Die, welche sich schuldbeladen fühlen, müssen sich an einen Höheren und Großmütigeren wenden, als ich bin. Mehr, als Ihr Euch denken könnt, empfinde ich Mitleid mit Euch; morgen sollt Ihr mir Eure Schicksale erzählen, und je freimütiger Euer Bericht sein wird, um so besser werde ich Euch helfen können. Was Sie betrifft,« wandte er sich an den Präsidenten, »so müßte ich fürchten, einen Mann Ihrer Stellung durch das Anerbieten meines Beistandes nur zu beleidigen, ich habe Ihnen statt dessen einen Zeitvertreib vorzuschlagen. Hier« – er legte dabei seine

Hand Oberst Geraldines jungem Bruder auf die Schulter – »ist einer meiner Offiziere, der gern eine kleine Reise nach dem Kontinent machen will; und ich ersuche Sie, mir den Gefallen zu tun und ihn auf seinem Ausflug zu begleiten.« Und mit verändertem Tone fügte er hinzu: »Sind Sie ein guter Pistolenschütze? Sie möchten von dieser Fertigkeit Gebrauch machen können. Wenn zwei Männer zusammen auf die Reise gehen, muß man auf alles vorbereitet sein. Lassen Sie mich noch bemerken, daß Ihnen, falls dem jungen Geraldine etwas zustoßen sollte, stets ein Ersatzmann zur Verfügung stehen wird, und, Herr Präsident, es ist bekannt, daß mein Auge und mein Arm weit reichen.«

Mit diesen ernst gesprochenen Worten schloß der Prinz seine Anrede. Am nächsten Morgen erfuhren die Mitglieder des Klubs die prinzliche Freigebigkeit in reichstem Maße, und der Präsident trat unter der Aufsicht des jungen Geraldine und zweier bewährten Diener des prinzlichen Gefolges seine Reise an. Überdies ließ der Prinz das Klubhaus sorgfältigst überwachen, und alle Korrespondenzen, die an den Selbstmordklub gerichtet waren, und alle, die den Klub besuchen wollten, wurden dem Prinzen zugewiesen und von ihm persönlich in Empfang genommen.

Zweites Kapitel

Der Arzt und der Reisekoffer

Herr Silas Scuddamore war ein junger Amerikaner von einfachem und harmlosem Charakter, was ihm um so höher anzurechnen war, als er aus Neuengland kam, einer Gegend der Neuen Welt, deren Bewohner nicht gerade wegen dieser Eigenschaften berühmt sind. Obwohl außerordentlich reich, notierte er sich doch alle seine Ausgaben auf einem kleinen Stück Papier, das er immer bei sich trug, und schaute sich die Reize der Weltstadt Paris vom siebenten Stockwerk eines sogenannten *Hôtel garni* im *Quartier latin* an. Seine übermäßige Knauserei war zum großen Teil Sache der Gewohnheit und seine ausnehmende Enthaltsamkeit hauptsächlich eine Folge seines Mißtrauens und seiner Jugend.

Das anstoßende Zimmer bewohnte eine Dame mit anziehenden Gesichtszügen und sehr eleganter Toilette, die er zuerst für eine Gräfin hielt. Später erfuhr er, daß sie Madame Zephyrine hieß und, was auch ihre Lebensstellung sein mochte, jedenfalls keine Standesperson war. Madame Zephyrine pflegte, wahrscheinlich in der Hoffnung, den jungen Amerikaner zu bezaubern, auf der Treppe mit freundlichem Nicken, einem hingeworfenen Wort und mit einem durchbohrenden Blick aus ihren schwarzen Augen vorüberzueilen und unter dem Rauschen des Seidenkleides und mit Preisgebung eines bewundernswerten Fußes und Knöchels zu verschwinden. Aber dieses Entgegenkommen ermutigte Herrn Scuddamore so wenig, daß er sich gedrückt und verschämt noch mehr in sich zurückzog. Sie war mehrmals in sein Zimmer gekommen und hatte um Licht oder wegen vorgeblicher Unarten ihres Pudels um Verzeihung gebeten; aber sein Mund blieb in Gegenwart eines so überlegenen Wesens geschlossen, all sein Französisch war ihm entfallen, und er konnte nur starren und stottern, bis sie wieder fort war. Trotz dieses mageren Verhältnisses konnte er es nicht unterlassen, wenn er sich inmitten einiger Vertrauten sicher fühlte, mit triumphierenden Andeutungen um sich zu werfen.

Das Zimmer auf der anderen Seite – in jedem Stockwerk lagen drei Zimmer – hatte ein alter englischer Arzt von zweifelhaftem Rufe inne. Dr. Noël hatte London, wo er sich einer ausgebreiteten und steigenden Praxis erfreute, verlassen müssen, und man munkelte, daß die Ortsveränderung auf Veranlassung der Polizei erfolgt sei. Jedenfalls begnügte er sich, nachdem er vorher eine ziemliche Rolle gespielt hatte, jetzt mit einer sehr bescheidenen Existenz im *Quartier latin* und verwendete einen großen Teil seiner Zeit auf das Studium. Herr Scuddamore hatte seine Bekanntschaft gemacht, und sie speisten manchmal zusammen in einem gegenüberliegenden Gasthaus.

Silas Scuddamore frönte neben andern kleinen Schwächen – selbstverständlich nur solchen mehr respektabler Natur – auch einer großen Neugierde. Er hatte einen natürlichen Hang zum Klatsch, und alles, besonders aber die Lebensverhältnisse, in denen er keine eigene Erfahrung hatte, erregte sein leidenschaftliches Interesse. So ist es nicht erstaunlich, daß er bei der Entdeckung eines Spaltes in der bretternen Zwischenwand zwischen seinem Zimmer und dem seiner Nachbarin diesen Spalt nicht etwa ausfüllte, sondern die Öffnung vergrößerte und zum Spionieren benutzte.

Eines Tages – es war im Ausgang des März – vergrößerte er das Späherloch noch mehr, um einen weiteren Teil des Zimmers übersehen zu können. Als er sich am Abend wie gewöhnlich auf seinen Beobachtungsposten begab, wunderte er sich, die Öffnung von der andern Seite verdunkelt zu finden, und wie beschämt fühlte er sich, als die Verdunkelung plötzlich aufhörte und ein leises Gelächter an seine Ohren schlug. Offenbar war sein Geheimnis verraten, und die Nachbarin hatte Gleiches mit Gleichem vergolten. Als er aber am nächsten Tag fand, daß sie nichts getan hatte, ihm seinen liebsten Zeitvertreib zu verderben, machte er sich ihre Sorglosigkeit zunutze und frönte seiner müßigen Neugier nach- wie vorher.

An diesem Tage empfing Madame Zephyrine einen hochgewachsenen, mindestens fünfzigjährigen Mann, den Silas noch nicht gesehen hatte. Sein Anzug aus leichtem Wollenstoff und sein farbiges Hemd wie sein langer Backenbart kennzeichneten ihn als Briten, und sein mattes, graues Auge ließ Silas erschauern. Er verzog während des langen flüsternd geführten Zwiegesprächs beständig in seltsamer Weise den Mund. Mehr als einmal kam es dem Neuengländer vor, als wiesen die beiden auf sein eigenes Zimmer hin, aber das einzige, was er trotz gespanntester Aufmerksamkeit auffangen konnte, war eine Äußerung, die der Engländer scheinbar als Antwort auf eine Ablehnung in etwas lauterem Tone machte:

»Ich habe seinen Geschmack auf das gründlichste studiert, und ich wiederhole Ihnen, Sie sind das einzige weibliche Wesen, dessen ich mich bedienen kann.«

Darauf stieß Madame Zephyrine einen Seufzer aus und schien sich durch eine Handbewegung der höheren Autorität zu unterwerfen.

Am Nachmittage war sein Observatorium durch einen vorgestellten Kleiderschrank gänzlich verbaut, und während Silas noch über sein Mißgeschick klagte, das er dem grauäugigen Engländer zur Last legte, überbrachte ihm der Portier einen Brief, dessen Adresse weibliche Schriftzüge verriet. Das in unorthographischem Französisch abgefaßte anonyme Schreiben lud den jungen Amerikaner mit vielverheißenden Worten ein, sich um 11 Uhr an einem bestimmten Platze im *Bal Bullier* zum Stelldichein einzufinden. Neugier und Furcht kämpften lange in seinem Herzen, bald war er ganz Tugend, bald wieder Feuer und Mut, und das Ergebnis war, daß sich Silas lange vor 19 Uhr in tadellosem Anzug am Eingang des Bullier-Ballhauses einfand.

Es war Karnevalzeit, und das Gedränge, der Lärm, das strahlende Licht beängstigten zunächst unseren jungen Helden, stiegen ihm dann aber zu Kopf, versetzten ihn in eine Art von Taumel und verliehen ihm eine ganz ungewöhnliche Herzhaftigkeit. Er fühlte sich Manns, den Teufel zu bestehen, und stolzierte mit siegesgewisser Miene im Ballsaal einher. Da gewahrte er auf einmal Madame Zephyrine und den Engländer hinter einem Pfeiler. Sofort erwachte die Katzennatur in ihm, er schlich sich von hinten dem Paar immer näher, bis er in Hörweite gekommen war.

»Das ist der Mann,« sagte der Brite, »der dort mit dem langen, blonden Haar, der zu dem Mädchen in Grün spricht.«

Silas bemerkte einen sehr schönen jungen Mann von kleinem Körperbau, der offenbar das Ziel jener Worte war.

»Gut,« sagte Madame Zephyrine. »Ich werde mein Äußerstes tun. Aber keine von uns ist in solchem Falle ihres Erfolges ganz sicher.«

»Pah!« machte ihr Begleiter; »dafür stehe ich. Habe ich Sie nicht von dreißig ausgewählt? Aber hüten Sie sich vor dem Prinzen. Ich weiß nicht, welcher verdammte Zufall ihn heute in dieses obskure Ballhaus geführt hat. Sehen Sie ihn dort sitzen? Gleicht er nicht mehr einem Kaiser auf seinem Thron als einem vergnügungssüchtigen Prinzen?«

Silas hatte wieder Glück. Er bemerkte eine auffallend schöne, ziemlich stark gebaute Persönlichkeit von imponierender Haltung, neben der ein anderer, etwas jüngerer, ebenfalls schöner junger Mann saß, der dem ersteren sichtlich mit großer Ehrerbietung begegnete. Das Wort Prinz berührte Silas' republikanische Ohren sehr angenehm und übte die gewöhnliche Anziehungskraft auf ihn aus. Er suchte sich sofort dieser bezaubernden Persönlichkeit zu nähern und bahnte sich bis zu ihr einen Weg durch die Menge.

»Ich sage Ihnen, Geraldine,« hörte er den Prinzen sagen, »das ist die reine Tollheit. Sie haben selbst Ihren Bruder für diese gefährliche Aufgabe ausgewählt, und Sie haben daher die Pflicht, ihn nicht aus den Augen zu verlieren. Er hat sich so viele Tage in Paris hinhalten lassen; das war schon in Anbetracht des Charakters seines Gegners eine Unvorsichtigkeit; aber wie kann er, frage ich Sie, jetzt, zwei Tage vor seiner Abreise und nur zwei oder drei Tage vor der entscheidenden Stunde, seine Zeit an diesem Platze zubringen? Er sollte sich in einer Schießgalerie üben, lange schlafen, kleine Märsche ausführen, eine mäßige Diät ohne Weißwein und Brandy innehalten. Denkt denn der Hund, wir spielen Komödie mit ihm? Die Sache ist tödlich ernst, Geraldine.«

»Ich kenne den Burschen zu gut,« sagte der Begleiter des Prinzen, »um mich Befürchtungen hinzugeben. Er ist vorsichtiger, als Sie glauben, und unerschütterlich. Wäre ein Weib im

Spiele, so wäre es etwas anderes, aber den Präsidenten vertraue ich ihm und den beiden Dienern unbedenklich an.«

»Es ist mir lieb, das zu hören,« versetzte der Prinz; »doch bin ich nicht völlig beruhigt. Die beiden Diener verstehen ihren Späherdienst vorzüglich, und hat sie dieser Elende nicht doch schon dreimal genarrt und viele Stunden auf besondere unbekannte, höchstwahrscheinlich gefährliche Pläne verwandt? Bei einem andern würde ich an Zufall denken, wenn aber Rudolf und Jerome die Fährte verlieren, so war dies offenbar klug berechnet von einem Mann, der dringende Gründe dazu hat und dem besondere Hilfsmittel zu Gebote stehen.«

»Ich glaube, die Angelegenheit liegt nur noch meinem Bruder und mir ob,« versetzte des Prinzen Begleiter, der sich etwas verletzt zu fühlen schien.

»Ich habe nichts dagegen,« erwiderte der Prinz. »Aber Sie sollten vielleicht um so eher auf meine Warnungen hören. Doch genug. Jenes Mädchen in Gelb tanzt nicht übel.«

Damit wandte sich das Gespräch dem gewöhnlichen Thema eines Pariser Ballhauses zu.

Silas erinnerte sich wieder daran, wo er sich befand, und daß die zum Stelldichein bestimmte Stunde nahe war. Je mehr er darüber nachdachte, desto weniger gefiel ihm die Sache; und als ihn der Wirbel der sich drängenden Menge ergriff, ließ er sich ohne Widerstreben nach der Ausgangstüre zutreiben. Die Flut setzte ihn in einem Winkel unter der Galerie ab, wo sofort Madame Zephyrines Stimme an sein Ohr schlug. Sie sprach französisch mit dem jungen Mann in blonden Locken, auf den der Engländer eine halbe Stunde vorher hingewiesen hatte.

»Es handelt sich um meinen Ruf,« sagte sie, »sonst würde ich keine Bedingung stellen und nur meinem Herzen folgen. Aber Sie brauchen nur diese Worte zum Portier zu sprechen, und er läßt Sie ohne weiteres ein.«

»Aber wozu dieses Gerede von einer Schuldforderung?« sagte der Blonde.

»Himmel!« sagte sie, »denken Sie, ich kenne mein Hotel nicht?«

Und sie ging, zärtlich am Arme ihres Begleiters hängend, an Silas vorüber.

Da fiel Silas wieder sein Briefchen ein.

In zehn Minuten, dachte er, habe ich vielleicht ein Weib am Arme, das ebenso schön und noch besser gekleidet, das vielleicht eine wirkliche Lady oder gar eine Dame von Stande ist.

Dann dachte er an die Orthographie, und seine Hoffnung sank.

Aber es kann von ihrem Kammermädchen geschrieben sein, tröstete er sich.

Es fehlten nur noch wenige Minuten an der angegebenen Zeit, und diese unmittelbare Nähe seines ersten Abenteuers beschleunigte seinen Herzschlag in sonderbarer und ziemlich unangenehmer Weise. Erlösend war ihm der Gedanke, daß er ja nicht erscheinen müsse. Tugend und Feigheit zogen an einem Strang, und zum zweiten Male ging es der Türe zu, aber diesmal nach seinem eigenen Willen und wider die entgegenströmende Flut. Vielleicht ermüdete ihn der lange Widerstand, vielleicht war er in einer Gemütsverfassung, wo auf jeden einige Minuten festgehaltenen Entschluß regelmäßig eine Reaktion und ein Streben in entgegengesetzter Richtung eintritt. Wenigstens kreiselte er zum dritten Male herum und stand erst still, bis er dicht bei dem in dem Briefchen angegebenen Platze einen verborgenen Standort gefunden hatte.

Hier stand er in tausend Ängsten und betete mehrere Male zu Gott um Beistand, denn Silas Scuddamore hatte eine fromme Erziehung genossen. Er trug ganz und gar kein Verlangen mehr nach dem Zusammentreffen, und nur eine törichte Furcht, er möchte als unmännlich gelten, hielt ihn davon ab, sein Heil in der Flucht zu suchen, aber diese Scheu bannte ihn an den Platz fest, wenn er es auch andrerseits nicht über sich vermochte, aus seinem Versteck hervorzutreten. Als aber die Uhr auf zehn Minuten nach elf Uhr zeigte, fingen sich seine Lebensgeister wieder an zu heben; er lugte um die Ecke und sah niemanden am Platze des Stelldicheins; sicher hatte es der unbekannten Schreiberin zu lange gedauert, und sie war wieder weggegangen. Seine Kühnheit wurde ebenso groß wie vorher seine Furchtsamkeit. Er glaubte, wenn er nur überhaupt zu der bestimmten Stelle käme und sei es auch noch so spät, so könne ihm niemand den Vorwurf der Feigheit machen. Ja, er vermutete bereits, es sei nur ein schlechter Spaß, und tat sich viel auf seine Schlauheit zugute, vermöge deren er seine Widersacher noch überlistet habe. Soviel eitler Selbstbetrug wohnt manchmal in der Jünglingsseele!

Diese Erwägungen veranlaßten ihn, unerschrocken aus seinem Winkel hervorzutreten; aber er hatte noch nicht zwölf Schritte gemacht, als sich ihm eine Hand auf den Arm legte. Er wandte sich und bemerkte eine Dame von hoher Statur und ziemlich stattlicher Erscheinung, aber nichts weniger als strengen Blicken neben sich.

»Ich sehe,« sprach sie, »Sie sind ein verwöhnter Mädchenjäger, denn Sie lassen sich erwarten. Aber ich war entschlossen, Sie zu treffen. Hat sich eine Frau einmal so weit vergessen, daß sie den ersten Schritt des Entgegenkommens tut, so hat sie schon lange alle Bedenken kleinlichen Stolzes hinter sich gelassen.«

Silas war von der Gestalt und den Reizen seiner Korrespondentin, wie von der Plötzlichkeit und Heftigkeit ihrer Liebesgefühle ganz überwältigt. Aber sie brachte ihn bald ins Gleichgewicht. Ihr Benehmen war äußerst geschickt; sie gab ihm Gelegenheit, ein paar Scherzworte zu äußern, von denen sie sich ganz entzückt zeigte, und bald hatte sie ihn mittels schmeichelnder Worte und reichlichen Genusses von warmem Brandy so weit, daß er nicht nur in sie verliebt zu sein glaubte, sondern ihr auch die leidenschaftlichsten Liebeserklärungen machte.

»Ach,« sagte sie, »ich weiß nicht, ob ich nicht trotz der Wonne, mit der mich Ihre Worte erfüllen, jetzt noch beklagenswerter bin. Bisher litt ich nur allein, von nun an müssen wir beide leiden. Ach, ich bin nicht meine eigene Herrin. Ich kann Sie bei mir nicht empfangen, denn eifersüchtige Augen bewachen mich. Lassen Sie sehen,« fügte sie hinzu; »und bei dem vollsten Vertrauen in Ihren Mut und Ihre Entschlossenheit muß ich in unser beider Interesse meine Menschen- und Weltkenntnis verwerten. Wo ist Ihre Wohnung?«

Als er ihr mitteilte, in welchem *Hôtel garni* er wohne, schien sie ein paar Minuten angestrengt nachzudenken. Dann sagte sie:

»So geht es. Sie wollen mir treu und gehorsam sein?«

Er versicherte glühend seine Treue.

»Dann müssen Sie,« fuhr sie mit einem ermutigenden Lächeln fort, »morgen den ganzen Abend zu Hause bleiben und unter allen Umständen jeden Besuch von Freunden fernhalten oder sofort abweisen. Ihre Tür ist wahrscheinlich von 10 Uhr an geschlossen?«

»Von elf,« antwortete Silas.

»Um ¼ zwölf,« sagte sie weiter, »verlassen Sie das Haus. Sie rufen nur dem Portier zu, er solle die Türe öffnen, lassen sich aber keinesfalls in ein Gespräch mit ihm ein, da das verhängnisvoll werden könnte. Sie gehen bis zur Ecke, wo der Luxemburg-Garten an den Boulevard stößt; dort erwarte ich Sie. Ich verlasse mich darauf, daß Sie meine Weisung Punkt für Punkt gewissenhaft befolgen; das kleinste Versehen könnte eine Frau ins Verderben stürzen, deren einziges Vergehen ihre grenzenlose Liebe zu Ihnen war.«

»Aber wozu diese vielen Umstände?« sagte Silas.

»Ich glaube, Sie wollen mich schon den Herrn fühlen lassen,« rief sie und tippte ihm mit dem Fächer auf den Arm. »Geduld, dazu ist später Zeit. Tun Sie, ich beschwöre Sie, nach meinen Worten, oder ich stehe für nichts. Doch« … sagte sie mit einem Ausdruck in ihrer Stimme, als wenn ihr ein weiteres Hindernis aufgestoßen wäre, »mir kommt ein besserer Plan, wie Sie ungelegene Besucher fernhalten können. Sagen Sie dem Portier, er solle niemand zu Ihnen lassen außer einem, der etwa wegen einer Schuldforderung käme, und zeigen Sie sich etwas ängstlich, als ob Ihnen diese Begegnung unangenehm wäre, so daß der Portier Ihre Worte für wahr hält.«

»Ich werde mir schon selbst Eindringlinge vom Leibe halten,« sagte er etwas verletzt.

»Gerade darum will ich es lieber so haben,« antwortete sie kühl. »Ich kenne euch Männer, ihr fragt wenig nach unserem Ruf.«

Silas errötete und ließ den Kopf hängen; denn nach seinem eigenen Plan hatte er sich in seiner Glorie vor den Kameraden zeigen wollen.

»Vor allem,« sagte sie, »sprechen Sie beim Fortgehen nicht mit dem Portier.«

»Und warum nur? Das kann ich am allerwenigsten einsehen.«

»Glauben Sie mir,« erwiderte sie, »auch das wird Ihnen später klar werden, und was soll ich von Ihrer Liebe halten, wenn Sie mir beim ersten Zusammentreffen eine so kleine Bitte abschlagen?«

Während sich Silas noch in Erklärungen und Entschuldigungen erging, warf sie einen Blick auf die Uhr und stieß einen leisen Schrei aus.

»Himmel!« rief sie, »schon so spät? Ich darf keinen Augenblick säumen. Ach was für Sklaven sind wir armen Frauen! Was habe ich nicht schon für Sie aufs Spiel gesetzt?«

Und nachdem sie ihre Anweisungen noch einmal unter Liebkosungen und zärtlichen Blicken wiederholt hatte, verschwand sie in der Menge.

Am ganzen nächsten Tage fühlte sich Silas von dem Gefühle größter Wichtigkeit durchdrungen; er glaubte nun fest, daß sie eine Gräfin sei. Als der Abend kam, handelte er genau nach ihren Befehlen und war zur angegebenen Zeit am Luxemburg-Garten. Niemand war dort zu sehen. Er wartete eine halbe Stunde, schaute jedem Vorübergehenden prüfend ins Gesicht, suchte an den nächsten Ecken, umging den ganzen Garten, aber keine schöne Gräfin warf sich ihm in die Arme. Schließlich ging er zögernden Schrittes zu seiner Wohnung zurück. Dabei fielen ihm die Worte ein, die er Madame Zephyrine zu dem jungen blonden Mann hatte sprechen hören, und es befiel ihn eine gewisse Unruhe.

Wie's scheint, dachte er, sollte jeder dem Portier etwas vorlügen.

Er schellte, die Tür öffnete sich, und der schlaftrunkene Portier kam und bot ihm ein Licht an.

»Ist er fort?« fragte der Portier.

»Wen meinen Sie?« fragte der enttäuschte Silas etwas scharf.

»Ich sah ihn nicht wieder fortgehen,« fuhr der Portier fort, »aber ich denke doch, Sie haben ihn bezahlt. Wir haben hier nicht gern mit zahlungsunfähigen Mietern zu tun.«

»Wen zum Teufel meinen Sie?« fragte er rauh. »Ich verstehe kein Wort von Ihrem Geschwätz.«

»Ich meine den kleinen Blonden, der mit der Schuldforderung kam. Wen sollte ich weiter meinen, da ich sonst niemand zu Ihnen lassen sollte?«

»Aber der ist doch gar nicht gekommen.«

»Ich glaube, was ich glaube,« sagte der Portier grinsend.

»Sie sind ein unverschämter Schuft,« schrie Silas, und da er fühlte, daß er eine lächerliche Empfindlichkeit gezeigt hatte, und zugleich von einer unklaren Furcht ergriffen wurde, wandte er sich und lief die Treppe hinauf.

»Sie wollen also kein Licht,« rief der Portier.

Aber Silas beschleunigte nur seine Schritte und stand erst vor der Tür seines Zimmers still. Hier holte er tief Atem, und eine beklemmende Vorahnung bannte ihn ein paar Minuten an die Stelle.

Als er endlich in das Zimmer trat, war es zu seinem Trost dunkel und allem Anschein nach menschenleer. Ein erlösender Seufzer entfuhr ihm. Hier war er wieder im sichern Heim, und dies sollte, schwur er sich, seine erste und letzte Extravaganz gewesen sein. Die Zündhölzer standen auf dem Bettischchen, und er steuerte darauf zu. Beim Vorwärtsgehen wuchs wieder seine Angst, und er war froh, als sein Fuß gegen etwas stieß, daß er fühlte, es war nur ein Stuhl. Schließlich berührte er den Bettvorhang. Nach seiner Stellung zu dem schwach sichtbaren Fenster mußte er am Fußende des Bettes stehen und brauchte sich nur an diesem entlang zu tasten, um zu dem Bettisch zu gelangen.

Er streckte seine Hand aus, aber was er berührte, war nicht bloß eine Bettdecke – es war eine Bettdecke und darunter etwas, wie die Umrisse eines menschlichen Beines. Silas zog seinen Arm zurück und stand einen Moment versteinert.

Was, dachte er, hat das zu bedeuten?

Er lauschte gespannt, aber er vernahm keinen Atemzug. Noch einmal streckte er die Fingerspitze nach demselben Punkte aus, aber diesmal fuhr er weit zurück und stand schaudernd und schreckerstarrt. Es war etwas in seinem Bett. Was es war, wußte er nicht, aber an der Tatsache konnte er nicht zweifeln.

Es dauerte einige Sekunden, ehe er sich zu bewegen vermochte. Dann fuhr er, vom Instinkt geleitet, direkt auf die Zündhölzer los und zündete, den Rücken gegen das Bett gekehrt, eine Kerze an. Darauf drehte er sich langsam um, schaute nach dem Ort des Grauens und sah seine schlimmste Befürchtung verwirklicht. Die Decke war sorgfältig über die Kissen gezogen, aber deutlich gab sie die Umrisse eines menschlichen Körpers wieder, und als er vorwärts stürzte und die Decke zurückschlug, lag der junge blonde Mann, den er tags zuvor im Ballraum gesehen hatte, vor ihm mit offenen Augen und gebrochenem Blick, mit geschwollenem schwärzlichem Antlitz, während ein dünner Blutstrahl aus der Nase sickerte.

Silas stieß einen lauten zitternden Wehruf aus, ließ die Kerze fallen und sank am Bette nieder.

Aus seiner Erstarrung weckte ihn ein andauerndes leises Klopfen an der Tür. Erst nach einigen Minuten kam ihm seine

Lage zum Bewußtsein, und als er eiligst die Türe verriegeln wollte, war es zu spät. Angetan mit einer langen Nachtmütze, eine Lampe in der Hand, die sein langes bleiches Gesicht erleuchtete, mit schwankendem Gange und vogelartig nickendem Kopfe öffnete Dr. Noël langsam die Tür und trat bis in die Mitte des Zimmers.

»Es war mir, als hörte ich einen Schrei,« sagte er, »und da ich eine plötzliche Erkrankung befürchtete, so eilte ich zum Beistand herbei.«

Silas, der von Glut übergossen und mit schrecklich schlagendem Herzen zwischen dem Doktor und dem Bett stand, konnte keinen Ton hervorbringen.

»Ihr Aussehen sagt mir,« fuhr Dr. Noël fort, »daß Sie in der Tat des Arztes bedürfen. Was ist Ihnen? Lassen Sie mich Ihren Puls fühlen.«

Er trat auf Silas zu, der zurückwich, und griff nach seinem Handgelenk; aber für den jungen Amerikaner war die nervöse Reizung zu gewaltig, er zog seine Hand mit fieberhafter Hast zurück, warf sich auf den Boden und brach in einen Strom von Tränen aus.

Sobald Dr. Noël den toten Körper bemerkte, gewann sein bleiches Antlitz Farbe; er sprang sofort zur Tür, die er weit offen gelassen, und verriegelte sie.

»Zum Weinen,« sagte er, »ist jetzt keine Zeit. Was haben Sie getan? Wie kam der Leichnam in Ihr Zimmer? Sprechen Sie ohne Rückhalt zu einem Freunde. Glauben Sie, ich werde Sie ins Verderben stürzen? Glauben Sie, das tote Stück Fleisch auf Ihrem Kissen beeinflußt irgendwie meine Sympathie für Sie? Ich sage Ihnen, wenn ein Busenfreund von mir aus einem Meer von Blut zu mir zurückkehrte, so würde ich ihn mit unverminderter Herzlichkeit aufnehmen. Stehen Sie auf! Gut und Böse sind nur schimärische Begriffe, alles im Leben ist Bestimmung, und was sich auch ereignen mag, auf eines Hilfe können Sie zählen!«

Diese sonderbare, aber in Silas' Ohren wohlklingende Lebensphilosophie gab dem Neuengländer wieder etwas Mut, so daß er schließlich, wenn auch mit gebrochener Stimme, den Verlauf der Begebenheiten erzählen konnte. Das belauschte Gespräch zwischen dem Prinzen und Geraldine, dessen Zusammenhang mit seinem eigenen Mißgeschick ihm unbekannt war, überging er.

»Wenn ich nicht sehr irre,« rief Dr. Noël, »so hat sich einer der gefährlichsten Männer Europas Ihre Einfalt zunutze gemacht. Können Sie mir den Engländer, den Sie zweimal sahen und der, wie mir scheint, eigentlich diese Pille gedreht hat, näher beschreiben?«

Aber Silas, der trotz aller Neugierde nichts genau wahrnahm, konnte ihm keinen greifbaren Anhalt bieten.

»Ja,« rief der Doktor zornig, »der rechte Gebrauch der Sinne sollte in jeder Schule gelehrt werden. Wozu hat man denn die Augen und die Sprache, wenn man nicht die Gesichtszüge seines Feindes beobachten und beschreiben kann? Ich kenne ziemlich alle internationalen Verbrecherbanden, ich hätte ihn vielleicht identifizieren und damit neue Schußwaffen für Sie gewinnen können. Befleißigen Sie sich in Zukunft dieser Kunst!«

»In Zukunft!« wiederholte Silas. »Welche Zukunft blüht mir außer dem Galgen?«

»Die Jugend ist feige,« entgegnete der Doktor, »und das eigene Unglück sieht trüber aus, als es ist. Ich bin alt, und doch verzweifle ich niemals.«

»Kann ich denn der Polizei mit solcher Erzählung kommen?« fragte Silas.

»Gewiß nicht. Soviel ich sehe, liegt Ihr Fall in dieser Richtung verzweifelt; für die blöden Augen der Obrigkeit sind Sie zweifellos der Schuldige. Und dazu kennen wir nicht einmal das ganze Truggewebe, und Sie würden bei einer polizeilichen Untersuchung wahrscheinlich noch mehr belastet erscheinen.«

»So bin ich denn rettungslos verloren?«

»Das habe ich nicht gesagt,« erwiderte Dr. Noël.

»Aber sehen Sie doch nur,« rief Silas, auf den Leichnam weisend, »da liegt der schreckliche Gegenstand, den ich nicht beseitigen, nicht ohne Schauder anblicken kann.«

»Schauder?« versetzte der Doktor. »Nein. Wenn die Uhr abgelaufen ist, so sehe ich nur noch ein mechanisches Kunstwerk, ein lohnendes Objekt für das Seziermesser, vor mir. Ist das Blut einmal kalt und starr, so ist es kein Menschenblut mehr; ist das Fleisch einmal tot, so ist es nicht mehr das Fleisch, das uns bei teuren oder befreundeten Personen mit Liebe oder Achtung erfüllt. Das Anmutige, das Anziehende, das Schreckliche ist alles mit dem belebenden Geist zugleich entwichen. Versuchen Sie sich an den Anblick zu gewöhnen, denn erweist sich mein Plan als ausführbar, so müssen Sie den Leichnam noch einige Tage in Ihrer nächsten Nähe dulden.«

»Ihr Plan?« rief Silas. »Wie ist der? Reden Sie schnell, Doktor, denn ich verzweifle schon am Leben.«

Ohne ein Wort der Erwiderung wandte sich Dr. Noël zum Bett und begann den Leichnam zu untersuchen.

»Ganz tot,« murmelte er. »Ja, und wie ich mir dachte, die Taschen leer. Ja, und der Namenszug aus dem Hemd geschnitten. Sie haben ihre Sache gründlich getan. Glücklicherweise ist er klein.«

Silas folgte seinen Worten und Bewegungen mit ängstlichster Spannung. Schließlich war der Doktor mit seiner Untersuchung fertig, setzte sich auf einen Stuhl und wandte sich lächelnd an den jungen Amerikaner:

»Seit ich ins Zimmer trat, sind zwar meine Ohren und meine Zunge geschäftig genug gewesen, dabei waren aber die Augen doch nicht müßig. Ich bemerkte in der Ecke eines von jenen Ungetümen, wie Sie Ihre Landsleute in aller Welt mit sich herumzuschleppen pflegen – einen Saratogakoffer. Bisher war mir der Nutzen dieser Ungeheuer verschlossen, jetzt aber geht mir ein Licht auf. Entweder verdanken sie ihr Dasein einem Bedürfnis des Sklavenhandels, oder sie sollten die rasche Tat eines

Bowiemessers verdecken. Jedenfalls waren sie bestimmt, einen menschlichen Körper aufzunehmen.«

»Aber,« rief Silas, »jetzt ist doch keine Zeit zum Scherzen.«

»Meine Worte,« entgegnete der Doktor, »haben eine sehr ernstliche Bedeutung. Und das erste, was wir jetzt zu tun haben, junger Freund, ist die Ausleerung Ihres Koffers.«

Silas folgte willenlos den Anordnungen seines Freundes, und nachdem der Koffer seines ganzen Inhalts beraubt war, packten sie den Leichnam, Silas an den Füßen und der Doktor unter den Armen, trugen ihn vom Bett, legten ihn nicht ohne Mühe zusammen und versenkten ihn so in den leeren Koffer. Mit vereinter Anstrengung drückten sie den Deckel nieder, worauf der Doktor den Koffer schloß und zuschnürte, während Silas die ausgeräumten Sachen woanders unterbrachte.

»So wäre der erste Schritt zu Ihrer Rettung getan,« sagte der Doktor. »Morgen oder vielmehr heute müssen Sie alles aufbieten, dem Portier durch Geld und gute Worte jeden Verdacht zu benehmen. Das übrige überlassen Sie ruhig mir. Fürs erste kommen Sie in mein Zimmer, wo ich Ihnen ein kräftiges Opiat geben werde; denn vor allem bedürfen Sie stärkender Ruhe.«

Der nächste Tag schien Silas der längste in seinem ganzen Leben. Er verleugnete sich vor seinen Freunden und saß in schrecklicher Gemütsverfassung in einem Winkel, die Augen starr auf den Koffer gerichtet. Die Waffen seiner eigenen Neugier kehrten sich nun gegen ihn selbst, denn er merkte, daß das Observatorium wieder frei war und sich beständig Späheraugen aus Madame Zephyrines Zimmer auf ihn richteten, so daß er schließlich das Loch seinerseits verbarrikadieren mußte, worauf er die Zeit zum großen Teil mit Weinen und Beten hinbrachte.

Spätabends trat Dr. Noël ins Zimmer und hielt in seiner Hand zwei versiegelte, unbeschriebene Briefumschläge, einen etwas unförmigen und den andern so dünn, daß er leer zu sein schien.

»Silas,« sagte er, sich niedersetzend, »die Zeit ist nun gekommen, um Ihnen meinen Rettungsplan vorzulegen. Morgen wird zu früher Stunde der Prinz Florisel von Böhmen, der sich ein paar Tage an den Pariser Karnevalsfreuden ergötzt hat, nach London zurückkehren. Vor längerer Zeit hatte ich das Glück, seinem Oberstallmeister, dem Obersten Geraldine, einen gewissen Gefallen zu erweisen, der mir seine dauernde Erkenntlichkeit sichert. Nun ist es für Sie nötig, London ohne Gepäckrevision zu erreichen, und da fiel mir ein, daß die zollamtliche Revision bei einer Person vom Range eines Prinzen eine bloße Formalität ist. Ich wandte mich daher Ihrethalben an den Obersten, der auch meiner Bitte willfahrte. Wenn Sie sich morgen vor sechs Uhr in das Hotel des Prinzen begeben, wird Ihr Gepäck als zu dem seinigen gehörig befördert werden, und Sie selbst werden in seinem Gefolge hinüberreisen.«

»Wie ich Sie die Namen des Prinzen und des Obersten aussprechen hörte,« sagte Silas, »fiel mir ein, daß ich beide schon einmal gesehen und vor kurzem im Ballsaal einem Gespräche der beiden zugehört habe.«

»Das ist leicht möglich; den Prinzen kann man überall finden. Sind Sie einmal in London,« fuhr der Doktor fort, »so bleibt Ihnen nicht mehr viel zu tun. In dem dicken Umschlag habe ich Ihnen einen Brief mitgegeben, den ich nicht zu adressieren wage; aber in dem andern findet sich angegeben, wohin Sie ihn nebst dem Koffer zu bringen haben, dort wird man Sie auf immer von dem letzteren befreien.«

»Ach,« rief Silas, »wie gern möchte ich Ihnen glauben, aber kann ich denn? Erbarmen Sie sich meines Kleinmuts und lüften mir ein wenig den Schleier dieser geheimnisvollen Rettung.«

Der Doktor schien peinlich berührt.

»Junger Mensch,« sagte er, »Sie wissen nicht, wie Schweres Sie von mir fordern. Und dennoch will ich Ihnen auch noch diesen Beweis meiner Freundschaft geben. So wissen sie denn, daß ich, der jetzt ein so einfaches, einsames Studienleben führt, in meinen jungen Jahren den Mittelpunkt der verschlagensten und gefährlichsten Kreise Londons bildete und, während ich nach außen als höchst ehrbar erschien, meinen ganzen Einfluß den ruchlosesten verbrecherischen Beziehungen verdankte. An einen derartigen früheren Genossen weise ich Sie mit diesem Briefe. Wir bildeten eine internationale Bande, deren Mitglieder durch einen fürchterlichen Eid zu gemeinsamem Handeln verbunden waren; unser Geschäft war der Mord, und ich, der anscheinend so unschuldig vor Ihnen steht, war der Anführer.«

»Was,« rief Silas, »ein Mörder und Mord Ihr Handwerk? Kann ich Ihre Hand ergreifen, Ihre Dienste annehmen? Wollen Sie mich Unglücklichen zu Ihrem Genossen machen?«

Der Doktor sagte mit bitterm Lachen:

»Sie sind schwer zu befriedigen, aber Sie haben die Wahl zwischen dem Gemordeten und dem Mörder. Erlaubt Ihnen Ihr zartes Gewissen nicht, meine Hilfe anzunehmen, gut, so sehen Sie zu, wie Ihr aufrichtiges Gewissen ohne mich mit dem Koffer und seinem Inhalt fertig wird.«

»Es war unrecht von mir,« entgegnete Silas, »Ihre großmütige Hilfsbereitschaft zu vergessen, und dankbar lausche ich Ihren weiteren Vorschlägen.«

»Das ist vernünftig,« sagte der Doktor, »ich sehe, Sie fangen doch endlich an, durch Schaden klug zu werden.«

»Zugleich,« nahm Silas wieder das Wort, »da Sie doch an so tragische Geschäfte gewöhnt sind und mich an frühere Genossen und Freunde weisen, wäre es nicht am besten, wenn Sie selbst den Transport besorgten?«

»Wahrhaftig,« erwiderte der Doktor, »ich bewundere Sie aufrichtig. Ich glaube aber, ich habe mich schon mehr als genugsam um Ihre Angelegenheit bekümmert. Nehmen Sie meine Dienste, so wie ich Sie Ihnen anbiete, oder gar nicht, und lassen Sie mich mit Ihrer Dankbarkeit in Frieden, denn Ihre Erkenntlichkeit schlage ich noch geringer an als Ihre Einsicht.«

Damit erhob sich der Doktor, wiederholte noch einmal kurz seine Anweisungen und verließ rasch das Zimmer.

Am nächsten Morgen war Silas im Hotel des Prinzen vom

Obersten Geraldine mit Höflichkeit empfangen und fürs erste jeder Sorge um seinen Koffer und dessen grauenhaften Inhalt überhoben.

Die Abreise ging ohne Unfall vonstatten, wenn auch der junge Amerikaner zitternd die Packträger über das ausnehmend schwere Gepäck des Prinzen klagen hörte. Silas fuhr in einem Wagen mit der Dienerschaft, da der Prinz mit seinem Stallmeister allein sein wollte. Aber an Bord des Dampfers zog er durch die niedergeschlagene Haltung und den düsteren Blick, mit dem seine Augen auf das Gepäck gerichtet waren, die Aufmerksamkeit Seiner Hoheit auf sich.

»Der junge Mensch,« bemerkte er, »scheint recht bekümmert.«

»Das ist,« versetzte Geraldine, »der Amerikaner, dem Sie auf meine Bitte in Ihrem Gefolge zu reisen erlaubten.«

»Sie erinnern mich,« sagte Prinz Florisel, »daß ich eine Höflichkeit versäumte.«

Dabei schritt er auf Silas zu und sprach mit größter Herablassung:

»Es war mir sehr angenehm, Ihren mir vom Obersten Geraldine vorgetragenen Wunsch erfüllen zu können. Vergessen Sie nicht, daß es mir stets ein Vergnügen sein wird, Ihnen in belangreicherer Weise zu dienen.«

Auf einige Fragen über die politische Lage in Amerika, die er sodann an Silas richtete, antwortete dieser nicht ohne Urteil.

»Sie sind noch jung,« sagte der Prinz, »aber sehr ernst für Ihr Alter. Vielleicht beschäftigen Sie sich zu ausschließlich mit Studien, oder ich bin wohl indiskret und berühre eine wunde Stelle.«

»Ich bin wohl der Unglücklichste aller Sterblichen,« sagte Silas; »nie ist ein Unschuldiger in eine üblere Lage gekommen.«

»Ich will mich,« erwiderte der Prinz, »nicht in Ihr Vertrauen drängen; aber vergessen Sie nicht, daß des Obersten Wort die beste Fürsprache bei mir ist, und daß ich nicht nur den Willen, sondern auch einigermaßen die Macht besitze, mich Ihnen gefällig zu erweisen.«

Silas war entzückt über die Liebenswürdigkeit einer so hohen Persönlichkeit, aber bald kehrte sein Geist wieder zu seinen melancholischen Betrachtungen zurück.

Der Zug kam in Sharing Cross an, wo das Gepäck wie gewöhnlich ohne Revision passierte. Elegante Wagen standen bereit, und Silas fuhr mit den andern zum Schloß des Prinzen. Dort suchte ihn der Oberst auf und drückte ihm seine Befriedigung darüber aus, daß er einem Freunde des Doktors habe behilflich sein können.

»Ich hoffe,« fügte er hinzu, »Ihr Porzellan ist unversehrt geblieben; es war Befehl zu besonders vorsichtiger Behandlung gegeben.«

Hierauf gab er Anweisung, dem jungen Mann sofort eine Kutsche zur Verfügung zu stellen und den Koffer aufzuladen, reichte ihm die Hand und entfernte sich.

Silas erbrach den die Adresse enthaltenden Umschlag und hieß den Kutscher nach Box-Court fahren. Die Adresse schien dem Manne nicht unbekannt zu sein, er sah erstaunt auf und fragte noch einmal. Das Herz voll Unruhe stieg Silas in den prächtigen Wagen und ward nach dem angegebenen Ort befördert. Die Einfahrt in Box-Court war für die prinzliche Equipage zu eng. In geringer Entfernung stand ein Mann, der sofort herbeieilte und mit dem Kutscher ein Zeichen tauschte, während der Bediente den Schlag öffnete und fragte, in welches Haus er den Koffer tragen sollte.

»Nach Nummer drei.«

Der Bediente und der Mann, der in Box-Court gestanden hatte, wurden trotz Silas' Mithilfe nur schwer mit dem Koffer fertig, und entsetzt bemerkte der Neuengländer, daß sich eine Schar Neugieriger um sie gesammelt hatte, als sie das schwere Stück vor der Tür des fraglichen Hauses niedersetzten. Doch klopfte er mit möglichst gleichgültigem Ausdruck an die Tür und hielt dem öffnenden den zweiten Brief hin. »Er ist nicht da,« sagte der, »aber wenn Sie den Brief hier lassen und morgen früh wiederkommen, will ich Ihnen sagen, ob und wann Sie ihn sprechen können. Wollen Sie Ihren Koffer da lassen?«

»Sehr gern,« rief Silas, aber im nächsten Moment bereute er sein überstürztes Wort und erklärte ebenso nachdrücklich, er wolle ihn lieber mit sich nehmen.

Die Umstehenden spöttelten über seine Unentschiedenheit und folgten ihm mit anzüglichen Bemerkungen zum Wagen; und Silas, außer sich vor Scham und Angst, bat die prinzlichen Diener, ihn zu einem einfachen Gasthaus in der Nähe zu bringen.

Sie setzten ihn vor dem Craven-Hotel ab, fuhren davon und ließen ihn mit dem Hotelbedienten allein. Es war nur noch ein kleines Hinterzimmer im vierten Stock frei, wohin zwei starke Packträger des Hotels den Koffer mit Ach und Krach hinaufschafften. Es braucht nicht bemerkt zu werden, daß Silas bebenden Herzens folgte. Ein einziger Fehltritt, dachte er, und der Koffer fällt über das Geländer und liegt zerschmettert unten.

Im Zimmer angekommen, setzte er sich ganz erschöpft von der ausgestandenen Aufregung auf sein Bett, aber sofort brachte ihn ein neuer Schreck auf die Beine, als die Träger niederknieten und die sorgfältige Einschnürung des Koffers aufzulösen begannen.

»Halt!« rief er. »Ich brauche, solange ich hier bin, nichts vom Inhalt.«

»Dann konnten Sie ihn lieber unten lassen,« brummte einer der Männer, »der ist ja so groß und schwer wie 'ne Kirche. Ich kann mir gar nicht denken, was da drin ist. Wenn's lauter Geld ist, sind Sie reicher als wir.«

»Geld!« wiederholte Silas verwirrt. »Was meinen Sie mit Geld! Ich habe kein Geld, und Sie schwatzen dummes Zeug.«

»Schon recht, Herr Graf,« sagte der Mann augenzwinkernd. »Kein Mensch will Euer Ehren Geld anrühren. Ich bin so sicher wie 'ne Bank. Aber da der Koffer so schwer ist, soll mir's nicht drauf ankommen, ein Gläschen auf Euer Ehren Wohl zu trinken.«

Silas drückte ihm zwei Napoleondor in die Hand und entschuldigte sich wegen der fremden Goldstücke, er wäre eben erst aus Frankreich angekommen. Der Mann brummte noch ärger, sah verächtlich von dem Geld nach dem Koffer und ließ sich endlich herbei, mit seinem Genossen davonzugehen.

Fast zwei Tage hatte die Leiche im Koffer gelegen, und sobald der Unglückliche allein war, roch er ängstlich an allen Ritzen und Spalten herum, aber das Wetter war kühl, und der Koffer barg noch trefflich sein schreckliches Geheimnis.

Er setzte sich daneben, bedeckte das Gesicht mit den Händen und versank in düsteres Brüten. Wurde er nicht bald befreit, so war schnelle Entdeckung unvermeidlich. Allein, ohne Freunde und, versagte des Doktors Empfehlung, ohne Hilfe in der wildfremden Stadt war er verloren. Welcher gräßliche Wechsel! Statt, wie er immer geträumt hatte, in seiner neuenglischen Heimat von einer politischen Staffel zur andern aufzusteigen, statt einmal als Krönung seiner Laufbahn zum Präsidenten der Vereinigten Staaten proklamiert und in Gestalt einer Statue in amerikanischem Kunststil als Zierde des Kapitols der Nachwelt überliefert zu werden, saß er hier an die Leiche des Engländers gefesselt!

Es ist unmöglich, die Worte wiederzugeben, mit denen er den Doktor, den Ermordeten, Madame Zephyrine, die Gepäckträger, die prinzlichen Diener, kurz alle, mit denen er in der Zeit seines Unglücks zu tun gehabt hatte, verfluchte.

Um 7 Uhr schlich er zum Essen hinunter, aber die gelbe Farbe des Zimmers erfüllte ihn mit Entsetzen, die Mienen der anderen Gäste schienen argwöhnisch auf ihm zu ruhen, und seine Gedanken weilten bei dem Koffer. Als ihm der Kellner den Käse präsentierte, waren seine Nerven schon so erregt, daß er fast vom Stuhle sprang und den Inhalt eines Weinglases auf das Tischtuch schüttete.

Nach Beendigung des Mahles fragte der Kellner, ob er sich in das Rauchzimmer zu begeben wünsche, und obgleich er lieber in sein Zimmer zurückgekehrt wäre, wagte er nicht nein zu sagen, und ward in ein kellerartiges Gemach gewiesen, wo er außer zwei Billardspielern und einem Kellner zuerst niemand weiter bemerkte. Aber beim nächsten Blick nahm er noch eine rauchende Person wahr, die mit niedergeschlagenen Augen und ehrbarer Miene im äußersten Winkel saß. Sofort kam ihm das Gesicht bekannt vor, und er erkannte in ihr trotz dem Wechsel der Kleidung den Mann aus Box-Court, der den Koffer vom und zum Wagen hatte tragen helfen. Ohne sich zu besinnen, kehrte sich der Neuengländer um, rannte die Treppen hinauf und ruhte nicht eher, als bis er sich in seinem Zimmer eingeschlossen hatte.

Dort saß er die ganze Nacht, eine Beute der schwärzesten Vorstellungen. Die Bemerkung des Packträgers, sein Koffer enthalte Gold, erfüllte ihn mit neuen Schrecken und ließ ihn kein Auge schließen, und die Gegenwart des offenbar verkleideten und sich vor ihm verbergenden Mannes von Box-Court bewies ihm, daß er zum zweiten Male den Gegenstand geheimer Machinationen bildete.

Nicht lange nach Mitternacht öffnete er, von einem unbestimmten Argwohn getrieben, seine Zimmertür und lugte in den Gang hinaus. Dieser war durch ein Gaslicht spärlich erleuchtet. Silas bemerkte in kurzer Entfernung einen Mann in der Livree der Hoteldiener und näherte sich ihm auf den Zehen. Der Mann lag etwas auf der Seite, und der rechte Arm verdeckte sein Gesicht. Doch plötzlich, während sich Silas über ihn beugte, nahm er den Arm weg, öffnete seine Augen, und Silas schaute wieder dem Mann von Box-Court ins Antlitz.

»Guten Abend,« sagte der Mann höflich.

Aber Silas konnte in seiner Erregung keine Antwort finden und zog sich sprachlos in sein Zimmer zurück.

Gegen Morgen fiel er erschöpft, im Stuhl sitzend und den Kopf nach vorn auf den Koffer gelehnt, in einen, trotz der unbequemen Lage und dem gräßlichen Kissen, tiefen und langdauernden Schlaf. Erst spät weckte ihn ein starkes Klopfen an der Tür.

Er fuhr auf und fand draußen einen Dienstmann, der fragte: »Sind Sie der Herr, der gestern in Box-Court vorsprach?«

Silas bejahte bebend.

»Dann ist das für Sie,« sagte der Bote und gab ihm einen versiegelten Brief.

Silas riß ihn auf und las nichts als die Worte: »Um zwölf Uhr.«

Er stellte sich pünktlich ein. Den Koffer trugen mehrere kräftige Männer vor ihm her; und er selbst ward in ein Zimmer geführt, in dem ein Mann vor dem Feuer saß, den Rücken nach der Türe gekehrt. Erst nach Verlauf einiger Minuten drehte sich dieser langsam herum, und Silas, der sich von Angst und Ungeduld fast verzehrt fühlte, schaute überrascht in die Augen des Prinzen Florisel von Böhmen.

»So, mein Herr,« sagte der Prinz mit sehr ernster Stimme, »in dieser Weise mißbrauchen Sie meine Freundlichkeit? Sie suchen sich an Höherstehende anzuschließen, nur um den Folgen Ihrer Verbrechen zu entgehen; nun ist mir auch klar, warum Sie gestern bei meiner Anrede so verlegen waren.«

»Ich bin,« rief Silas, »unglücklich, aber ohne Schuld!«

Und mit erstaunlicher Geläufigkeit und Geschicklichkeit erzählte er dem Prinzen die ganze Geschichte seines Unglücks.

»Ich sehe, ich war im Irrtum,« sagte Seine Hoheit, als er seinen Bericht beendet. »Sie sind nur das Opfer, und da ich Sie daher nicht zu strafen brauche, so seien Sie überzeugt, ich werde Ihnen nach Kräften helfen. Und nun öffnen Sie Ihren Koffer, wir wollen sehen, was er enthält.«

Silas wechselte die Farbe.

»Ich fürchte mich fast vor dem Anblick,« rief er aus.

»Aber er ist Ihnen doch nicht neu,« sagte der Prinz. »Einer solchen Gefühlsregung müssen Sie nicht Raum geben. Der Anblick eines Kranken, dem wir noch helfen können, verdient unser Gefühl eher als ein Toter, der unserm helfenden oder verletzenden Arm, unserer Liebe wie unserm Haß gleichmäßig entrückt ist. Seien Sie ein Mann, Herr Scuddamore!« Und als Silas immer noch zögerte, fügte er hinzu: »Ich möchte nicht gern in anderm Tone als dem der Bitte zu Ihnen sprechen.«

Silas erwachte wie aus einem Traume und machte sich mit schauderndem Widerstreben an die Öffnung des Koffers. Der Prinz stand, die Hände auf dem Rücken, aufmerksam, aber ruhig daneben. Der Körper war ganz steif, und es kostete Silas große physische wie moralische Anstrengung, das Antlitz des Toten sichtbar zu machen.

Mit einem Aufschrei des Schmerzes fuhr der Prinz zurück.

»Sie wissen nicht, Herr Scuddamore, welch grausame Gabe Sie mir bringen. Dies ist ein junger Mann aus meinem Gefolge, der Bruder meines erprobten Freundes, und in meinem eigenen Dienste ist er in den Händen von gewalttätigen und verräterischen Männern umgekommen. Armer Geraldine,« sagte er wie im Selbstgespräch, »wie soll ich deinem Bruder die Trauerkunde bringen? Wie kann ich vor mir selber, wie kann ich vor Gott dieses bei der Ausführung meiner vermessenen Pläne vergossene Blut rechtfertigen? Florisel, Florisel, wann wirst du dich den Schranken des irdischen Lebens anzubequemen lernen und deine eigene Ohnmacht erkennen!«

Silas war von diesem Gefühlsausbruch tief bewegt. Er wollte einige Trostworte murmeln und brach in Tränen aus. Der Fürst, den seine gute Absicht rührte, trat auf ihn zu und sagte, seine Hand ergreifend:

»Beherrschen Sie sich. Wir haben beide viel zu lernen, und die nächste Probe soll uns besser vorbereitet finden.«

Silas dankte ihm schweigend mit beredtem Blick. »Schreiben Sie mir die Adresse des Dr. Noël auf dieses Papier,« fuhr der Prinz fort, »und kommen Sie wieder nach Paris, so meiden Sie die Gesellschaft dieses gefährlichen Mannes. Diesmal hat er allerdings einer edelmütigen Regung nachgegeben; denn wäre er Mitwisser am Morde gewesen, so hätte er den Leichnam nicht der Fürsorge des wirklichen Schuldigen überantwortet.«

»Des wirklichen Schuldigen?« wiederholte Silas erstaunt.

»Nicht anders,« sagte der Prinz. »Dieser Brief, der in meine Hände fiel, war an den Mörder selbst, den schändlichen Präsidenten des Selbstmordklubs gerichtet. Suchen Sie nicht weiter in diese gefährliche Angelegenheit einzudringen. Seien Sie froh, selbst heil entkommen zu sein, und verlassen Sie dieses Haus sofort! Ich habe dringende Geschäfte und muß zunächst betreffs dieses Häufleins Staub, das noch vor kurzem ein so ritterlicher und schöner Jüngling war, die nötigen Anordnungen treffen.«

Dankbar sagte Silas dem Prinzen Lebewohl und kehrte noch an demselben Tage nach Frankreich zurück.

Drittes Kapitel

Das öde Haus

Leutnant Brackenbury Rich hatte in einem der kleineren Kriege im indischen Hügellande mit großer Auszeichnung gefochten. Er hatte persönlich den feindlichen Anführer gefangengenommen, seine Tapferkeit wurde überall zum Himmel erhoben, und als er infolge einer häßlichen Säbelwunde und eines andauernden Dschungelfiebers die Heimreise antrat, war die Gesellschaft bereit, den Offizier als Stern zweiter Größe aufzunehmen. Aber da er wahrhaft bescheiden war, hielt er sich so lange in einem fremden Bade und in Algier auf, bis der Ruf seiner Taten nach nicht viel mehr als einer Woche verblaßt war und der Vergessenheit anheimzufallen anfing. Er traf schließlich im Beginn der Saison in London ein, ohne irgendwie durch Aufmerksamkeiten belästigt zu werden; und da er eine Waise war und nur entfernte Verwandte in der Provinz hatte, so fühlte er sich fast als Fremdling in der Hauptstadt des Landes, für das er sein Blut vergossen.

Am Tage nach seiner Ankunft speiste er in einem Offizierkasino. Er begrüßte mehrere alte Kameraden, die ihn beglückwünschten; aber da sie alle für den Abend versagt waren, blieb er schließlich auf sich angewiesen. Er war im Gesellschaftsanzug, denn er hatte die Absicht gehabt, ein Theater zu besuchen. Aber die Großstadt war für ihn, der aus der Provinzialschule in das Kadettenhaus und von da direkt nach Indien gekommen war, etwas Neues; und er versprach sich alle möglichen Genüsse in dieser ihm noch unbekannten Welt, als er, seinen Stock schwingend, westwärts schritt. Der beständige Wechsel der vom Lampenlicht erhellten Gesichter reizte immer wieder des Leutnants Einbildungskraft; und es kam ihm vor, als könnte er in der anregenden Großstadtluft und inmitten des geheimnisvollen Lebens von vier Millionen Seelen immer so fortwandern. Er schaute auf die Häuser und fragte sich, was wohl hinter den erleuchteten Fenstern vor sich gehe; er blickte in ein Gesicht nach dem andern, jedes von einem unbekannten verbrecherischen oder menschenfreundlichen Interesse belebt.

Was reden sie von Krieg, dachte er; hier ist das große Schlachtfeld der Menschheit.

Und dann wunderte er sich, daß er in diesem Wirrsal so lange wanderte, ohne daß seine Person irgendwie von dem Getriebe berührt wurde.

Alles zu seiner Zeit, dachte er weiter. Ich bin noch fremd und sehe vielleicht auch fremd aus. Aber bald werde ich ebenfalls in den Strudel hineingezogen sein.

Später stellte sich ein plötzlicher Regenguß ein. Brackenbury trat unter einen Baum, als er einen Droschkenkutscher bemerkte, der ihn durch Zeichen zum Einsteigen einlud. Da der Regen anhielt, erhob er zur Antwort seinen Stock und saß bald in der »Londoner Gondel«.

»Wohin?« fragte der Kutscher.

»Wohin Sie wollen,« antwortete der Offizier.

Und augenblicklich fuhr die Droschke mit auffallender Schnelligkeit davon und in das Meer der Landhäuser Westlondons hinein. Eine Villa glich der andern, jede war mit einem Vorgarten versehen, und die menschenleeren Straßen, durch die der Wagen dahinflog, boten so wenig Bemerkenswertes, daß Brackenbury bald alle Orientierungsversuche aufgab. Er hätte denken können, daß der Kutscher ihn zum Spaß immer wieder durch dieselben Straßen fahre, aber die geschäftsmäßige Eile deutete auf ein bestimmtes Ziel, über das sich der Gast allen möglichen Gedanken hingab. Er hatte von Fremden gehört, die in London in Mörderhände geraten waren. War auch ihm ein solches Los zugedacht?

Aus diesen Gedanken riß ihn das plötzliche Halten des Wagens vor dem Gartentor einer hellerleuchteten Villa in einer langen und breiten Straße. Soeben war eine andere Droschke wieder fortgefahren, und Brackenbury konnte noch sehen, wie ein Herr an der Eingangstür des Hauses von mehreren Dienern in Livree empfangen wurde. Es wunderte ihn, daß der Kutscher gerade vor einem Hause hielt, in dem offenbar eine Gesellschaft stattfand; doch hielt er dies für bloße Sache des Zufalls. Er blieb ruhig sitzen, bis der Kutscher rief:

»Hier sind wir!«

»Hier?« wiederholte Brackenbury. »Wo?«

»Sie sagten, ich sollte Sie fahren, wohin ich wollte, und hier sind wir nun.«

Brackenbury fiel die für einen Droschkenkutscher ungewöhnlich gewählte Sprechweise auf, auch der Wagen war, wie er nun bemerkte, viel prächtiger als die gewöhnlichen Droschken.

»Was bedeutet das?« sagte er. »Wollen Sie mich im Regen absetzen? Ich denke, mein guter Mann, das kommt auf mich an.«

»Sicher kommt es auf Sie an,« versetzte der Kutscher, »aber wenn ich den Sachverhalt auseinandersetze, wird ein Herr wie Sie wohl anders entscheiden. Der Besitzer eines Hauses dort gibt Gesellschaft. Ich weiß nicht, ob der Herr in London fremd oder ein Einheimischer ist. Jedenfalls habe ich den Auftrag, einzelne anständig gekleidete Herren aufzugreifen, insonderheit Offiziere. Sie brauchen nur hineinzugehen und zu sagen, Herr Morris habe Sie eingeladen.«

»Sind Sie Herr Morris?« fragte der Leutnant.

»O nein, Herr Morris ist der Hausherr.«

»Das ist eine ungewöhnliche Art, Gäste zusammenzubringen,« sagte Brackenbury. »Wenn ich nun die Einladung zurückweise, was dann?«

»Dann habe ich Anweisung, Sie an die Stelle zurückzubringen, wo ich Sie fand, und bis Mitternacht nach andern Gästen auszuschauen.«

Diese Worte brachten den Leutnant sofort zum Entschluß.

Wenigstens, dachte er, habe ich nicht lange auf ein Abenteuer zu warten brauchen.

Kaum war er ausgestiegen, so fuhr der Kutscher trotz des Leutnants Rufen ohne Fahrgeld in derselben Eile davon.

Aber seine Stimme war im Hause vernommen worden, und ein Diener eilte herbei und hielt ihm einen Schirm über den Kopf.

»Der Kutscher ist bezahlt,« bemerkte der Diener im höflichsten Tone und geleitete Brackenbury in das Haus, wo ihm andere Diener Hut, Stock und Überrock abnahmen und ihn eine mit tropischen Pflanzen geschmückte Treppe hinaufführten, wo ihn der Kammerdiener nach seinem Namen fragte und mit lauter Stimme »Leutnant Brackenbury Rich« rufend in das Empfangszimmer geleitete.

Ein schlanker und auffallend schöner junger Mann trat ihm hier entgegen und grüßte ihn höflich und freundlich. Hunderte von feinsten Wachskerzen erleuchteten den Raum, der wie die Treppe mit einer Fülle seltener und schöner Blumen geschmückt war. An der Seite stand ein mit lockenden Speisen beladener Tisch. Verschiedene Diener gingen mit Früchten und Wein ab und zu. Es waren etwa sechzehn Personen, meist in der Blüte der Jugend und fast ohne Ausnahme von kühnem vielversprechendem Gesichtsausdruck, anwesend. Sie bildeten zwei Gruppen, von denen eine Roulett und die andere Bakkarat spielte.

Ich sehe, dachte Brackenbury, ich bin in einer Spielgesellschaft, und der Kutscher war ein Schlepper. Nachdem ihn ein schneller Überblick zu diesem Schluß gebracht hatte, kehrte sein Auge zu seinem Wirt zurück, der ihn noch immer an der Hand hielt. Das Bild des eleganten liebenswürdigen Mannes, dessen Gesicht eine mutige Seele widerspiegelte, paßte so gar nicht zu dem Besitzer einer Spielhölle, und auch seine Redeweise schien auf etwas ganz anderes hinzudeuten. Gegen seinen eigenen Willen empfand Brackenbury eine merkwürdige Sympathie für seinen jungen Wirt.

»Ich habe von Ihnen gehört, Leutnant Rich,« sprach dieser mit leiserer Stimme, »und glauben Sie mir, Ihre Bekanntschaft ist mir außerordentlich wertvoll. Ihr Aussehen entspricht ganz dem Rufe, der Ihnen vorangeht. Und wenn Sie das Ungewöhnliche der Einladung übersehen wollen, so wird dies für mich nicht nur eine Ehre, sondern auch eine wahre Freude sein. Ein Mann, der mit barbarischen Feinden kurzen Prozeß zu machen gewohnt ist,« fügte er lachend hinzu, »wird es wohl mit einem Fehler der Etikette nicht so genau nehmen.«

Damit führte er ihn zum Speisetisch und bat ihn zuzulangen.

Brackenbury versuchte den Champagner und fand ihn vorzüglich, zündete sich nach dem Beispiel der andern eine Manila an, dann wandte er sich zum Roulett, wo er hin und wieder einen Einsatz wagte. Dabei bemerkte er, daß der Hausherr, der sich, anscheinend nur mit seinen Wirtspflichten beschäftigt, emsig hin und her bewegte, seine Gäste einer scharfen Musterung unterzog. Er achtete darauf, wie die Spieler ihren Verlust trugen, wie hohe Einsätze sie machten, er stellte sich hinter Paare, die in tiefem Gespräch begriffen waren, und ließ sich kaum *einen* charakteristischen Zug entgehen. Brackenbury nahm dies mit größtem Erstaunen wahr und fand auch bei schärferer Betrachtung seines ihn immer mehr interessierenden Wirtes, daß dieser trotz seines immer bereiten freundlichen Lächelns wie hinter einer Maske einen kummervollen, traurigen Ausdruck trug.

Dieser Morris, dachte er, verfolgt irgendeinen tieferliegenden Zweck, den ich ergründen will.

Von Zeit zu Zeit rief Herr Morris einen der Besucher beiseite, nahm ihn mit sich in ein Vorzimmer und kehrte allein zurück, während sich der Gast nicht mehr sehen ließ. Um zunächst hinter dieses Geheimnis zu kommen, stahl sich der Leutnant unbemerkt in das Vorzimmer und verbarg sich dort in einer tiefen, von grünen Vorhängen verhüllten Fensternische. Er brauchte nicht lange zu warten, bis er Herrn Morris mit einem Gaste hereinkommen sah, der ihm schon vorher durch sein etwas rohes Benehmen aufgefallen war. Das Paar blieb dicht vor dem Fenster stehen, so daß Brackenbury kein Wort von der folgenden Unterhaltung entging:

»Ich bitte tausendmal um Vergebung,« begann Herr Morris, »wenn ich eine Frage an Sie richte, denn ich kann mich nicht besinnen, Sie früher schon gesehen zu haben, und ich fürchte, es liegt hier irgendein Mißverständnis vor, zu dessen Lösung es zwischen Männern von Anstand und Ehre nur eines Wortes bedarf. In wessen Hause glauben Sie zu sein?«

»In Herrn Morris',« erwiderte der andere, der die Anrede mit steigender Verwirrung angehört hatte.

»Herrn John oder James Morris'?«

»Ich kann es Ihnen wirklich nicht sagen,« war die Antwort, »da ich mit dem Herrn persönlich so wenig bekannt bin wie mit Ihnen.«

»Ich sehe,« sagte Herr Morris. »Weiter unten in der Straße wohnt ein Herr gleichen Namens. Ich bin glücklich, infolge der Verwechslung Ihre Bekanntschaft gemacht zu haben, doch könnte ich es nicht verantworten, Sie länger von Ihren Freunden zu trennen. John,« fügte er mit lauter Stimme zu dem sich nähernden Diener gewendet hinzu, »seien Sie dem Herrn behilflich.«

Und damit geleitete er den Gast auf das höflichste zur Tür hinaus. Als er wieder bei dem Fenster vorüber zum Empfangszimmer ging, hörte ihn Brackenbury wie unter dem Druck einer schweren Last tief seufzen.

Noch eine Stunde lang brachten die Droschken so viele neue Gäste, daß die Zahl der Besucher sich trotz der Privatgespräche Herrn Morris' etwa auf gleicher Höhe hielt. Aber dann wurden die Neuankömmlinge seltener, bis sie endlich ganz ausblieben, während das Aussieben mit unverminderter Schnelligkeit vor sich ging. Das Empfangszimmer fing an leer auszusehen, das Bakkarat mußte aufgegeben werden, weil es an einem Bankhalter fehlte; mehr als ein Gast empfahl sich aus eigenem Antrieb. Der Wirt aber verdoppelte seine Aufmerksamkeit gegen die Zurückbleibenden und verstand es, durch eine fast weibliche Liebenswürdigkeit alle Herzen für sich zu gewinnen.

Als sich die Anzahl der Gäste schon bedeutend gelichtet hatte, ging Leutnant Rich, um einen Augenblick frische Luft zu atmen, hinaus. Doch welcher überraschende Anblick bot sich ihm, sobald er die Schwelle des Vorzimmers überschritten hatte! Die Ziergewächse waren von der Treppe verschwunden, drei Möbelwagen standen vorm Gartentor, und die Diener waren dabei, das Haus auf allen Seiten seines Aufputzes zu berauben. Es erinnerte an ein ländliches Fest, für das ein Unternehmer Eintagsbauten errichtet hatte.

Brackenbury, dessen Interesse durch alle diese überraschenden Wahrnehmungen auf das höchste gesteigert war, benutzte die Gelegenheit und stieg eine weitere Treppe zu den oberen Räumen des Hauses hinan. Er ging durch alle Zimmer und fand nicht ein Stück Hausrat darin. Das Haus war schön bemalt und tapeziert, aber offenbar weder jetzt bewohnt, noch seit langer Zeit bewohnt gewesen. Nur mit großen Kosten konnte der Bau mit dem bestehenden Schimmer umkleidet worden sein.

Wer war aber dann Herr Morris? Was bewog ihn, für eine Nacht im äußersten Westen Londons den Hausherrn zu spielen und seine Gäste von der Straße auflesen zu lassen?

Dem Leutnant fiel ein, daß er schon zu lange vom Empfangszimmer ferngeblieben war, und er eilte zur Gesellschaft zurück.

Es hatten sich inzwischen noch mehrere Gäste entfernt, so daß mit dem Leutnant und dem Wirt nur noch fünf Personen im Zimmer waren. Herr Morris sah den Leutnant lächelnd an, als er wieder hereintrat, und erhob sich sofort.

»Meine Herren,« sagte er, »es ist Zeit, Ihnen den Zweck meiner Einladung mitzuteilen. Ich glaube, die Zeit wird Ihnen nicht lang geworden sein, aber ich gestehe, nicht Ihre Unterhaltung, sondern die Erfüllung einer egoistischen Absicht war das Ziel meiner Veranstaltung. Sie sind, dafür bürgt mir Ihre Erscheinung, sämtlich Ehrenmänner. Darum spreche ich mich unverhohlen aus. Ich bitte Sie um einen gefährlichen Dienst, bei dem Sie vielleicht Ihr Leben aufs Spiel setzen und dabei noch betreffs alles dessen, was Sie sehen und hören, strengste Verschwiegenheit würden beobachten müssen. Ich weiß wohl, das ist ein höchst sonderbares Begehren von einem Ihnen völlig Fremden, und sollte daher einer von Ihnen Bedenken tragen, sich weiter auf ein so abenteuerliches, gefährliches Unternehmen einzulassen, hier ist meine Hand: ich werde ihm ohne Groll Lebewohl sagen.«

Ein sehr langer Mann mit schwarzem Haar entsprach diesem Appell sofort und sagte:

»Ich lobe Ihre Offenheit und werde meinerseits gehen, denn ich leugne nicht, die Sache kommt mir recht bedenklich vor. Wie gesagt, ich gehe, und Sie werden vielleicht denken, ich hätte kein Recht, noch weitere Worte darüber zu verlieren.«

»Im Gegenteil,« versetzte Herr Morris, »ich bin Ihnen für alle Worte verbunden. Man kann meinen Vorschlag gar nicht ernst genug nehmen.«

»Nun, meine Herren, was sagen Sie?« wandte sich der Lange an die andern. »Wir haben einen vergnügten Abend gehabt. Wollen wir ruhig zusammen nach Hause gehen? Sie werden morgen mein Beispiel preisen, wenn Sie wieder in Unschuld und Sicherheit die Sonne sehen.«

Die letzten Worte sprach er mit erhobener Stimme und ergreifendem Ausdruck. Ein zweiter Gast sprang vor Hast und Unruhe auf und verließ mit dem ersten das Zimmer, so daß nur noch Brackenbury und ein alter rotnasiger Kavalleriemajor zurückblieben, die nach einem schnellen Blick gegenseitigen Einverständnisses mit gleichgültiger Miene dasaßen, als ginge sie die ganze Verhandlung nichts an.

Kaum hatte Herr Morris hinter den Ausreißern die Tür geschlossen, so redete er die Offiziere mit folgenden Worten an:

»Ich habe meine Leute ausgewählt wie Josua, und ich glaube, ich habe nun die Auslese von ganz London. Sie gefielen meinen Boten, Ihre Erscheinung gewann sofort mein Herz; ich habe Ihr Spiel und wie Sie Ihre Verluste trugen, scharf beobachtet, und jetzt haben Sie meine Erklärung aufgenommen, als handelte es sich um eine Einladung zu einem Schmause. Nicht umsonst bin ich seit Jahren der Schüler des tapfersten und weisesten Fürsten Europas gewesen.«

Nachdem der Major etwas über die jammervollen Hunde, die vor der Schlacht desertieren, gebrummt hatte, stellte er sich dem Leutnant als Major O'Rooke, einen Veteranen aus den indischen Feldzügen, vor und sprach sodann, zu dem Hausherrn gewandt:

»Und nun, was gibt es? Ein Duell?«

»Ein ganz besonderes Duell,« erwiderte Herr Morris, »ein Duell mit unbekannten und gefährlichen Feinden, und, wie ich glaube, ein Duell auf den Tod. Nennen Sie mich,« fuhr er fort, »nicht mehr Morris, sondern Hammersmith; meinen wahren Namen wie den einer andern Person, der ich Sie bald vorzustellen hoffe, bitte ich Sie noch zurückhalten zu dürfen. Vor drei Tagen verschwand dieser Freund plötzlich aus seiner Wohnung, ohne daß ich bis heute morgen irgendeine Ahnung von seinem Aufenthaltsort hatte. Sie werden sich meine Beunruhigung vorstellen, wenn ich Ihnen mitteile, daß er im Begriff ist, auf eigene

Faust Gerechtigkeit auszuüben. Infolge eines unglückseligen Eides glaubt er sich verpflichtet, ohne den Beistand der Gesetze die Erde von einem tückischen und blutdürstigen Verbrecher zu befreien. Zwei von unsern Freunden, darunter mein eigener Bruder, sind dabei bereits zum Opfer gefallen, und er selbst ist, wenn ich mich nicht sehr täusche, in dieselben tödlichen Schlingen gefallen. Aber wenigstens lebt er noch, wie Sie aus dieser Mitteilung ersehen.«

Und der Sprecher, der kein anderer als Oberst Geraldine war, zog einen Brief hervor und las:

»Major Hammersmith, Mittwoch, um 3 Uhr morgens, wird Sie ein Mann, der durchaus in meinem Interesse handelt, durch eine kleine Tür in den Garten vom Rochester-Haus, Regents-Park, einlassen. Kommen Sie keine Sekunde später. Bringen Sie meine Degen und, wenn das möglich ist, einen oder zwei zuverlässige und verschwiegene Männer mit, die mich nicht kennen. Mein Name darf nicht genannt werden.

T. Godall.«

»Im übrigen,« fuhr Oberst Geraldine fort, »weiß ich ebensowenig über die Lage meines Freundes als Sie. Sobald ich dieses Lebenszeichen erhielt, beauftragte ich einen Unternehmer mit dem festlichen Aufputz dieser baufälligen Baracke. Mein Verfahren war zum mindesten originell, und ich freue mich nun meines Gedankens, der mir den Beistand zweier Männer wie des Majors O'Rooke und des Leutnants Brackenbury Rich verschafft hat.«

Der Oberst sah nach seiner Uhr und bemerkte weiter:

»Es ist bald zwei Uhr. Wir haben eine Stunde vor uns, und ein schneller Wagen hält vor der Tür. Kann ich auf Ihre Hilfe rechnen?«

»Während eines ganzen langen Lebens,« versetzte der Major, »habe ich niemals die einmal dargereichte Hand wieder zurückgezogen.«

Auch Brackenbury gab seiner Bereitwilligkeit geziemenden

Ausdruck, und nachdem sie noch ein Glas Wein getrunken hatten, gab der Oberst jedem einen geladenen Revolver, und alle drei stiegen in den Wagen und fuhren nach der angegebenen Adresse davon.

Rochester-Haus war ein prächtiges Gebäude am Themsekanal, das durch einen ungewöhnlich großen Garten von den Nachbarhäusern isoliert war. Von der Straße aus konnte man keinen Lichtschimmer an einem der zahlreichen Fenster bemerken, und das ganze Grundstück zeugte von Vernachlässigung, wie wenn der Hausherr lange Jahre fern gewesen wäre.

Der Wagen hielt, die drei Männer stiegen aus, und bald war auch die kleine Gartentür aufgefunden. Es fehlten noch zehn bis fünfzehn Minuten, und da es stark regnete, traten die drei unter herabhängende dichte Efeuranken und unterhielten sich leise von den Dingen, die da kommen sollten.

Plötzlich erhob Geraldine seinen Finger, wie um Stillschweigen zu gebieten, und alle drei lauschten auf das gespannteste. Durch das Klatschen des Regens hörte man von der andern Seite der Gartenmauer die Schritte und Stimmen zweier Männer, und Brackenbury, der ein besonders feines Gehör besaß, konnte sogar manches von ihrem Gespräch verstehen.

»Ist das Grab fertig?« fragte der eine.

»Ja,« antwortete der andere, »hinter der Lorbeerhecke. Wir können ihm dann noch ein Märtyrerkreuz daraufsetzen.«

Der erste Sprecher lachte und der Klang seines Lachens ging den Lauschern durch Mark und Bein.

»In einer Stunde,« sagte er.

Und aus dem Geräusch der Schritte merkte man, daß sich das Paar nach verschiedenen Richtungen entfernte.

Kurz darauf öffnete sich die Gartentür, ein weißes Antlitz spähte hinaus, und eine Hand winkte den dreien. Ohne jedes Wort traten sie durch die Tür, die sich sofort hinter ihnen schloß, und folgten ihrem Führer durch verschiedene Gartenwege zum Kücheneingang des Hauses. In dem großen, sonst ganz öden

Küchenraum brannte eine Kerze, und als sie die Wendeltreppen hinanstiegen, ließ das raschelnde Geräusch zahlreicher davoneilender Ratten noch mehr auf die Unbewohntheit des Hauses schließen.

Der Voranschreitende war ein magerer, sehr gebückter, aber noch lebhafter Mann, der sich von Zeit zu Zeit umwandte und durch seine Handbewegungen zum Schweigen und zur Vorsicht mahnte. Der Oberst folgte ihm, den Kasten mit den Degen unter einem Arm und die Pistole in der andern Hand, auf den Fersen. Brackenburys Herz schlug heftig. Er merkte, daß sie noch zur rechten Zeit gekommen, schloß aber aus der behenden Eile des Alten, daß die entscheidende Stunde nahe war.

Oben angekommen, öffnete der Führer eine Tür und ließ die drei Offiziere in ein von einer rauchigen Lampe und der Glut eines kleinen Kaminfeuers erhelltes Zimmer vorangehen. Am Kamin saß ein Mann in der Blüte des Lebens von untersetzter, aber imponierender Gestalt. Seine Haltung und Miene drückten völlige Seelenruhe aus, und er schien seine Havanna mit großem Genuß zu rauchen.

»Willkommen!« rief er und streckte Oberst Geraldine seine Hand entgegen. »Ich wußte, daß ich mich auf Ihre Pünktlichkeit verlassen könnte.«

»Auf meine Ergebenheit,« sagte der Oberst, sich verneigend.

»Stellen Sie mich Ihren Freunden vor,« fuhr der erste fort; und nachdem dies geschehen, fügte er mit ausgesuchter Leutseligkeit hinzu: »Ich wünschte, meine Herren, ich könnte Ihnen ein angenehmeres Programm vorschlagen und müßte nicht unsere Bekanntschaft in so ernster Weise einleiten. Aber die Verhältnisse sind diesmal stärker als die Gebote der Höflichkeit. Ich hoffe fest, Sie verzeihen mir diesen unangenehmen Abend; Männern Ihrer Art wird das Bewußtsein genügen, mir eine große Gefälligkeit erwiesen zu haben.«

»Eure Hoheit,« sagte der Major, »muß meine Plumpheit verzeihen. Ich kann mich nicht verstellen. Schon der Major Hammersmith machte mich stutzig, aber Herr Godall läßt keinen Zweifel übrig. Es ist zu viel vom Zufall verlangt, wenn man zwei Männer in London sucht, die den Prinzen Florisel von Böhmen nicht kennen.«

»Prinz Florisel!« rief Brackenbury erstaunt.

Und er schaute mit größtem Interesse in die Züge der vielgepriesenen Persönlichkeit.

»Ich will den Verlust meines Inkognitos nicht beklagen,« sagte der Prinz, »denn ich kann Ihnen um so besser danken. Sie würden sicher für Herrn Godall ebensoviel wie für den Prinzen getan haben, aber der letztere kann vielleicht mehr für Sie tun. Der Gewinn ist mein,« fügte er mit höflicher Handbewegung hinzu.

Im nächsten Augenblick war er mit beiden Offizieren in ein lebhaftes Gespräch über indische Verhältnisse vertieft, über die er sich vorzüglich orientiert erwies.

Brackenbury konnte nicht umhin, die größte Bewunderung für einen Mann zu empfinden, der in der Stunde der höchsten Gefahr eine solche Selbstbeherrschung und Kaltblütigkeit zeigte.

Nach einigen Minuten erhob sich der Mann, der die drei eingelassen und der in einer Zimmerecke mit der Uhr in der Hand gesessen hatte, und flüsterte dem Prinzen etwas ins Ohr.

»Es ist gut, Dr. Noël,« erwiderte der Prinz laut und fügte hinzu: »Entschuldigen Sie, meine Herren, wenn ich Sie im Dunkeln lasse. Der Moment naht.«

Dr. Noël löschte die Lampe aus. Ein schwacher grauer Schein, der Vorbote der Dämmerung, drang durch das Fenster, konnte aber das Zimmer nicht erhellen; und als der Prinz aufstand, vermochte man seine Züge nicht zu unterscheiden, noch die Art der Erregung, die aus seiner Stimme herausklang, zu erkennen. Er bewegte sich nach der Türe zu und stellte sich mit der Haltung gespannter Erwartung auf einer Seite auf.

»Sie werden,« sagte er, »so freundlich sein, vollkommenes Schweigen zu bewahren und sich im dichtesten Schatten zu verbergen.«

Die Offiziere und der Arzt gehorchten, und zehn Minuten hörte man im Rochester-Hause nichts als das Nagen der Ratten am Holzwerk. Da ward die Stille jäh durch das Knarren einer Türangel unterbrochen, und kurz darauf hörte man jemand leise und vorsichtig die Küchentreppe heraufkommen. Der Eindringling schien nach jedem Schritte innezuhalten und zu lauschen, und während dieser Pausen, die den horchenden Männern ewig lang zu sein schienen, wurden diese von tiefer Unruhe ergriffen. Dr. Noël, dem doch die Aufregung der Gefahr nichts Neues war, empfand eine fast jammervolle physische Schwäche; sein Atem pfiff in den Lungen, seine Zähne knirschten, und es knackte hörbar in seinen Gelenken, wenn er nervös seine Lage änderte.

Schließlich legte sich eine Hand auf die Türklinke, der Bolzen hob sich mit leichtem Knacken. Es folgte eine neue Pause, in der sich der Prinz, wie Brackenbury bemerkte, leise etwas zusammenduckte, und eine Gestalt erschien auf der Schwelle und stand regungslos. Es war ein hochgewachsener Mann, der ein Messer in der Hand hielt. Selbst im Zwielicht sahen sie seine gefletschten Oberzähne schimmern, denn sein Mund war offen wie der eines sprungbereiten Hundes. Offenbar war er noch vor ein oder zwei Minuten bis über den Kopf im Wasser gewesen, und immer noch rannen Tropfen von seinen Kleidern auf den Boden.

Im nächsten Moment überschritt er die Schwelle. Ein Satz, ein erstickter Schrei, ein momentanes Ringen, und ehe noch Oberst Geraldine zu Hilfe springen konnte, hielt der Prinz den entwaffneten wehrlosen Mann an den Schultern.

» Dr. Noël,« sagte er, »seien Sie so gut und zünden wieder die Lampe an!«

Und nachdem er den Gefangenen Geraldines und Brackenburys Fürsorge überlassen hatte, schritt er durch das Zimmer und setzte sich mit dem Rücken nach dem Kamin. Sobald die Lampe brannte, bemerkten alle eine ungewohnte Strenge in den

Mienen des Prinzen, der sich mit der Majestät eines Herrschers und mit tödlichem Ernste an den gefangenen Präsidenten des Selbstmordklubs wandte:

»Präsident,« sagte er, »Sie haben Ihre letzte Schlinge gelegt und sich selbst darin gefangen. Der Tag beginnt, mit ihm Ihr letzter Morgen. Sie sind eben durch den Kanal geschwommen; es war Ihr letztes Bad in dieser Welt. Ihr alter Genosse, Dr. Noël, hat mich so wenig verraten, daß er vielmehr Sie in meine Hände lieferte. Und das Grab, das Sie eben für mich graben ließen, soll Ihr eigenes verdientes Geschick vor den Augen der Menschheit verbergen. Knie nieder und bete; denn deine Zeit ist kurz, und Gott ist deiner Frevel satt.«

Der Präsident verharrte stumm und regungslos, mit gebeugtem Haupt und auf den Boden gehefteten Blicken, als wollte er den durchbohrenden Augen des Prinzen entgehen.

»Meine Herren,« fuhr Florisel in seinem gewöhnlichen Tone fort, »dieser Bursche hat meiner lange gespottet, aber endlich habe ich ihn nun, dank Dr. Noëls Beistand. Seine Missetaten sämtlich aufzuzählen, dazu reicht unsere Zeit nicht, doch wäre der Kanal nur vom Blute seiner Opfer erfüllt, glauben Sie mir, er wäre nicht trockener, als er jetzt ist. Aber selbst ihm gegenüber will ich die Gebote der Ehre nicht außer acht lassen. Jedoch Sie sind Zeugen, meine Herren, es handelt sich hier mehr um eine Exekution als um ein Duell, und es hieße die Etikette zu weit treiben, wollte ich ihm die Wahl der Waffen lassen. Ich kann mein Leben um seinetwillen nicht in die Schanze schlagen, und da eine Pistolenkugel oft den Weg des Zufalls geht und so manches Mal des zitternden Feiglings Kugel den Mann von Mut und Kraft trifft, so mag das Schwert entscheiden.«

Und damit wies er auf den Kasten mit den Degen und sagte zum Präsidenten: »Schnell, wählen Sie eine Klinge; es drängt mich, mit Ihnen für immer fertig zu werden.«

Zum ersten Male hob der Verbrecher wieder den Kopf, und offenbar wuchs ihm der Mut.

»Soll es ausgefochten werden?« fragte er eifrig, »und zwischen uns beiden?«

»Ich will Ihnen die Ehre antun.«

»Wohlan,« rief der Präsident. »In gleichem Kampf – wer weiß, wie der Würfel rollt? Und kommt's zum Schlimmsten, so falle ich wenigsten von der Hand eines der tapfersten Männer Europas.«

Damit trat er zum Tisch und wählte sich nach peinlicher Prüfung eine Waffe. Er schien so hoffnungsvoll, als könnte ihm der Sieg nicht fehlen. Seine Zuversicht beunruhigte die andern, und sie beschworen den Prinzen, sich nicht der Gefahr auszusetzen.

»Es ist nur ein Possenspiel,« antwortete dieser, »und ich glaube, ich kann Ihnen versprechen, meine Herren, es wird bald zu Ende sein,« und zu Geraldine gewendet, »habe ich je versäumt, eine Ehrenschuld abzutragen? Ich bin Ihnen den Tod dieses Mannes schuldig, und Sie sollen ihn haben.«

Nachdem sich der Prinz sodann ebenfalls einen Degen gewählt hatte, fuhr er fort:

»Oberst Geraldine und Dr. Noël, erwarten Sie mich gefälligst in diesem Zimmer. Ich wünsche keinen persönlichen Freund hierbei beteiligt. Major O'Rooke, wollen Sie sich des Präsidenten annehmen? Leutnant Rich wird so gut sein, mir beizustehen; ein junger Mann kann nicht genug Erfahrung in solchen Sachen haben.«

»Eure Hoheit,« versetzte Brackenbury, »es ist für mich eine Ehre, die ich als die höchste schätze.«

»Hoffentlich,« entgegnete der Prinz, »kann ich Ihnen einmal meine Freundschaft in einer wichtigeren Angelegenheit beweisen.«

Mit diesen Worten ging er den andern voran die Küchentreppe hinunter.

Die beiden Zurückbleibenden öffneten das Fenster, lehnten sich hinaus und strengten alle Sinne an, um durch irgendein Zeichen den Verlauf des tödlichen Zweikampfes zu erkennen.

Der Regen war vorüber, der Tag brach an, die Vögel fingen an zu singen. Der Oberst und der Arzt sahen die Männer im Gebüsch verschwinden, dann aber war alles totenstill.

»Er hat ihn zum Grabe geführt,« sagte Dr. Noël mit einem Schauder.

»Gott,« rief der Oberst, »stehe dem Gerechten bei!«

Und sie warteten, ohne weiter ein Wort zu sprechen, der Doktor zitternd vor Furcht, der Oberst von Schweiß bedeckt. Nach vielen Minuten quälendster Ungewißheit hörten sie endlich Schritte sich nähern, und bald sahen sie auch den Prinzen und die beiden indischen Offiziere zurückkehren.

»Ich schäme mich meiner Erregung,« sagte Prinz Florisel, »aber die Existenz dieses Höllenhundes nagte an mir wie eine Krankheit, und sein Tod hat mich mehr erfrischt als ein langer Schlummer. Sehen Sie, Geraldine,« fuhr er fort und warf seine Klinge auf den Boden, »da ist das Blut des Mannes, der Ihren Bruder tötete. Es sollte ein willkommener Anblick sein. Und doch, wie sonderbar sind wir Menschen! Noch ist es nicht fünf Minuten her, daß ich mir Genugtuung verschaffte, und schon frage ich mich, ob eine Genugtuung in diesem Leben überhaupt möglich ist. Das Adle, das er tat, wer kann es ungeschehen machen? Ist Geraldines Bruder weniger tot und sind tausend andere unschuldige Personen weniger ins Verderben gestürzt?«

»Der Gerechtigkeit ist Genüge geschehen,« versetzte der Doktor. »Soviel ist klar. Die Lehre war, Eure Hoheit, für mich eine grausame; und mit Bangen erwarte ich meinen Spruch.«

»Was sagte ich?« rief der Prinz, sich aus seinen Gedanken aufraffend. »Ich habe die Strafe vollzogen, und hier ist neben mir der Mann, der mir helfen kann, geschehenes Unrecht gutzumachen. Ja, Dr. Noël, Sie und ich, wir haben eine schwere und ehrenhafte Aufgabe vor uns; und vielleicht haben Sie, noch ehe wir damit zu Ende sind, Ihre früheren Irrtümer mehr als ausgeglichen.«

»Und inzwischen,« sagte der Doktor, »lassen Sie mich gehen und meinen ältesten Freund begraben.«

Die krumme Janet

Reverend Murdoch Soulis war seit vielen Jahren Pastor der Gemeinde Balweary, eines im Tale des Dule gelegenen Haidedorfes. Ein strenger, freudlos blickender, alter Mann, der Schrecken seiner Hörer, hauste er während der letzten Jahre seines Lebens in dem kleinen, einsamen Pfarrhause am Fuße des Hanging Shaw, ohne Verwandte, Diener oder irgendwelche menschliche Gesellschaft. Trotz der eisernen Gesetztheit seiner Züge war sein Blick wild, unsicher und voller Furcht; und wenn er in privater Ermahnung die Zukunft des unbußfertigen Sünders schilderte, schien sein Auge die Stürme der Zeit zu durchdringen und die Schrecken der Ewigkeit zu schauen. Viele junge Leute, die sich mit seiner Hilfe auf das heilige Abendmahl vorbereiteten, wurden von seinen Reden zu panischer Furcht aufgerüttelt. Insbesondere hatte er eine Predigt über Petrus I, Vers 5 und 8, »Der Teufel ist ein brüllender Löwe«, in der er sich selbst übertraf, sowohl durch den grauenerregenden Gegenstand wie durch das Furchtbare seines Gebarens auf der Kanzel, und die er an jedem ersten Sonntag nach dem 17. August hielt. Die Kinder wurden dabei von Krämpfen befallen, die alten Leute dagegen sahen mehr als gewöhnlich orakelhaft drein und ließen den ganzen Tag über allerlei Andeutungen fallen von der Art, wie Hamlet sie zu mißachten liebte. Das Pfarrhaus selbst lag neben den Wassern des Dule zwischen einigen dichten Bäumen; es war auf der einen Seite überschattet von dem hängenden Shaw selbst und bot nach der anderen Seite einen Blick auf zahlreiche, kalte Haidehügel, die sich hoch gegen den Himmel abhoben, und die bereits zu einer sehr frühen Zeit von Mr. Soulis Amtsdauer während der Abenddämmerung von allen, die sich auf ihre Vorsicht etwas einbildeten, gemieden wurden. Ja, die Gevattern, die sich in dem Dorfgasthause versammelten, pflegten bei dem Gedanken, spät in der Nacht an jenem unheimlichen Ort vorbei zu müssen, den Kopf zu schütteln. Um ganz genau zu sein, gab es dort eine Stelle, die mit besonderer Scheu betrachtet wurde. Das Pfarrhaus lag zwischen der Landstraße und den Wassern des Dule, mit je einem Giebel nach jeder Seite, während die Rückwand nach dem fast eine halbe Meile entlegenen Kirchdorf Balweary blickte und die Vorderfront samt einem kahlen, von einer Dornenhecke eingefaßten Garten den Raum zwischen Fluß und Straße einnahm. Das Haus hatte zwei Stockwerke mit je zwei geräumigen Zimmern. Es grenzte nicht unmittelbar an den Garten, sondern an einen Hohlweg oder Gang, dessen eines Ende auf die Straße führte und dessen andere Mündung durch hohe Weiden und Ellern, die den Fluß umsäumten, begrenzt wurde. Dieser gemauerte Gang erfreute sich unter den jüngeren Gemeindemitgliedern von Balweary eines ganz besonders schlimmen Rufes. Der Pastor pflegte dort häufig nach Anbruch der Dunkelheit auf und ab zu wandeln und mitunter in der Inbrunst seiner stummen Gebete laut zu stöhnen; und wenn er von Hause fort und die Pfarrhaustür verschlossen war, wagten nur die tollkühnsten der männlichen Schuljugend klopfenden Herzens an jenem verrufenen Ort Räuber und Gendarm zu spielen.

Die Atmosphäre des Grauens, die hier in der Tat einen Gottesmann von fleckenlosem Charakter und reinster Orthodoxie umgab, war ganz allgemein die Ursache von Staunen und Neugier unter den wenigen Fremden, die durch den Zufall oder durch Geschäfte in jene unbekannte, weltfremde Gegend geführt wurden. Aber sogar in der Gemeinde selbst gab es viele Leute, die nichts von den seltsamen Begebenheiten wußten, die das erste Amtsjahr Mr. Soulis' auszeichneten, und unter den besser Unterrichteten gab es einige, die von Haus aus zurückhaltend waren und andere, die vor jenem besonderen Gegenstand zurückschreckten. Nur hin und wieder erwärmte sich einer der älteren Männer über seinem dritten Glase Schnaps hinreichend, um Mut zu fassen und der Ursache des seltsamen Aussehens sowie des einsiedlerischen Lebens des Geistlichen nachzugehen.

»Vor fünfzig Jahren, als Mr. Soulis zuerst nach Balweary kam, war er noch ein junger Mann – ein forscher Bursch, wie die Leute sagen – ganz voller Buchgelehrsamkeit und großartig im Auslegen der Heiligen Schrift, aber, wie man's bei einem so jungen Menschen ja auch nicht anders erwarten kann, ohne richtige, praktische Erfahrung in der Religion. Die jungen Leute, die waren natürlich ganz weg von seinen Talenten und seinem vielen Reden; aber was so alte, vorsichtige, ernste Männer und Weiber waren, die sorgten sich so sehr um den jungen Mann, daß sie für ihn und die Gemeinde beteten; denn von ihm glaubten sie, daß er einer von jenen sei, die sich selbst betrügen, und von der Gemeinde, daß sie wahrscheinlich übel mit ihm dran wäre. Das war noch vor den Tagen der Lauen im Herrn – Gott strafe sie –; aber die schlimmen Dinge sind wie die guten – beide wachsen recht hübsch langsam, Stück für Stück, und es hat auch damals schon Leute gegeben, die da meinten, der Herrgott hätte die gelehrten Professoren ganz verlassen, und die Burschen, die bei ihnen das Studieren anfingen, wären besser und gescheiter in ihrem Torfmoor hocken geblieben, wie ihre Voreltern das in den Zeiten der Bedrängnis taten, mit 'ner Bibel unter ihrer Achsel und dem Geist des Gebets im Herzen. Eins war sicher: Mr. Soulis war viel zu lange auf der Universität geblieben. Er sann und trachtete nach vielen Dingen, außer denen, die wahrhaft not tun. Er hatte einen Haufen Bücher bei sich – mehr, als man je zuvor im Pfarrhaus beieinander gesehen hatte; – und eine saure Müh machte es dem Boten, sie hierher zu tragen; alle waren sie nahe daran, irgendwo in dem Teufelsmoor zwischen hier und Kilmackerlie zu ersaufen. Es waren zwar Bücher der

Gottesgelehrtheit, oder hießen doch so; aber die ernsten Leute sahen alle nicht ein, weswegen er so viele brauchte, wo sich doch das ganze liebe Gotteswort in der Falte eines Plaids herumtragen läßt. Da saß er nun den halben Tag und fast die halbe Nacht lang – was doch kaum anständig ist – und tat schreiben, nicht mehr und nicht weniger; und zuerst fürchteten wir alle, er würde seine Predigten herunterlesen; aber dann kam es heraus, daß er selber neue Bücher schrieb, und das schickt sich für jemanden in seinen Jahren und von seinem bißchen Erfahrung doch bestimmt nicht.

Nun mußte man ihm aber ein altes, ehrbares Weibsbild finden, um ihm das Pfarrhaus in Ordnung zu halten und sein bißchen Essen zu kochen; und man nannte ihm ein altes Frauenzimmer – Janet M'Clour war ihr Name – und ließ ihn dann seiner Wege gehen, so daß er tat, was er sich in den Kopf gesetzt hatte. Zwar waren auch viele da, die ihm von der Janet abrieten, denn sie war den besten Leuten in Balweary mehr als anrüchig. Lange vorher hatte sie von 'nem Dragonerkerl 'nen Balg bekommen; seit rund dreißig Jahren war sie nicht an den Tisch des Herrn getreten; und die Kinder hatten gesehen, wie sie bei Dunkelwerden ganz allein auf Keys Loan herumstrich, was für 'ne gottesfürchtige Frauensperson ein recht seltsamer Ort ist, und dabei hatte sie in einem fort vor sich her gemurmelt. Na, wie dem auch sei, der Gutsherr selbst war der erste, der dem Pastor von der Janet sprach; und damals machte man noch manchen Umweg, um der Herrschaft zu gefallen. Wenn die Leute ihm sagten, daß Janet sich dem Teufel verschrieben hätte, so war das in des Herrn Pastors Augen nur ein Stück Aberglauben, und wenn sie ihm dann mit der Bibel und der Hexe von Endor kamen, so trommelte er's in ihre Schädel hinein, daß die Zeiten heute vorbei wären und daß der Teufel jetzt durch Gottes Gnade in Ketten läge.

Nun, als es sich so im Dorfe herumsprach, daß Janet M'Clour als Dienstbote aufs Pfarrhaus sollte, waren die Leute recht außer sich über alle beide, sie und ihn; und einige von den Gevatterinnen hatten nichts Besseres zu tun, als zu der Janet hinzulaufen und ihr alles vorzuwerfen, was sie von ihr wußten, von dem Soldatenbalg angefangen bis zu John Tamsons zwei Kühen. Die Janet war nicht gerade sehr fix mit der Zunge; auch ließen sie die Leute gewöhnlich ihre eigenen Wege gehen und sie die Leute nicht minder, mit kaum einem »Schön guten Abend« oder »Guten Tag«; aber wenn sie sich's in den Kopf setzte, dann hatte sie 'ne Zunge, um selbst den Müller taub zu machen. Diesmal war sie nun auch nicht faul; in ganz Balweary gab's keine alte Klatschgeschichte, die sie an jenem Tage nicht irgend jemandem unter die Nase hielt, und man konnte ihr kein Ding vorwerfen, ohne als Entgelt gleich zwei zu hören zu bekommen, bis die Gevatterinnen die Janet zuguterletzt packten, ihr die Kleider vom Leibe rissen und sie durch das ganze Dorf stießen bis an den Dule heran, um herauszubekommen, ob sie 'ne Hexe wäre; ob sie schwimmen oder untergehen würde. Das Frauenzimmer schrie, daß man es bis zum Hanging Shaw herauf hörte, und kämpfen tat sie wie ihrer Stücke zehn. Manch eine von den Gevatterinnen trägt noch ein Abzeichen ihrer Nägel bis ans Lebensende mit sich herum; und wer kommt da, grad als die Sache am hitzigsten ist, auf daß seine Sünden bestraft werden, des Weges? Der neue Herr Pastor!

»Weiber,« sagt er (und er hatte eine großartige Stimme), »ich befehle euch im Namen des Herrn, gebt sie frei!«

Janet rannte auf ihn los – sie war schon halb verrückt vor Angst – und klammerte sich an ihn und bat ihn um Christi willen, sie von den Klatschbasen zu retten; und die, für ihr Teil, erzählten ihm alles, was sie wußten, und vielleicht sogar noch 'n bißchen mehr.

»Weib,« sagt er zu Janet, »ist das wahr?«

»So wahr der Herrgott mich sieht,« sagt sie, »so wahr der Herr mich erschaffen hat, kein Wort davon. Bis auf das Kind,« sagt sie, »bin ich mein Lebtag ein ehrbar Weib gewesen.«

»Willst du,« sagt Mr. Soulis, »im Namen Gottes hier vor mir, seinem unwürdigen Diener, dem Teufel und seinen Werken abschwören?«

Nun, es scheint, daß sie, wie er das so fragte, zu grinsen anfing, so daß alle, die es sahen, es mit der Angst bekamen, und man konnte ihre Zähne im Munde nur so klappern hören. Aber da half ihr nun gar nichts, für das eine oder das andere mußte sie sich entscheiden, und Janet hob die Hand hoch und schwur vor ihnen allen dem Teufel und seinen Werken ab.

»Und jetzt,« sagt Mr. Soulis zu den Gevatterinnen, »macht, daß ihr nach Hause kommt, alle miteinander, und betet, das Gott euch verzeihen möge.«

Und er reichte Janet den Arm, ob sie auch wenig mehr als ihr Hemd an hatte, und führte sie durch das ganze Dorf bis an ihr eigenes Haus wie eine richtige große Dame; und ihr Lachen und Weinen war ein Skandal, wert, daß man ihn hörte.

In jener Nacht gab's viele ernste Leute, die mit ihrem Gebet gar nicht fertig werden konnten; als dann aber der Morgen kam, überfiel die ganze Gemeinde Balweary eine solche Furcht, daß die Kinder sich versteckten und selbst die Mannsbilder nur hinter der Haustüre hervorzugucken wagten. Denn da kam Janet das Dorf hinunterspaziert – sie oder doch ihr Ebenbild, das konnte kein Mensch wissen – mit ganz schiefem Hals und dem Kopf auf der einen Seite, wie jemand, der gehängt worden ist, und mit einem Grinsen ums Maul, wie eine nicht hergerichtete Leiche. Mit der Zeit gewöhnten sich die Leute ja daran, und einige starrten ihr sogar ins Gesicht, um herauszubekommen, was mit ihr los wäre; aber von dem Tage an konnte Janet nicht mehr wie eine christliche Frauensperson reden, sondern schnatterte und klapperte mit den Zähnen, als hätte sie ein paar Scheren im Maul; und auch der Name Gottes kam von da an nicht mehr über ihre Lippen. Manchmal, da versuchte sie es ja, ihn auszusprechen, aber es ging nicht. Die Leute, welche das meiste wußten, redeten am wenigsten; niemals aber gaben sie dem Ding da den Namen Janet M'Clour; denn die alte Janet, so wie sie's erzählten, briet bereits in der tiefsten Hölle. Aber der Herr Pastor war nicht zu belehren und nicht zu halten; er predigte von nichts anderem als von der Grausamkeit der Leute, die der Janet einen Schlagfluß verursacht hätten; ja, er schlug die Kinder, die sie neckten; und noch in derselben Nacht holte er sie hinauf ins Pfarrhaus und wohnte mit ihr da ganz alleine unter dem Hanging Shaw.

Nun, die Zeit ging vorüber, und die Müßigeren unter uns fingen an, leichtfertiger von der ganzen schwarzen Angelegenheit zu denken. Von dem Herrn Pastor hatte man eine gute Meinung; immer noch saß er bis spät in die Nacht bei seiner Schreiberei, ja, die Leut konnten bis zwölf Uhr den Schein seiner Kerze über dem Dulefluß sehen. Er schien mit sich selbst auch noch genau so zufrieden und so selbstsicher wie zuvor, wenn auch jedermann sehen konnte, daß er abmagerte. Und Janet kam und ging, und hatte sie früher nicht viel geredet, so hatte sie jetzt Grund genug, um noch weniger zu schwatzen. Aber sie war schauerlich anzusehen, und um den ganzen Balweary Pfarracker hätte keiner ihr über den Weg laufen mögen.

Da kam gen Ende Juli eine Spanne Wetter, wie wir es in der ganzen Gegend noch nicht erlebt hatten; es war drückend und heiß und unlustig; die Herden konnten den Schwarzen Berg nicht mehr hinauf, die Kinder waren zu müde, um zu spielen; und dabei war es auch stürmisch, mit Stößen von heißem Wind, der in den Tälern nur so rumorte, und mit kleinen Schauern, die niemandem nichts nützten. Wir glaubten, es würde am nächsten Tage ein Gewitter geben, aber der Morgen kam und der übernächste Morgen, und immer noch das gleiche, unheimliche Wetter, hart für die Menschen und hart fürs Vieh. Von allen, die es in den Knochen spürten, war keiner so übel dran wie Mr. Soulis; er konnte weder schlafen noch essen, erzählte er den Kirchenältesten; und wenn er nicht an seinem langen, langen Buch schrieb, dann stieg er in der ganzen Gegend umher, wie einer, den der Teufel reitet, und das in einer Zeit, wo jede Kreatur froh war, zu Haus bleiben zu können.

Über dem Hanging Shaw im Schatten von Black Hill liegt ein kleiner eingefriedeter Grund mit einem eisernen Gitter; es scheint, daß er in alten Zeiten der Kirchhof von Balweary war und von Papisten geweiht, ehe denn das himmlische Licht über dem Reiche leuchtete. Das war nun Mr. Soulis' Lieblingsaufenthalt; dort saß er und dachte sich seine Predigten aus, und es war auch wirklich ein schattiges Plätzchen. Als er nun eines Tages durch den wüsten Teil von Black Hill schritt, sah er zuerst zwei und dann vier und schließlich sieben Krähen rund um den alten Friedhof flattern. Sie flogen tief und schwer und krächzten im Fluge, und es war Mr. Soulis klar, daß etwas sie aufgescheucht haben mußte. Ihm war nicht so leicht bange zu machen, darum ging er auch schnurstracks auf das Gitter los. Und was fand er da? Einen Mann oder doch so was ähnliches, der drinnen im Kirchhof auf einem Grabe saß. Er war sehr groß und schwarz wie die Hölle, und seine Augen waren seltsam anzusehen. Mr. Soulis hatte schon manches liebe Mal von schwarzen Männern erzählen hören, aber an diesem hier war etwas Fremdartiges, das ihm Furcht einjagte. Heiß wie ihm war, spürte er einen kalten Angstschauer bis ins Mark hinein, aber er redete ihn trotzdem forsch an und fragt: »Mein Freund, seid Ihr fremd an diesem Orte?« Und der schwarze Mann antwortete kein Wort, sondern machte sich auf die Beine und stolperte auf die jenseitige Mauer zu, und die ganze Zeit über sah er den Pastor an, und der Pastor starrte zurück, bis der Schwarze in der nächsten Minute über die Mauer rüber war und auf den Schatten der Bäume zulief. Mr. Soulis, warum, wußte er selber kaum, rannte hinter ihm drein; aber er war schon ganz alle von seinem Spaziergang und von dem heißen, ungesunden Wetter, und wenn er auch noch so sehr rannte, so konnte er doch nur einen Augenblick lang den Schwarzen zwischen den Birken laufen sehen, bis er den Berg hinunter war, und da sieht er von neuem, wie der Andere laufend, springend und rennend über den Dule-Fluß rüber im Pfarrhaus verschwindet.

Mr. Soulis war nun nicht besonders entzückt, den schauerlichen Kerl so mir nichts, dir nichts mit dem Balweary Pfarrhaus umspringen zu sehen; und er rannte nur um so schneller und mit nassen Schuhen über den Bach und den Gang hinauf; im ganzen Garten hat er sich umgeschaut, aber nirgends war da ein schwarzer Mann zu sehen. Am anderen Ende des Ganges drückt er ein bißchen ängstlich, wie das ja ganz natürlich war, die Klinke runter und ging ins Pfarrhaus; und da vor seinen Augen stand Janet M'Clour mitsamt ihrem schiefen Kopf und freute sich obendrein gar nicht, ihn zu sehen. Und da fiel es ihm ein, daß er immer schon, seitdem er sie zum ersten Male zu Gesicht bekommen hatte, dasselbe kalte, gräuliche Gefühl gespürt hatte.

»Janet,« sagt er, »hast du einen schwarzen Mann gesehen?«

»Einen schwarzen Mann?« fragt sie. »Gott steh uns bei! Ihr seid nicht gescheit, Herr Pastor. Es gibt keinen schwarzen Mann in ganz Balweary.«

Aber sie redete nicht deutlich, müßt ihr wissen, sondern winselte und wieherte nur so vor sich hin, wie'n Ponny, daß 'nen Zaumzeug im Maule hat.

»Nun,« sagt er, »Janet, wenn das kein schwarzer Mann war, dann habe ich den Versucher selbst gesehen.«

Und er setzte sich wie einer, der's Fieber hat, und seine Zähne klapperten ihm im Kopfe.

»Pfui, pfui,« sagt sie, »schämt Euch, Herr Pastor«, und sie gab ihm einen Tropfen Schnaps, den sie immer bei sich hatte.

Dann ging Mr. Soulis in sein Studierzimmer zu seinen vielen Büchern. Das ist 'nen langes, niedriges, finsteres Zimmer, zum Umkommen kalt im Winter und nicht einmal im Sommer sonderlich trocken, denn das Pfarrhaus liegt dicht am Fluß. Da setzte er sich also hin und dachte an alles, was er so erlebt hatte, seit er nach Balweary gekommen war, an seine Heimat und an die Zeit, als er noch ein Bub war und vergnügt über die Haide sprang; und der schwarze Kerl da ging ihm wie so'n Lied im Kopfe 'rum. Er versuchte zu beten, aber die Worte fielen ihm nicht ein; und es heißt auch, daß er an seinem Buche schreiben wollte, aber da ging es ihm auch nicht besser. Es gab Zeiten, in denen er glaubte, der Schwarze stände neben ihm, und der Schweiß brach ihm aus allen Poren, so kalt wie Brunnenwasser, und dann wieder kam er zu sich selbst wie ein richtiger Christenmensch und fürchtete sich vor nichts mehr.

Das Ende vom Liede war, daß er zum Fenster schritt und in den Dule-Fluß hinunterstarrte. Die Bäume wuchsen da unheimlich dicht, und das Wasser unterhalb des Pfarrhauses ist tief und schwarz; und da stand Janet und wusch mit hochgerafften Röcken die Wäsche. Sie hatte dem Pastor den Rücken zugekehrt, so daß er zuerst gar nicht wußte, wen er vor sich hatte. Dann drehte sie sich um und zeigte ihm ihr Gesicht; und Mr. Soulis hatte dasselbe kalte Angstgefühl, das er schon zweimal an jenem Tage gespürt hatte, und er erinnerte sich an das, was die Leute sagten, daß Janet schon lange tot wäre und daß hier ein Gespenst in ihrem Leichnam umginge. Er zog sich ein bißchen zurück und beobachtete sie scharf. Sie stampfte und rieb auf die Wäsche los und summte so vor sich her, und – der Herr stehe uns bei! – es war ein gräuliches Gesicht! Mal sang sie lauter, aber es gibt keinen Menschen, vom Weibe geboren, der da hätte sagen können, welches ihre Worte waren; und mal guckte sie so von seitwärts an sich herunter, aber es war nichts da, das sie hätte sehen können. Da lief wieder ein Schauer durch des Pastors Knochen, und das war eine Warnung des Himmels. Aber Mr. Soulis machte sich Vorwürfe, daß er so schlecht von einem alten, unglücklichen Frauenzimmer dachte, das niemand außer ihm selbst zum Freunde hatte; und er sprach so'n kleines Gebet für sich selbst und eins für sie und trank ein bißchen kaltes Wasser – denn sein Magen drehte sich bei dem Gedanken an Essen um – und ging im Dämmerlicht zu seinem kahlen Bett hinauf.

Das war eine Nacht, wie ganz Balweary sie nie und nimmer vergessen wird, die Nacht zum siebzehnten August siebenzehnhundertundzwölf. Es war vorher schon heiß gewesen, wie ich ja gesagt habe, aber diese Nacht war heißer denn alle anderen. Die Sonne ging hinter gar schaurig aussehenden Wolken unter; es wurde so finster wie in der Hölle selbst; kein Stern, kein bißchen Wind; man konnte nicht die Hand vor Augen sehen, und selbst die alten Leute warfen die Decken von ihren Betten zurück und schnappten nur so nach Luft. Mit allem, was ihm so im Kopfe herumging, war es nicht sehr wahrscheinlich, daß Mr. Soulis viel schlafen würde. Er lag also wach und warf sich in den Kissen herum, und das gute, kühle Bett brannte ihn bis auf die Knochen, und mal hörte er die Glocken schlagen und mal einen Köter draußen auf der Haide heulen, wie wenn jemand im Sterben liegt; mal glaubte er, Geister schrien hinter ihm drein, und mal sah er Gespenster im Zimmer. Da meinte er, daß er wohl krank sein müßte; und krank war er auch – aber was für eine Krankheit er hatte, das ahnte er nicht. Zum Schluß wurde es ihm aber klarer im Kopfe; er setzte sich also in seinem Hemde im Bette aufrecht, und fing wieder an, an den schwarzen Mann und an Janet zu denken. Wie es kam, wußte er nicht – vielleicht war die Kälte an seinen Füßen dran schuld – aber mit einemmal wußte er ganz genau, daß die beiden irgendwas miteinander hatten, und daß entweder einer von beiden oder alle beide Gespenster waren. Und gerade in dem Augenblick kam von Janets Kammer her, die neben der seinen lag, ein Stampfen wie von Männern bei einer Rauferei, gefolgt von einem lauten Knall, und dann heulte ein Wind rings um die vier Wände des Hauses, und dann war wieder alles still wie das Grab.

Mr. Soulis, der fürchtete sich aber weder vor Mensch noch Teufel. Er nahm also sein Feuerzeug, steckte eine Kerze an und war mit drei Schritten neben Janets Kammertür. Die war nicht verschlossen, und er stieß sie auf und guckte ganz unverzagt ins Zimmer hinein. Es war ein großer Raum, so groß wie der des

Herrn Pastors selbst, und ganz voll schweren, alten, festen Hausrats, denn andere Sachen besaß der Pastor gar nicht. Da standen ein großes, vierpfostiges Bett mit alten Vorhängen und ein schöner Schrank ganz aus Eiche, der voll von des Herrn Pastors geistlichen Büchern steckte und dort aufgestellt war, um außer Weges zu sein; und ein paar Kleidungsstücke Janets lagen am Boden herum. Aber von Janet selbst war nichts zu sehen, und von einem Streite auch nichts. So spazierte Mr. Soulis denn schnurstracks hinein (und ich kenn' wenige, die es ihm nachgemacht hätten) und blickte sich ringsum und lauschte. Aber da war nichts zu hören, weder drinnen im Pfarrhaus selbst, noch in der Gemeinde Balweary, und nichts zu sehen, außer den vielen Schatten, die um die Kerze tanzten. Und dann fing ganz plötzlich des Herrn Pastors Herz an wie wild zu klopfen und stand dann wieder stockstill, und ein kalter Wind blies ihm durch die Haare. Und ach, welch eine schlimme Sache mußte der arme Mann da sehen! Dort hing Janet an dem alten Eichenschrank an einem Nagel: ihr Kopf lag ganz auf ihrer Schulter, die Augen waren ganz starr und die Zunge hing ihr zum Halse heraus, und ihre Absätze baumelten glatt zwei Fuß über dem Estrich.

»Gott verzeih uns allen!« dachte Mr. Soulis; »die arme Janet ist tot.«

Er trat also 'nen Schritt näher auf die Leiche zu; und dann donnerte sein Herz nur so gegen seine Rippen. Denn durch welchen verdammten Spuk ziemt es sich wohl kaum für einen Menschen zu sagen aber da hing sie an einem einzigen Nagel, an einem einzigen Wollfaden von der Art, mit der sie sonst des Pastors Strümpfe stopfte.

Es ist eine furchtbare Sache, des Nachts ganz allein zu sein mit solchen Schrecken der Finsternis; aber Mr. Soulis war stark im Herrn. Er drehte sich also um und ging seines Weges aus dem Zimmer hinaus und schloß die Türe hinter sich zu; und Schritt für Schritt ging's, schwer wie Blei, die Treppe hinunter; und dann stellte er den Leuchter auf den Tisch am Fuße der Treppe.

Er konnte nicht beten und er konnte nicht denken, er troff nur so von kaltem Schweiß, und nichts konnte er hören, außer dem Poch-poch-poch seines eigenen Herzens. Da mag er nun wohl eine Stunde oder vielleicht auch zwei gestanden haben, wie lange, das merkte er wohl kaum, als er ganz plötzlich einen leichten, unheimlichen Schritt über sich hörte. Füße gingen in dem Zimmer auf und ab, in dem die Leiche hing, dann wurde die Türe geöffnet, obwohl er genau wußte, daß er sie verschlossen hatte, und es war ihm, als spähe die Leiche über das Treppengeländer auf ihn, wie er so dastand, hinab.

Da packte er wieder den Leuchter (denn ohne Licht konnte er nicht sein) und ging so leise wie er gekommen war schnurstracks aus dem Pfarrhaus hinaus an das andere Ende des Ganges. Es war immer noch stockfinster; die Flamme der Kerze brannte, als er den Leuchter auf den Boden setzte, so klar und ruhig wie in einem Zimmer; nichts rührte sich, außer den Wassern des Dule, die das Tal hinunter weinten und seufzten, und jenem unheimlichen Schritt, der drinnen im Pfarrhaus die Treppe hinab tapste. Er kannte den Tritt wohl, es war Janets; und mit jedem Schritt, den er näher kam, fraß er sich tiefer in seine Eingeweide. Und er empfahl seine Seele dem, der sie erschaffen und in seine Hut genommen hatte: »und oh Herr,« sagte er, »gib mir Kraft heute Nacht, Krieg zu führen gegen die Mächte des Bösen.«

Derweilen war der Schritt durch den Gang auf die Tür zu gekommen; er hörte, wie eine Hand die Mauer entlang glitt, als ob das gräßliche Wesen sich seinen Weg ertastete. Die Äste rauschten und schlugen gegeneinander, ein langer Seufzer kam über den Berg herüber, die Flamme der Kerze wurde ausgeblasen und da stand der Leib der krummen Janet mitsamt ihrem Frieskleide und ihrer schwarzen Haube, mit dem Kopf auf der einen Schulter und dem Grinsen auf ihrem Gesicht – lebendig, hätte man meinen mögen – tot wie Mr. Soulis wohl wußte – auf der Schwelle des Pfarrhauses.

Es ist ’ne seltsame Sache, daß die Seele des Menschen in einem so gebrechlichen Leibe wohnt, aber der Pastor gewahrte jenes Ding, und sein Herz brach nicht.

Sie blieb nicht lange da; sie bewegte sich bald wieder und kam langsam auf die Stelle zu, wo Mr. Soulis unter den Bäumen stand. Die ganze Glut seines Leibes, alle Kraft seines Geistes leuchtete ihm aus den Augen. Es war, als ob sie reden wollte, doch fehlte es ihr an Worten, und sie machte mit der linken Hand ein Zeichen. Da kam ein Windstoß wie das Fauchen einer Katze; die Kerze erlosch, die Äste kreischten wie Menschen und Mr. Soulis wußte, daß die Sache nun, lebend oder tot, ein Ende nehmen müßte.

»Hexe, Vettel, Teufelin!« schrie er, »ich beschwöre dich bei der Macht Gottes, hebe dich hinweg – wenn du tot bist, ins Grab – bist du verdammt, dann in die Hölle!«

Und in dem gleichen Augenblick traf des Herrn Hand vom Himmel her das Grauen auf der Stelle, wo es stand; der alte, tote, verfluchte Leib des Hexenweibes, der so lange kein Grab gefunden und von Teufeln gejagt worden war, flammte auf wie ein Funke und sank, ein Aschenhaufen, auf den Boden nieder; der Donner folgte, Schlag auf dröhnenden Schlag, ihm nach stürzte der klatschende Regen, und Mr. Soulis setzte über die Gartenhecke hinweg und rannte, Schrei über Schrei ausstoßend, auf das Dorf zu.

Am nämlichen Morgen sah John Christie den schwarzen Mann, Glock sechs, an Muckle Cairn vorbeigehen; noch vor acht passierte er das Posthaus in Knockdow, und kurze Zeit darauf sah ihn Sandy M’Lellan, wie er von Kilmackerlie die Hügel entlang schlich. Es ist wohl kaum ein Zweifel, daß er es war, der so lange in Janets Körper gehaust hatte; aber nun war er endlich vertrieben, und seither hat uns der Teufel in Balweary nie wieder geplagt.

Aber für den Herrn Pastor war’s eine harte Prüfung; lange, lange lag er zu Bett und redete irr; und von jener Stunde an wurde er der Mann, als den Ihr ihn heute kennt.

Markheim

»Ja,« sagte der Händler, »die Wechselfälle unseres Geschäfts sind vielfältig. Es gibt unwissende Kunden, und dann profitiere ich durch mein größeres Wissen. Es gibt auch Unehrliche,« hier hielt er den Leuchter in die Höhe, daß das Licht voll auf seinen Besucher fiel, »und in diesem Fall«, fuhr er fort, »ziehe ich aus meiner Tugend Gewinn.«

Markheim kam gerade erst aus dem Tageslicht der Straße; seine Augen hatten sich noch nicht an das Gemisch von Licht und Dunkel in dem Laden gewöhnt. Bei diesen vielsagenden Worten und angesichts der Nähe der Flamme blickte er schmerzlich blinzelnd beiseite.

Der Händler kicherte. »Sie kommen am Weihnachtstage zu mir,« redete er weiter, »obwohl Sie genau wissen, daß ich allein im Hause bin, die Läden heruntergelassen habe und streng darauf halte, Geschäften aus dem Wege zu gehen. Nun, Sie werden dafür zahlen müssen; Sie werden dafür zahlen müssen, daß ich jetzt Zeit versäume, während ich über meinen Rechnungsbüchern sitzen sollte; Sie müssen außerdem für ein gewisses Benehmen zahlen, das mir heute an Ihnen ganz besonders auffällt. Ich bin die Diskretion selbst und stelle keine unliebsamen Fragen; aber wenn mir ein Kunde nicht ins Auge sehen kann, muß er dafür zahlen.« Wieder kicherte der Händler und fuhr dann im üblichen Geschäftston, »wenn auch mit einem Schatten von Ironie fort: »Sie können natürlich wie gewöhnlich klar angeben, wie Sie in den Besitz des Gegenstandes gelangt sind? Wieder mal aus Ihres Onkels Kabinett? Ein hervorragender Sammler, Herr!« Der kleine, blasse Händler mit dem krummen Rücken stellte sich fast auf die Zehenspitzen, guckte über seine goldenen Brillengläser hinweg und schüttelte mit allen Zeichen des Unglaubens den Kopf. Markheim erwiderte seinen Blick in grenzenlosem Mitleid und leisem Grauen.

»Diesmal,« sagte er, »befinden Sie sich im Irrtum. Ich bin nicht gekommen, um zu verkaufen, sondern um zu kaufen. Ich will keine Raritäten losschlagen; meines Onkels Kabinett ist bis zu den Wänden geplündert; aber selbst wenn es noch intakt wäre, würde ich nichts verkaufen wollen. Ich habe an der Börse Glück gehabt und würde die Sammlung daher eher vergrößern als vermindern; mein heutiges Anliegen ist die Einfachheit selbst. Ich suche ein Weihnachtsgeschenk für eine Dame,« fuhr er mit wachsender Geläufigkeit fort, je mehr er sich für die Rede, die er sich zurechtgelegt hatte, erwärmte, »und sicherlich schulde ich Ihnen dafür, daß ich Sie in einer so geringfügigen Angelegenheit störe, eine Genugtuung. Aber ich habe die Sache gestern versäumt; ich muß meine kleine Aufmerksamkeit heute beim Essen anbringen; wie Sie genau wissen, darf man eine reiche Heirat nicht vernachlässigen.« Eine Pause folgte, in der der Händler diese Erklärung ungläubig abzuwägen schien. Das Ticken zahlreicher Uhren, die unter dem fremdartigen Trödel des Ladens verborgen waren, und das ferne Rollen der Wagen aus einer der benachbarten Verkehrsstraßen füllten die kurze Stille.

»Gut, Herr,« sagte der Händler, »es sei. Schließlich sind Sie ja ein alter Kunde; und wenn sich Ihnen wirklich, wie Sie sagen, die Gelegenheit zu einer vorteilhaften Heirat bietet, will ich der letzte sein, der sich Ihnen irgendwie in den Weg stellt. Hier habe ich etwas Hübsches für eine Dame,« fuhr er fort, »einen Handspiegel – fünfzehntes Jahrhundert, garantiert echt; stammt überdies aus einer guten Sammlung, wenn ich auch den Namen im

Interesse meines Kunden verschweigen muß, der ganz wie Sie, verehrter Herr, der Neffe und einzige Erbe eines hervorragenden Sammlers ist.«

Der Händler hatte sich, während er in seiner trockenen, bissigen Art zu schwatzen fortfuhr, gebückt, um den Gegenstand von seinem Platz zu holen; währenddessen fuhr ein Zittern durch Markheims Glieder, ein Zucken von Hand und Fuß, und plötzlich jagte ein Sturm aufrührerischer Leidenschaften über sein Gesicht. Der Anfall verging so rasch wie er gekommen war und ließ keine Spur zurück, ausgenommen ein gewisses Beben der Hand, die jetzt den Spiegel in Empfang nahm.

»Ein Spiegel,« sagte er heiser und wiederholte deutlicher nach einer Pause. »Ein Spiegel? Zu Weihnachten? Das ist doch nicht Ihr Ernst?«

»Warum denn nicht?« rief der Händler, »warum keinen Spiegel?«

Markheim blickte ihn mit undefinierbarem Ausdruck an. »Sie fragen mich, warum ich keinen Spiegel will?« sagte er. »Sehen Sie her – sehen Sie selbst hinein – sehen Sie sieh an! Lieben Sie es, sich zu betrachten? Nein! Ich auch nicht – und ich wüßte niemanden, der es täte.«

Das Männchen war zurückgeschnellt, als Markheim ihm so plötzlich den Spiegel hinhielt; jetzt aber, da er erkannte, daß er nichts Schlimmeres in der Hand hatte, kicherte er. »Ihre Zukünftige muß recht stiefmütterlich vom Schicksal bedacht sein,« meinte er.

»Ich bitte Sie um ein Weihnachtsgeschenk,« sagte Markheim, »und Sie geben mir dieses da – diesen verdammten Herold der Zeit, der von Sünden und Torheit spricht – diesen Handmahner des Gewissens! War das Ihre Absicht? Hatten Sie dabei einen Hintergedanken? Reden Sie. Sie tun gut daran. Kommen Sie und erzählen Sie mir von sich selbst. Ich rate aufs Geratewohl: im Grunde Ihres Herzens sind Sie ein recht mildtätiger Mann?«

Der Händler musterte seinen Besucher scharf. Seltsam, Markheim schien nicht zu lachen; auf seinem Gesicht leuchtete etwas wie erwartungsvolle Hoffnung, aber keine Lustigkeit.

»Wo wollen Sie hinaus?« fragte der Händler.

»Nicht mildtätig?« entgegnete düster der andere.

»Nicht mildtätig; nicht fromm; nicht gewissenhaft; lieblos, ungeliebt; eine Hand zum Gelderraffen, eine Kassette für dessen Aufbewahrung. Ist das alles? Du großer Gott, Mensch, ist das alles?«

»Ich will Ihnen sagen, was ist,« begann der Händler mit einiger Schärfe und brach dann mit einem Kichern ab. »Aber ich sehe ja, daß dies eine Liebesheirat ist, und Sie haben auf der Dame Gesundheit getrunken.« »Ah,« rief Markheim mit seltsamer Neugier, »Ah, sind Sie je verliebt gewesen? Erzählen Sie mir davon.« »Ich,« rief der Händler, »ich, verliebt? Habe nie die Zeit dazu gehabt, und habe auch heute keine Zeit für diesen Unsinn. Wollen Sie nun den Spiegel?«

»Wozu die Eile?« entgegnete Markheim. »Es steht und plaudert sich hier doch recht angenehm; und das Leben ist so kurz und unsicher, daß ich keiner Freude entrinnen möchte, selbst einer so unschuldigen wie dieser nicht. Wir sollten vielmehr an allem, was uns gegeben ist, festhalten, festhalten wie einer, der über einem Abgrund schwebt. Jede Sekunde stellt einen Abgrund dar, wenn man's recht bedenkt, – einen schwindelnd tiefen Abgrund – tief genug, um uns bis zur Unkenntlichkeit unseres Menschentums zu zerschmettern. Und daher ist es besser, sich angenehm zu unterhalten. Wir wollen von einander reden; wozu diese Maske? Lassen Sie uns gegenseitig Vertrauen fassen. Wer weiß, vielleicht werden wir noch Freunde?«

»Ich habe Ihnen gerade noch ein Wort zu sagen,« erklärte der Händler. »Entweder Sie erledigen Ihren Einkauf oder Sie scheren sich aus meinem Laden!« »Wahr, sehr wahr,« sagte Markheim. »Genug der Torheiten. Zur Sache. Zeigen Sie mir etwas anderes.«

Der Händler bückte sich ein zweites Mal, um den Spiegel auf das Brett zurückzulegen; sein dünnes blondes Haar fiel ihm über die Augen. Markheim trat, die eine Hand in der Tasche seines schweren Mantels vergraben, ein wenig näher. Er straffte sich zu seiner vollen Länge, und seine Lungen sogen sich voll Luft. Gleichzeitig malten sich die verschiedenartigsten Empfindungen auf seinem Gesicht: Furcht, Grauen und Entschlossenheit, faszinierte Aufmerksamkeit und physischer Widerwillen, und unter der verzerrten Oberlippe wurden seine Zähne sichtbar.

»Vielleicht ist dies etwas Passendes«, bemerkte der Händler; und während er sich aufrichtete, stürzte sich Markheim von hinten auf sein Opfer. Die lange schmale Klinge blitzte auf und traf. Der Händler zappelte wie eine Henne, stieß mit der Schläfe gegen das Wandbrett und sank in einem Häufchen zu Boden.

Die Zeit hatte wohl ein Dutzend feiner Stimmen in jenem Laden, gewichtige und gemessene, wie es dem hohen Alter zukommt, schwatzhafte und eilige, und alle zählten im verworrenen Ticktack die Sekunden. Von der Gasse her durchbrach das hastige Gepolter von Knabenfüßen auf Pflastersteinen den Chor der schwächeren Stimmen und erweckte Markheim zum Bewußtsein seiner Umgebung. Er blickte sich furchtsam um. Die Kerze stand auf dem Ladentisch; mahnend zuckte die Flamme im Luftzug, und diese fast unmerkliche Bewegung füllte den ganzen Raum mit stummem Leben und wogender Unruhe wie das Meer: die steilen Schatten nickten, die schweren massigen Dunkelheiten wuchsen und schrumpften wie atmende Wesen, die Gesichter der Porträts und der chinesischen Porzellangötter wandelten sich und verschwammen wie Spiegelbilder im Wasser. Die innere Tür stand offen und spähte in das Heer der Schatten mit einem langen schmalen Streifen Tageslicht, der einem gestreckten Zeigefinger glich.

Von ihren Irrfahrten kehrten Markheims furchtbefallene Augen zu dem Körper seines Opfers zurück, wie er buckelig, mit gespreizten Gliedern, unglaublich klein und unendlich viel erbärmlicher als im Leben dalag. In den ärmlichen Kleidern eines Geizhalses und in jener plumpen Stellung war das Ganze nicht viel mehr als ein Häufchen Lumpen. Markheim hatte sich vor seinem Anblick gefürchtet, und siehe! Es war ein Nichts. Und dennoch, wie er es so betrachtete, begannen in diesem blutbesudelten Bündel alter Kleider beredte Stimmen laut zu werden. Dort mußte es liegen; niemand war, der die geschickt gearbeiteten Angeln und Scharniere spielen ließ, der das Wunder der Bewegung dirigieren konnte. Dort mußte es liegen, bis es gefunden wurde. Gefunden! Ja, und dann? Dann würde aus diesem toten Leib ein Schrei aufsteigen, von dem ganz England widerhallen mußte. Das Echo der Jagd würde die ganze Welt erfüllen. Ja, tot oder lebendig, hier lag der Feind. »Zeit war, da der gehemmte Geist entwich« – fuhr es ihm durch den Sinn, und das erste Wort zündete in seinem Hirn. Die Zeit, die für das Opfer ausgelöscht war, war nun, da er die Tat vollbracht, für den Mörder unaufhaltsam, ungeheuerlich bedeutungsvoll geworden.

Dieser Gedanke erfüllte ihn noch ganz, als erst die eine und dann die andere Uhr, in jeder möglichen Variation von Takt und Stimme, tief wie die Glocke einer Kathedrale, leicht und hell wie der Auftakt zu einem Walzer, die dritte Nachmittagsstunde zu schlagen begann.

Der plötzliche Ausbruch so zahlreicher Stimmen in dem stummen Raum traf ihn wie ein Fausthieb. Er setzte sich in Bewegung, schritt, die Kerze in der Hand, hin und her, unablässig von gleitenden Schatten verfolgt und zu Tode erschrocken von zufälligen Betrachtungen. Aus zahlreichen prunkvollen Spiegeln teils heimischen Ursprungs, teils aus Venedig oder Amsterdam, blickte ihm sein Gesicht in vielfältigen Wiederholungen gleich einem Heer von Spionen entgegen; seine eigenen Augen stellten ihn in der Begegnung, und seine eigenen Schritte schreckten trotz ihrer Leichtigkeit die umgebende Stille auf. Und noch während er seine Taschen füllte, warf ihm sein Hirn mit unablässiger, tödlicher Monotonie die tausend Fehler seines

Planes vor. Er hätte eine ruhigere Stunde wählen, sich ein Alibi beschaffen sollen; er hätte kein Messer gebrauchen, hätte vorsichtiger sein sollen. Es hätte genügt, den Händler zu binden und zu knebeln, statt ihn zu töten; er hätte verwegener sein und sich auch noch des Dienstboten entledigen sollen; alles hätte er anders machen sollen: brennendes Bedauern, zehrender, nimmer endender Kreislauf der Gedanken, um das zu ändern, was nicht zu ändern war; zweckloses Planen, Baumeister der unwiderruflichen Vergangenheit zu werden. Und im Hintergrunde dieses fiebrischen Denkens füllten tierische Schrecken, wie das Scharren und Rascheln der Ratten auf dem öden Dachboden, die geheimsten Kammern seines Gehirns mit Aufruhr; die Hand des Konstablers fiel schwer auf seine Schulter, und seine Nerven zuckten wie der Fisch am Angelhaken; oder es jagten Gerichtsschränke, Gefängnis, Galgen und der schwarze Sarg an seinem Innern vorbei. Furcht vor den Leuten auf der Straße belagerte ihn wie eine Armee die Festung. Unmöglich, daß nicht irgendwie der Kampf ruchbar geworden war und ihre Neugier aufgestachelt hatte. Jetzt sah er sie in den Nachbarhäusern sitzen, regungslos, die Ohren gespitzt – die Einsamen, die dazu verurteilt waren, Weihnachten allein mit ihren Erinnerungen zu feiern, durch seine Tat aus zärtlichen Gedanken aufgeschreckt; glückliche Familien um den Tisch versammelt und zu Schweigen erstarrt, die Mutter mit erhobenem Finger: Menschen jedes Standes, jedes Alters, jeder Laune, aber alle am eigenen Herde versammelt, und alle spähend, lauschend und den Strick flechtend, der ihn henken sollte. Mitunter war es ihm, als könne er nicht leise genug gehen; das Klirren der hohen böhmischen Gläser tönte laut wie eine Glocke, und durch das sonore Ticken erschreckt, fühlte er sich versucht, die Uhren abzustellen. Und wieder, in wechselndem Entsetzen, schien ihm das Schweigen selbst voller Gefahr: es mußte den Passanten auffallen, sie erstarrend an die Stelle fesseln. Und sofort vermehrte er die Sicherheit seines Auftretens, machte sich geräuschvoll in dem Laden zu schaffen und ahmte mit studierter Leichtigkeit das Treiben eines geschäftigen Mannes nach, der sich zwanglos in seinem eigenen Hause bewegt.

Jetzt aber fühlte er sich von so vielfachen Ängsten zerrissen, daß sein Gehirn dem Wahnsinn nahe war und doch wieder wachsam und schlau auf der Lauer lag. Der Nachbar, der sein bleiches Gesicht gegen die Scheiben preßte, der Passant, den eine grausige Ahnung stehen bleiben hieß, konnten schlimmstenfalls nur Vermutungen hegen: wissen konnten sie nichts. Die Ziegelmauern und geschlossenen Fensterläden ließen nur Geräusche hindurch. Aber war er hier im Hause auch wirklich allein? Er wußte, daß er es war; er hatte das Dienstmädchen in dem armen Feiertagskleid fortgehen sehen, dem Schatz entgegen, ›Ausgang‹ in jeder Rüsche, in jeder lächelnden Falte ihres Gesichts. Ja, er war allein, natürlich war er allein; dennoch hörte er ganz genau über sich in der weiten Leere des Hauses zarte Tritte – er war sich einer fremden Gegenwart vollauf bewußt, auf rätselhafte Art bewußt. Ja, bestimmt; seine Phantasie schlich ihr in jedes Zimmer, in jeden Winkel nach, und jetzt war es ein Ding ohne Gesicht, aber mit Augen, die sahen, und dann war es ein Schatten seiner selbst, und wieder war es das Abbild des toten Händlers, zu neuem Haß und neuer Tücke auferweckt.

Mit Überwindung blickte er von Zeit zu Zeit nach der offenen Tür, vor der seine Augen trotzdem zurückprallten. Das Haus war sehr hoch, das Oberlichtfenster klein und schmutzig, der Tag von Nebel blind. Das Licht, das nach dem Erdgeschoß durchsickerte, war außerordentlich trüb und zeichnete sich nur matt auf der Ladenschwelle ab. Und doch – lauerte nicht ein schwanker Schatten dort in dem schmalen Dämmerstreifen?

Plötzlich fing ein äußerst jovialer Herr an, unter Schreien und Scherzen und fortgesetzten Wiederholungen des Namens des Händlers von draußen her mit seinem Stock gegen die Ladentür zu pochen. Markheim blickte, zu Eis erstarrt, den Toten an. Nein, der lag ganz still, weit außerhalb der Hörweite dieses

Klopfens und Rufens, in einem Ozean des Schweigens versunken, und sein Name, der ehedem, für seine Ohren das Toben des Sturms übertönt haben mochte, war ein leeres Geräusch geworden. Und nach einer Weile hörte der joviale Herr mit seinem Klopfen auf und ging seiner Wege.

Das war ein deutlicher Wink, mit dem, was es noch zu tun gab, nicht zu säumen; sich auf und davon zu machen aus dieser anklagenden Umgebung, unterzutauchen in die Millionen Londons und, jenseits des Tages, jenen Hafen der Sicherheit und scheinbaren Unschuld zu erreichen – das Bett. Ein Besucher hatte sich bereits gemeldet; jeden Augenblick konnte ihm ein zweiter, hartnäckigerer folgen. Nach vollbrachter Tat um ihre Früchte betrogen zu werden, wäre zu furchtbar gewesen. Das Geld, das war jetzt Markheims vornehmste Sorge, und, als Mittel dazu: die Schlüssel.

Er warf einen Blick über die Schulter nach der offenen Tür, wo nach wie vor zitternd der Schatten weilte. Ohne klaren psychischen Widerwillen, aber unter körperlichem Schaudern näherte er sich der Leiche seines Opfers. Der menschliche Charakter war ganz von ihr gewichen. Mit gespreizten Gliedern und gekrümmtem Rumpf glich sie einem lose mit Sägemehl ausgestopften Kleiderbündel; dennoch stieß das Ding ihn ab. Trotz der nichtssagenden Dürftigkeit des Anblicks fürchtete er sich vor der beredteren Sprache der Berührung. Er faßte die Leiche an den Schultern und legte sie auf den Rücken. Sie war seltsam leicht und geschmeidig, und die Arme und Beine nahmen dabei, wie gebrochen, die sonderbarsten Stellungen an. Das Gesicht war ohne jeden Ausdruck, aber wachsbleich und die eine Schläfe entsetzlich mit Blut beschmiert. Das war das Einzige, was Markheim Widerwillen einflößte. Im Nu war er in ein Fischerdorf zurückversetzt, an einem gewissen Jahrmarktstag: ein grauer Himmel, ein pfeifender Wind, eine Volksmenge auf den Straßen, Blechmusik, Trommelwirbel, und die näselnde Stimme einer Bänkelsängerin, dazu ein Knabe, der, zwischen Furcht und

Interesse zerrissen, im Gedränge untertauchte und sich hin und her bewegte, bis er auf dem Hauptrummelplatz eine Bude mit einer ungeheuren Plakatwand entdeckte: elendigliche, roh gemalte, schreiende Bilder, die Brownrigg mit ihrem Lehrling, die Mannings mit ihrem ermordeten Gast, Weare mit der Mörderfaust Thurtells an der Kehle, und ein Dutzend anderer berühmter Verbrechen waren hier dargestellt. Das Ganze war so lebendig wie eine Fata Morgana; wieder war er der kleine Junge, wieder betrachtete er mit dem gleichen körperlichen Widerwillen diese gemeinen Bilder; wieder schlug der Trommellärm betäubend an sein Ohr. Einige Takte der damals gehörten Musik huschten ihm durch den Sinn, und hierbei überkam ihn zum ersten Male ein Ohnmachtsgefühl, eine Welle der Übelkeit, eine plötzliche Schwäche in den Kniegelenken, die es augenblicks zu bekämpfen und zu überwinden galt.

Er hielt es für klüger, seinen Betrachtungen standzuhalten, als ihnen zu entfliehen. Fest sah er dem Toten ins Gesicht und zwang sich, die Art und Größe seines Verbrechens zu begreifen. Wie lange war es her, daß sich auf diesem Antlitz jedes wechselnde Empfinden gespiegelt, daß dieser Mund geredet, dieser Körper geglüht hatte von feurigster, lenksamer Energie? Und jetzt war durch seine Tat jenes Stückchen Leben angehalten worden, wie der Uhrmacher mit gestrecktem Finger das Räderwerk der Uhr zum Stehen bringt. So suchte er sich vergeblich zu überzeugen; vergeblich suchte er sich zu reuigerem Bewußtsein aufzupeitschen; dasselbe Herz, das vor den Abbildern des Verbrechens zurückgeschreckt war, blieb unberührt hier vor der Wirklichkeit. Im besten Fall fühlte er ein schwaches Bedauern für dieses Wesen, dem umsonst ein gütiges Schicksal alle Gaben in die Wiege gelegt hatte, die die Welt in einen Zaubergarten verwandeln, und das, ohne je gelebt zu haben, jetzt gestorben war. Von Reue aber keinen Hauch.

Damit schüttelte er diese Gedanken von sich ab; er fand die Schlüssel und schritt auf die offene Tür zu. Draußen hatte es heftig zu regnen angefangen, und das Geräusch der auf das Dach fallenden Tropfen hatte das Schweigen verbannt. So wie in gewissen Höhlen das ständig rieselnde Wasser ein nie endenwollendes Echo weckt, so füllte sich das Haus mit ihrem Widerhall, der sich mit dem Ticken der Uhren vermischte. Im Näherschreiten war es Markheim, als antwortete seinen behutsamen Tritten ein anderer fremder Tritt, der sich vor ihm die Treppe hinauf zurückzog. Immer noch zitterte der Schatten auf der Türschwelle. Mit dem Zentnergewicht seines Willens zwang er seine Muskeln zum Gehorsam und schob die Tür vollends zurück.

Das schwache, dunstige Tageslicht schimmerte trübe auf dem kahlen Fußboden und der Treppe, auf der blinkenden Ritterrüstung, die mit aufgepflanzter Hellebarde auf dem Treppenabsatz stand, auf die dunklen Holzschnitzereien und gerahmten Bilder, die sich von der gelben Holzbekleidung der Wände abhoben. Die prasselnden Regentropfen hallten so laut im Hause wider, daß Markheim in ihnen vielfältige Stimmen und Geräusche zu unterscheiden vermeinte. Fußtritte und Seufzer, der schwere Schritt eines in der Ferne marschierenden Regiments, das Klingen von Goldmünzen auf dem Ladentisch, das Knarren von Türen, die von heimlicher Hand offen gehalten wurden, mischten sich, schien's, in das Geräusch des klatschenden Regens aus der Dachkuppel und in das Rauschen des Wassers in den Leitungsröhren. Das Bewußtsein fremder Gegenwart brachte ihn dem Wahnsinn nahe. Von allen Seiten umlagerten und verfolgten ihn unsichtbare Wesen. Er hörte sie sich in den oberen Räumen bewegen; vom Laden her spürte er den Toten sich aufrichten und lebendig werden, und als er sich mit starker Überwindung anschickte, die Treppe hinaufzusteigen, flohen Füße geräuschlos vor ihm her und schlichen ihm heimlich nach. Wäre er nur taub, fuhr es ihm durch den Sinn, wie sicher würde er Herr seiner Seele sein. Und wieder horchte er auf und segnete jenen immerwachen Sinn, der auf Vorposten stand und als zuverlässige Schildwache sein Leben beschirmte. Unablässig drehte und wendete er den Kopf; seine Augen, die aus ihren Höhlen hervorzutreten schienen, spähten und schweiften nach allen Seiten, und von allen Seiten her ward ihnen ein halber Lohn durch ein namenloses Etwas, dessen schwindende Spur sie erhaschten. Die vierundzwanzig Stufen zum oberen Stockwerk waren vierundzwanzig Höllenstrafen. Auf diesem Flur gähnten ihm drei Türen entgegen, drohende Hinterhalte, die wie drei Kanonenmündungen seine Nerven erschütterten. Er fühlte es, nichts war stark genug, um ihn fortan gegen die spähenden Augen der Menschen zu stählen und zu wappnen. Er sehnte sich danach, zu Hause zu sein, hinter festen Mauern, in den Bettüchern vergraben, unsichtbar vor allen, außer vor Gott. Bei diesem Gedanken wunderte er sich ein wenig, in Erinnerung an die vielen Geschichten von anderen Mördern, die angeblich vor der Rache des Himmels gezittert hatten. Sie stimmten nicht, wenigstens was ihn betraf. Er fürchtete sich vor den Gesetzen der Natur, daß sie in ihrem gefühllosen und unabänderlichen Ablauf eine vernichtende Spur seines Verbrechens festhalten könnten. Mit zehnfachem sklavischen, abergläubischen Grauen fürchtete er irgend einen Riß in der Kontinuität der menschlichen Erfahrungen, irgend einen willkürlichen Bruch der Naturgesetze. Er spielte ein Spiel der Geschicklichkeit, das von den Regeln, den berechneten Wirkungen bestimmter Ursachen abhing. Wie wenn nun die Natur, wie der besiegte Tyrann das Schachbrett, ihre Gesetzesfolge zertrümmern sollte? Das gleiche hatte Napoleon betroffen, als der Winter den Zeitpunkt seines Eintreffens änderte. Das gleiche konnte Markheim treffen: die festen Mauern konnten durchsichtig werden und sein Treiben enthüllen wie das Treiben von Bienen in einem gläsernen Stock. Die starken Dielen konnten wie trügerischer Flugsand nachgeben und ihn umklammern; ja, alltäglichere Ereignisse konnten ihn vernichten. Wie wenn nun das Haus einfiel und ihn zusammen mit dem Leichnam seines Opfers einsperrte? Oder wenn in dem Nachbarhause Feuer ausbräche und ringsum die Feuerwehr auf ihn eindränge? Das waren die Dinge, die er fürchtete, die Dinge, die man gewissermaßen die Hand Gottes nennen konnte, die Er der Sünde entgegenreckt. Vor Gott selbst fürchtete er sich nicht; gewiß, seine Tat war eine Ausnahmetat, aber ungewöhnlich waren auch seine Entschuldigungsgründe, die Gott allein kannte. Bei ihm, nicht aber bei den Menschen, war er der Gerechtigkeit sicher.

Nachdem er unbehelligt in das Wohnzimmer eingedrungen war und die Tür hinter sich geschlossen hatte, fühlte er seine Furcht von sich weichen. Die Einrichtung war völlig aufgelöst; der Teppich fehlte, statt dessen standen zahlreiche Packkisten und Möbelstücke in wüstem Durcheinander; dazu verschiedene hohe Spiegel, in denen er sich von allen möglichen Seiten erblickte, wie ein Schauspieler in verschiedenen Bühnenposen, viele Bilder, gerahmt und ungerahmt, mit der Vorderseite gegen die Wand gelehnt, eine schöne Sheraton Anrichte, ein eingelegter Sekretär und ein mächtiges altes Bett mit schweren Vorhängen. Die Fenster gingen aus den Hof hinaus, aber zum Glück verbargen ihn die heruntergelassenen Läden vor den Nachbarn. Markheim rückte also eine der Kisten vor den Sekretär und begann nacheinander die Schlüssel zu erproben. Es war ein langwieriges und angreifendes Geschäft, denn vielleicht war der Sekretär auch leer, und die Zeit drängte. Indes ernüchterte ihn die angespannte Arbeit. Er schielte dabei zur Tür – ja mitunter blickte er sie gerade an, wie ein belagerter Kommandant, der sich freut, festzustellen, daß seine Verteidigungsmaßnahmen in gutem Zustand sind. In Wahrheit war er jetzt ganz ruhig. Das Plätschern des Regens auf der Straße klang wieder natürlich und angenehm in seinen Ohren. Nach einer Weile drangen aus der entgegengesetzten Richtung die Töne eines Klaviers zu ihm herüber, die sich der Melodie eines Chorals anschmiegten, und zahlreiche Kinderstimmen nahmen die Weise und die Worte auf. Wie majestätisch und trostreich klang die Melodie, wie frisch waren die jugendlichen Stimmen. Markheim lauschte lächelnd, während er die Schlüssel ordnete; in seinem Geiste drängten sich sprechende Bilder und Gedanken: Kinder auf dem Wege zur Kirche und Orgelgebraus, Kinder auf der Wiese, Badende am Bachesrand, kleine Beerenleser im Gemeindewäldchen, jugendliche Drachenspieler unter einem windigen, wolkenreichen Himmel; und bei der nächsten Kadenz war er wieder in die Kirche zurückversetzt, in die schläfrige Hitze eines Sommersonntags, hörte die hohe, vornehme Stimme des Geistlichen (die ihm in der Erinnerung noch ein leises Lächeln entlockte) und sah die gemalten Jakobitengrabmäler sowie die matten Buchstaben der Zehn Gebote an der Kanzel.

Und noch während er so geschäftig und abwesend zugleich dasaß, riß es ihn plötzlich auf die Füße. Ein Strahl von Eis und ein Strahl von Feuer, eine Woge pochenden Blutes, und er stand angenagelt, jeder Nerv gespannt. Ein langsamer, fester Schritt kam die Treppe herauf, und nach einer Weile legte eine Hand sich auf die Türklinke, das Schloß klirrte und die Tür öffnete sich.

Furcht hielt Markheim wie mit Eisenklammern. Er wußte nicht, was war; ob der Tote auferstanden war, ob die offiziellen Häscher der menschlichen Justiz ihn greifen wollten, ob ein zufälliger Zeuge hier blind hineinstolperte, um ihn dem Galgen zu überliefern. Als jedoch ein Gesicht sich durch die Öffnung schob, im Zimmer umherblickte, ihm wie in freundschaftlichem Erkennen zunickte und lächelte, und sich dann wieder zurückzog, brach seine Furcht in einem heiseren Schrei durch. Bei diesem Laut kehrte der Besucher wieder um.

»Haben Sie mich gerufen?« fragte er freundlich, und mit diesen Worten trat er, die Tür hinter sieh schließend, ins Zimmer.

Markheim stand und starrte ihn krampfhaft an. Vielleicht lag ein Schleier über seinen Augen, aber es war ihm, als ob die Konturen des Ankömmlings sich wandelten und verschwammen, wie die der Götzen in dem unruhigen Kerzenlicht des Ladens. Mitunter kam er ihm bekannt vor, dann wieder schien er ihm selbst zu gleichen; und dabei lastete unablässig, gleich einem schweren Stein und voll lebendigsten Entsetzens, die Überzeugung auf seiner Brust, daß das Wesen dort nicht von dieser Welt und auch nicht vom Himmel sei.

Und dennoch – das Geschöpf sah seltsam alltäglich aus, wie es so dastand und Markheim lächelnd ansah, und als es gar hinzufügte: »Sie suchen, soviel ich weiß, das Geld?« waren seine Worte in dem üblichen Ton eines höflichen Mannes.

Markheim antwortete nicht.

»Ich muß Sie darauf aufmerksam machen,« fuhr der andere fort, »daß das Dienstmädchen sich heute früher als gewöhnlich von seinem Schatz getrennt hat und bald hier sein wird. Sollte Herr Markheim hier im Hause gefunden werden, so brauche ich ihn wohl nicht erst auf die Folgen hinzuweisen.«

»Sie kennen mich?« rief der Mörder.

Der Besucher lächelte. »Seit langem gehören Sie zu meinen ganz besonderen Freunden,« sagte er, »und schon lange habe ich Sie beobachtet und Ihnen helfen wollen.«

»Wer sind Sie?« rief Markheim, »der Teufel?«

»Wer ich bin,« erwiderte der Andere, »hat nichts mit dem Dienst zu tun, den ich Ihnen leisten möchte.«

»Nein,« rief Markheim, »nein! Mir von Ihnen helfen lassen? Niemals; von Ihnen nicht. Noch kennen Sie mich nicht; dem Himmel sei Dank, mich nicht.«

»Ich kenne Sie,« entgegnete der Gast in gleichsam freundlich-strengem oder festem Ton. »Ich kenne Sie bis auf den Grund Ihrer Seele.«

»Mich kennen!« rief Markheim, »Wer kann das? Mein Leben ist nichts als eine Travestie, eine Verleumdung meiner selbst. Ich habe gelebt, um meine Natur Lügen zu strafen. Alle Menschen tun das; alle Menschen sind besser als die Maske, die sie tragen, die ihnen anwächst und sie erstickt. Sehen Sie nicht, wie das Leben sie packt und mit sich reißt, wie einen Menschen, den Räuber in einen Mantel hüllen und mit sich schleppen? Könnten sie, wie sie wollten – könnten Sie ihre Gesichter sehen, sie wären ganz anders; sie würden als Heroen und Heilige erglänzen. Ich bin schlimmer als die meisten; trage eine ärgere Verkleidung; meine Entschuldigung kennen nur Gott und ich allein. Hätte ich Zeit dazu, ich würde mich enthüllen.«

»Sich mir enthüllen?«

»Ihnen vor allem,« entgegnete der Mörder. »Ich hielt Sie für intelligent. Ich glaubte – da Sie wirklich existieren – Sie verstünden im Herzen zu lesen. Und doch wollen Sie mich nach meinen Taten beurteilen! Überlegen Sie, was das heißt, nach meinen Taten! Ich bin unter Riesen zur Welt gekommen, habe unter Riesen gelebt; Riesen haben mich, von dem Tage meiner Geburt an, bei der Hand genommen und fortgeschleppt – die Riesen des Zufalls, der Umgebung. Und Sie wollen mich nach meinen Taten beurteilen! Können Sie denn nicht in mein Inneres hineinsehen? Können Sie denn nicht begreifen, daß ich das Böse hasse? Erkennen Sie denn nicht in meinem Innern die klare Schrift des Gewissens, die keine willkürlichen Sophismen auszulöschen vermochten, wenn ich sie auch gar zu oft unbeachtet ließ? Erkennen Sie mich denn nicht als ein Wesen, das so weit verbreitet ist wie die Menschheit selbst – als den Sünder wider Willen?«

»Alles, was Sie sagen, klingt sehr schön,« lautete die Antwort, »geht mich aber nichts an. Fragen der Charakterstärke fallen nicht in mein Gebiet, und es ist mir ganz gleichgültig, durch welchen Zwang Sie sich haben mitreißen lassen, vorausgesetzt, daß es in der richtigen Richtung war. Aber die Zeit fliegt; das Dienstmädchen hat es zwar nicht eilig; sie sieht sich die Volksmenge an und die Bilder an den Anschlagsäulen, aber sie rückt doch immer näher, und vergessen Sie nicht, daß es ist, als käme der langbeinige Galgen selbst durch die festlichen Straßen auf Sie losgeschritten! Soll ich Ihnen helfen, ich, der ich alles weiß? Soll ich Ihnen sagen, wo das Geld zu finden ist?«

»Um welchen Preis?« fragte Markheim.

»Ich schenke Ihnen diesen Dienst als Weihnachtsgabe,« versetzte der andere.

Markheim mußte lächeln, wie in bitterem Triumph. »Nein,« sagte er, »ich will nichts aus Ihren Händen; und wenn ich vor Durst stürbe und Ihre Hand hielte den Wasserkrug an meine Lippen, ich hätte dennoch den Mut, ihn zurückzuweisen. Vielleicht bin ich zu leichtgläubig, aber ich will nichts tun, um mich dem Bösen zu verschreiben.«

»Oh bitte, ich habe nichts gegen eine Reue auf dem Totenbett,« bemerkte der Besucher.

»Weil Sie an ihre Wirksamkeit nicht glauben,« rief Markheim.

»Das will ich nicht sagen,« erwiderte der andere; aber ich betrachte diese Dinge von einer anderen Seite, und mit dem Leben erlischt auch mein Interesse. Der Mensch hat gelebt, um mir zu dienen, um unter der Flagge der Religion Bosheit und Übelwollen zu verbreiten, oder um, wie Sie, in einem Dasein voll willfähriger Schwäche gegenüber seinen Trieben, Unkraut ins Weizenfeld zu säen. Jetzt, da er sich dem Tor zur Freiheit nähert, vermag er seinen Dienst nur um die eine Tat noch zu bereichern – er bereut, stirbt lächelnd und baut in den furchtsameren unter meinen Anhängern Hoffnung und Zuversicht auf. Ich bin kein harter Herr. Versuchen Sie es mit mir. Nehmen Sie meine Hilfe an. Bedienen Sie sich im Leben wie Sie es bisher getan haben; greifen Sie noch reichlicher zu, brauchen Sie Ihre Ellbogen an der Tafel; und wenn die Nacht sich niedersenken und der Vorhang fallen will, wird es Ihnen sogar ein leichtes sein, sich mit Ihrem Gewissen zu versöhnen und mit Gott einen Frieden auf Gegenseitigkeit zu schließen. Dessen kann ich Sie zu Ihrem Tröste versichern. Eben erst komme ich von solch einem Totenbett; das Zimmer war voll ehrlicher Leidtragender, die alle den letzten Worten des Mannes lauschten, und als ich in jene Augen blickte, die sich jeder mitleidigen Regung gegenüber zu Stahl verhärtet hatten, fand ich sie voll lächelnder Hoffnung.«

»Und halten Sie mich wirklich für ein solches Geschöpf?« fragte Markheim. »Glauben Sie wirklich, ich kennte kein höheres Ziel als zu sündigen, wieder zu sündigen und immerfort zu sündigen, um mich zuletzt durch die Hintertür in den Himmel zu schleichen? Mein Herz bäumt sich bei dem Gedanken. Sind das Ihre Erfahrungen mit der Menschheit oder setzen Sie eine solche Schlechtigkeit in mir voraus, weil meine Hände rot von Blut sind? Und ist dies Verbrechen des Mordes denn wirklich so ruchlos, daß es die Quelle des Guten selbst versiegen läßt?«

»Mord ist für mich keine besondere Kategorie,« versetzte der andere. »Alle Sünden sind Morde, so wie das ganze Leben ein Krieg ist. Ich sehe Ihresgleichen, gleich hungernden Seeleuten auf einem Floß, die Brotkrusten dem Hunger selbst aus den Händen reißen und einander gegenseitig verschlingen. Ich gehe der Sünde nach bis über den Moment ihrer Entstehung und sehe, daß ihre Folge überall der Tod ist. In meinen Augen trieft das hübsche Mädchen, das am Vorabend eines Balles mit gewinnendem Liebreiz die Mutter hintergeht, nicht weniger von Menschenblut als der eigentliche Mörder. Sagte ich, daß ich der Sünde nachgehe? Ich gehe auch der Tugend nach; sie unterscheiden sich voneinander nicht um Haaresbreite. Beide sind Sicheln in der Hand des Mähers Tod. Das Böse, für das ich lebe, wurzelt nicht im Handeln, sondern im Charakter. Ich liebe den schlechten Menschen, nicht die schlechte Tat, deren Früchte, könnten wir sie nur weit genug in ihrem Sturz hinab den sausenden Katarakt der Zeit verfolgen, vielleicht segensreicher befunden werden als die seltenste Tugendfrucht. Nicht weil Sie einen Händler getötet haben, sondern weil Sie Markheim sind, erbiete ich mich, Ihnen zur Flucht zu verhelfen.«

»Ich will Ihnen mein ganzes Herz zeigen,« war Markheims Antwort. »Dieses Verbrechen, über dem Sie mich ertappt haben, ist mein letztes. Auf dem Wege zu ihm habe ich viel gelernt, ja, die Tat selbst ist mir eine denkwürdige Lehre geworden. Bisher bin ich wider meinen Willen zu dem getrieben worden, was mir fern lag; ich war der gehetzte, gepeitschte Sklave der Armut. Es gibt robuste Tugenden, die diesen Versuchungen zu widerstehen vermögen; die meine war nicht so: mich dürstete nach Genuß. Heute aber, aus dieser Tat, sammle ich sowohl gute Lehren wie Reichtümer, sowohl den erneuten Entschluß wie die Kraft, ich selbst zu sein. Ich werde in allen Dingen Herr meiner Handlungen; ich sehe mich bereits als einen ganz anderen; diese Hände sind Werkzeuge des Guten; Frieden wohnt in diesem Herzen. Etwas aus der Vergangenheit überkommt mich; etwas, von dem mir an Sabbatabenden träumte, wenn die Orgel erklang; Vorahnungen, die ich hatte, wenn ich über großen, reinen Büchern weinen mußte oder als unschuldiges Kind mit meiner Mutter redete. Dort liegt mein Leben; ich bin einige Jahre in der Fremde umhergeirrt, jetzt aber sehe ich den Ort meiner Bestimmung wieder vor mir liegen.«

»Sie wollen dieses Geld, glaube ich, auf der Börse gebrauchen?« bemerkte der Gast; »dort haben Sie aber, soviel ich weiß, schon einige Tausende verloren?«

»Ah,« sagte Markheim, »diesmal ist es aber eine ganz sichere Sache.«

»Auch diesmal«, sagte der Gast sehr ruhig, »werden Sie verlieren.«

»Aber ich setzte doch nur die Hälfte dran,« rief Markheim.

»Sie werden auch die andere Hälfte verlieren,« sagte der andere.

Auf Markheims Stirn brach der Schweiß aus. »Nun, und wenn dem so wäre,« rief er. »Wenn ich es verliere, wenn ich in die Armut zurückstürze, soll ein Teil meines Wesens, und zwar der schlimmere Teil, bis zuletzt das Gute in mir verdrängen? Gut und Böse sind stark in mir und reißen mich nach verschiedenen Seiten. Ich liebe nicht nur das eine, ich liebe alles. Ich kann von großen Taten träumen, von Verzicht und Märtyrertum, und obwohl ich mich zu diesem Verbrechen erniedrigt habe, ist Mitleid mir doch nicht fremd. Ich bemitleide die Armen; wer kennt ihre Nöte besser als ich? Ich bemitleide sie und helfe ihnen; ich schätze die Liebe, liebe ein ehrliches Lachen; es ist nichts Gutes und Wahres unter der Sonne, das ich nicht von ganzem Herzen liebe. Sollten denn meine Laster allein mein Leben bestimmen und meine Tugenden brach liegen wie toter Ballast des Gehirns? Niemals; auch das Gute ist eine Quelle zur Tat.«

Allein der Gast hob warnend den Finger. »Sechsunddreißig Jahre lang haben Sie in dieser Welt gelebt,« sagte er, »durch wechselvolle Schicksale und Launen hindurch habe ich Sie ununterbrochen von Stufe zu Stufe sinken sehen. Fünfzehn Jahre sind es her, daß Sie mit einem Diebstahl begonnen haben. Noch vor drei Jahren hätte das Wort Mord genügt, um Ihnen das Blut aus den Wangen zu treiben. Gibt es wirklich noch ein Verbrechen, eine Grausamkeit, eine gemeine Handlung, vor der Sie heute zurückschrecken? In fünf Jahren werde ich Sie auch darüber ertappen. Tiefer, immer tiefer führt Ihr Weg; und nichts, außer dem Tode, kann Sie aufhalten.«

»Wahr,« sagte Markheim heiser, »ich habe bis zum gewissen Grade dem Bösen nachgegeben. Aber so geht es allen, selbst die Heiligen werden durch die pure Tatsache, daß sie leben, weniger wählerisch und nehmen die Farbe ihrer Umgebung an.«

»Ich werde eine einzige schlichte Frage an Sie richten«, sagte der andere, »und aus Ihrer Antwort werde ich Ihnen Ihr moralisches Horoskop stellen. Sie sind in vielen Dingen laxer geworden; vielleicht mit Recht. Wenigstens machen es alle Menschen so. Aber, das zugegeben, sind Sie in irgend einem wenn auch noch so geringfügigen Punkt sich selbst gegenüber strenger geworden oder lassen Sie überall die Zügel schießen?«

»In irgend einem Punkt?« wiederholte Markheim in qualvoller Überlegung. »Nein,« fügte er verzweifelt hinzu, »nirgends! Überall bin ich bergab gegangen.«

»Dann,« sagte der Besucher, »dann begnügen Sie sich mit dem, was Sie sind; denn Sie werden sich niemals ändern; die Worte Ihrer Rolle auf dieser Bühne sind unwiderruflich niedergeschrieben.«

Markheim stand lange schweigend da; der Besucher war der erste, die Pause zu unterbrechen. »Da dem so ist,« sagte er, »soll ich Ihnen das Geld zeigen?«

»Und die Gnade?« rief Markheim.

»Haben Sie es mit der nicht auch schon versucht?« entgegnete der andere. »Sah ich Sie nicht vor zwei, drei Jahren bei religiösen Versammlungen? Hat nicht Ihre Stimme in dem Choral am lautesten geklungen?«

»Wahr, wahr,« sagte Markheim; »ich sehe klar, wohin mich die Pflicht jetzt führt. Ich danke Ihnen aus tiefster Seele für die Lehren, die Sie mir gegeben haben. Sie haben mir die Augen geöffnet, endlich erkenne ich mich als den, der ich bin.«

In diesem Augenblick tönte der grelle Klang einer Türglocke durchs Haus, und der Besucher änderte, wie auf ein verabredetes und erwartetes Zeichen, sein Benehmen.

»Das Dienstmädchen!« rief er. »Es ist zurückgekommen, wie ich Ihnen voraussagte; jetzt gilt es, nur noch eine einzige schwierige Handlung zu vollbringen. Sie müssen sagen, daß ihr Herr erkrankt sei; Sie müssen sie hereinlassen mit zuversichtlicher, aber ernster Miene. Nur ja kein Lächeln, keine Übertreibungen, und ich garantiere für den Erfolg! Sobald das Mädchen eingetreten und die Tür verschlossen ist, wird der gleiche behende Griff, mit dem Sie sich des Händlers entledigten, auch diese letzte Gefahr aus dem Wege räumen. Dann bleibt Ihnen der ganze Abend, die ganze Nacht, wenn Sie wollen, um die Schätze dieses Hauses zu plündern und für Ihre Sicherheit zu sorgen. Es ist Hilfe, die sich Ihnen in der Maske der Gefahr nähert. Auf!« rief er, »auf, mein Freund! Ihr Leben hängt in der Wagschale: auf zur Tat!«

Markheim blickte seinem Ratgeber fest ins Gesicht. »Bin ich auch verdammt, Böses zu tun,« sagte er, »so bleibt mir doch eine Tür zur Freiheit offen – ich kann mich jederzeit der Kraft des Handelns begeben. Ist mein Leben vorn Übel, so kann ich es doch niederlegen. Erliege ich auch, wie Sie sagen, der geringsten Versuchung, so kann ich doch in ein Bereich jenseits aller Versuchung fliehen. Meine Liebe zum Guten ist zur Unfruchtbarkeit verdammt; wohlan, es sei! Mir bleibt ja noch der Haß des

Bösen, und aus ihm kann ich, das werden Sie zu Ihrer bitteren Enttäuschung sehen, Kraft und Mut schöpfen.«

Über die Züge des Besuchers ging eine wunderbare, lichte Verwandlung; sie verklärten sich und zerschmolzen in zärtlichem Triumph, und noch in diesem Glanz verblaßten und schwanden sie vollständig dahin. Aber Markheim wartete nicht, um diese Metamorphose zu beobachten oder zu verstehen. Er öffnete die Tür und ging sehr langsam und in Gedanken versunken die Treppe hinab. Ernst und gemessen schritt seine Vergangenheit vor ihm her. Er sah sie, wie sie wirklich war, häßlich und quälend wie ein Traum, willkürlich und ungesetzlich wie ein Straßenkampf – eine einzige Niederlage. Das Leben, so wie er es jetzt sah, lockte ihn nicht mehr; am jenseitigen Ufer jedoch gewahrte er für sein Lebensschiff einen stillen Ankerplatz. Im Gange blieb er stehen und blickte in den Laden hinein, wo immer noch über der Leiche die Kerze brannte. Es war seltsam still. Gedanken an den Toten drangen im Schauen auf ihn ein. Und dann zerriß der ungeduldige Lärm der Glocke abermals das Schweigen.

Er trat dem Mädchen auf der Schwelle mit einer Art Lächeln entgegen.

»Sie tun gut daran, zur Polizei zu gehen,« sagte er, »ich habe Ihren Herrn ermordet.«

Nachbemerkung

Das literarische Werk Robert Louis Stevensons ist immens. In erster Linie aber verbindet man den schottischen Schriftsteller bis heute mit dem Abenteuerroman und Jugendbuchklassiker *Die Schatzinsel*, der in den Jahren 1883 gleichzeitig seinen Durchbruch als Schriftsteller bedeutete. Nicht weniger erfolgreich war und ist seine Schauernovelle *Der seltsame Fall des Dr. Jekyll und Mr. Hyde*, die 1886 erschienen und bereits nach wenigen Monaten in mehreren zehntausenden Exemplaren verkauft und in andere Sprachen übersetzt wurde. Nach dem realen Vorbild des Tischlers Deacon Brodie, der im Edinburgh des 18. Jh. ein Doppelleben als Tischler und Einbrecher führte, formte Stevenson mit dem Fall um die gespaltene Persönlichkeit des Dr. Jekyll das wohl beliebteste und einflussreichste Doppelgängermotiv in der Literatur aus. Stevenson prangert in der Figur des Dr. Jekyll zudem die unsinnig überformten und die persönliche Freiheit und Entfaltung einschränkenden Konvention der viktorianischen Gesellschaft an, gegen die er auch privat immer wieder ankämpfte. Die gesellschaftlichen Vorgänge und die Doppelnatur des Menschen beschäftigten ihn bereits länger, wie sich z. B. in den für diesen Band ausgewählten Novellen *Markheim* (1885), *Der Selbstmordklub* (1878) und *Die krumme Janet* (1881) zeigt, die allesamt früher erschienen sind und sich ebenfalls psychologisch mit diesen Themen auseinandersetzen. Seinen Hang zu Schauergeschichten hat Stevenson wohl seiner Kinderfrau Alison Cummingham, »Cummy«, zu verdanken, die dem kleinen Jungen abends Schauergeschichten erzählte und ihn damit tief beeindruckte.

Ludwig Thoma

Der Münchner im Himmel

Satiren und Humoresken

Gebunden mit Schutzumschlag
ca. 176 S.; Format: 12,5 x 20 cm
ISBN: 978-3-7374-0990-2

Alois Hingerl, grantelnder Dienstmann auf dem Münchner Hauptbahnhof, wird vom Schlag getroffen, während er übereilt einen Auftrag erfüllen will. Nachdem ihn zwei Engel mit großen Mühen in den Himmel geschleppt haben, wird er dort von Petrus eingeführt – nebst eigener Wolke, auf der er zu frohlocken habe. Diese Pflicht passt dem ehemaligen Dienstmann gar nicht – genauso wenig, dass es im Himmel kein Bier zu geben scheint. Und auch mit den Engeln der Nachbarwolken läuft es nicht gut – der »Neue« aus München eckt immer wieder an und kann das Schimpfen und Fluchen selbst während des Frohlockens nicht lassen. Das bleibt auch Gott nicht verborgen. Kann es eine Zukunft für den Münchner im Himmel geben? In dieser und anderen satirischen Kurzgeschichten nimmt Ludwig Thoma die urbayerischen Eigenschaften mit bissigem und scharfem Blick auf den Arm und eröffnet dem Leser auf humorvolle Weise eine Welt, die altbekannt und doch neu ist – und die genau durch diese Mischung zum Verweilen einlädt. Eine feine Auswahl an Kurzgeschichten, die uns »den Bayer« verstehen und lieben lehrt!

Fjodor Dostojewski

Der Spieler

Roman

Gebunden mit Schutzumschlag
ca. 224 S.; Format: 12,5 x 20 cm
ISBN: 978-3-7374-0991-9

»Kennen Sie Dostojewski? Außer Stendhal hat niemand mir so viel Vergnügen und Überraschung gemacht: ein Psychologe, mit dem ich mich verstehe.«

Friedrich Nietzsche

In der fiktiven Stadt Roulettenburg wartet ein hochverschuldeter General im Kreise seiner Familie und einiger Gläubiger auf das Erbe seiner reichen Tante. Das Geld soll ihn von seinen Schulden befreien und eine Heirat mit der gut betuchten Mademoiselle Blanche in die Wege leiten. Doch die Tante denkt nicht daran das Zeitliche zu segnen. Aus verzweifelter Liebe zur Tochter des Generals kann der junge Hauslehrer Aleksej Iwanowitsch ihre Bitte nicht ausschlagen im Kasino sein Glück zu versuchen, um das Geld für die Schulden zu erstehen. Doch Polina nutzt den Liebesblinden nur aus und treibt ihn darüber hinaus in die gefährliche Spielsucht. Aleksej erkennt sich in diesem Teufelskreis selbst kaum wieder und verfällt der dunklen Seite seiner Seele. In all ihrer Komplexität und voller Empathie schildert Dostojewski in diesem stark autobiographisch geprägten Roman die Abgründe der Spielleidenschaft.

Arthur Schnitzler

Traumnovelle

Meistererzählungen

Gebunden mit Schutzumschlag
ca. 224 S.; Format: 12,5 x 20 cm
ISBN: 978-3-7374-0992-6

»Arthur Schnitzler ist ein deutscher Klassiker ... kein anderer verdient so wie er die Bezeichnung eines Meisters.«

Frank Wedekind

Heimliche Affären, Verlust geliebter Menschen, Prostitution, Sich-Verlieben, Erpressung, Tod – das sind die Themen die Arthur Schnitzler in seinen zahlreichen Novellen beschäftigen. Dabei kommt es dem großen Wiener Literaten auf die psychischen Vorgänge, das intimste Erleben, das geheimste Seelenleben seiner Protagonisten an. Durch die Erzählform des Inneren Monologs gelingt ihm dies z. B. in der Novelle Fräulein Else meisterhaft. Selbst Freud hat ihn um seine Fähigkeit »durch Intuition [...] all das (zu) wissen, was ich in mühsamer Arbeit an anderen Menschen aufgedeckt habe« beneidet. Die Sammlung enthält die Erzählungen: *Traumnovelle, Fräulein Else, Der Witwer, Der Andere, Der Sohn, Die Braut, Frühlingserwachen im Seziersaal und Erbschaft.*